Building Inclusive Child Welfare System

系统建设普惠型
儿童福利体系

中国儿童福利政策报告 2015
China Child Welfare Policy Report 2015

主　编 / 王振耀
副主编 / 高华俊

社会科学文献出版社
SOCIAL SCIENCES ACADEMIC PRESS (CHINA)

编 委 会

序

2014 年 6 月以来，我国普惠型儿童福利体系建设获得全面推进。中央和地方儿童福利政策与实践不断深化，儿童福利对象范围从保障困境儿童逐步转向保障全体儿童，保障内容从津贴拓展到服务，儿童保护进一步强化国家的托底责任，基层儿童福利服务体系建设的经验与模式在全国推广。儿童福利不仅得到更多专家学者的关注与探索，而且成为社会公众以及国家立法决策的关注焦点，儿童福利水平正在成为民生改善和社会建设的关键指标。

我国人均国内生产总值已突破 8000 美元，"十三五"期间将迈进人均 1 万美元的发达国家标准。与经济发展水平相比，儿童福利的整体发展水平还存在较大落差。儿童福利尚未纳入国家发展整体战略，儿童津贴数量少、标准不高，普惠型儿童福利服务网络尚未形成，儿童保护问题仍然十分突出，以儿童为对象的恶性侵害事件时有发生，生育政策调整对人口结构转型调整缓慢，儿童大病医疗、残障儿童教育公平等方面的挑战仍然严峻。为此，在普惠型儿童福利体系框架下，加速推进儿童生活保障、教育医疗等与儿童权益密切相关制度、措施的落实，仍将是下一步儿童工作的重中之重。我北京师范大学中国公益研究院儿童福利研究中心也将继续忠实记录我国儿童福利制度发展的年度历程，推动普惠型儿童福利体系的全面落实。

我北京师范大学中国公益研究院在联合国儿童基金会支持下，自 2010 年开始编写关于中国儿童福利政策发展的年度系列报告，从生活保障、医疗健康、教育发展、公益参与等多个维度，对每年儿童福利热点事件、政策制度创新与挑战开展梳理与评价，就孤儿养育、儿童大病救助、流动留守儿童教育公平、基本儿童福利服务体系建设等热点问题进行了深入的研究与探讨，同时，对儿童人口结构变化、社会经济发展水平等外部环境分析，并与国际国内社会保障与儿童福利制度发展水平进行比较，为符合中国国情与经济发展水平的综合儿童福利体系建设提出了系统性的、有前瞻性的政策建议。儿童福利年度报告于每年"六一"举办的"中国儿童福利周"向社会公开发布，成为我国儿童福利领域影响广泛的研究成果，为推动中央儿童福利决策制定，推进地方儿童福利服务实践和儿童福利领域慈善参与提供了有力的支持。

继 2014 年度报告以《重建现代儿童福利制度——中国儿童福利政策报告 2014》为题正式出版后，此次出版的 2015 年度报告延续历年风格，以《系统建设普惠型儿童福利体系——中国儿童福利政策报告 2015》为题，对 2014 年 6 月以来儿童福利发展历程进行总结与分析，就普惠型儿童福利体系的构建提出了设计方案和实施路径。本书各章节分工为：导论、第一章、结语——李洁，第二章——徐珊，第三章——葛均泊，第四章、第六章——张柳，第五章——田园，全书统稿由李洁负责。王振耀、高华俊、柳永法、高玉荣对报告审改定稿。谷雯燕与实习生林岚、王子妹一、程烨烨、李妍静、孟祥宇、李佳兴为报告提供了资料与数据支持。特别感谢本书责编吴超为本书出版给予的支持与帮助。欢迎读者和同行提出建议和批评，以便我们不断提高编辑出版质量。

北京师范大学中国公益研究院

2016 年 1 月

目 录

导　论

2014 年 6 月以来，普惠型儿童福利体系建设呈现国家和地方共同大力推进的良好态势，普惠型制度体系建设以及未成年人保护、医疗、教育等方面均取得了重要进展。

在制度安排方面，将健全困境儿童等特困群体福利保障制度和服务体系和改善贫困地区儿童健康与教育状况，纳入国家经济社会发展整体规划；四部委联合发文对处理儿童侵害特别是家庭侵害案件的工作内容、流程、司法衔接程序做出了具体的规定，强化儿童保护的国家责任，着力解决儿童监护缺失问题；国务院强调加强儿童专科医院与综合医院儿科扶持，改善儿童医疗服务基础设施不足的现状；六部委发布引导青少年事务社会工作专业人才队伍建设意见，民政部发布儿童社会工作服务指南，为儿童福利服务人才专业化建设提供指引；进一步保障进城务工人员随迁子女、农村留守儿童、家庭经济困难学生和残疾儿童等特殊儿童群体平等受教育权利。

在地方政策实践方面，24 个省（区、市）建立了面向流浪儿童、事实无人抚养儿童、重病重残儿童等 5 类困境儿童的生活津贴制度；5 省 12 县中国儿童福利示范项目区基层儿童福利服务体系建设经验，获联合国儿童基金会认可推广，带动了河南、山西、四川、云南、新疆 5 个项目地区普惠型儿童福利制度建设；北京、山西、上海等地出台了加快推进青少年事务社会工作专业人才队伍建设的意见；203 个地区开展了多方参与未成年人社会保护试点工作；安徽省和河南省郑州市经探索建立了本地区儿童医疗资源优势互补机制；29 个省（区、市）均出台特殊教育（简称"特教"）提升计划，加大特殊教育政策、资金和项目支持。

一　儿童生活保障津贴覆盖范围逐步拓展

中央出台多项政策，为困境儿童生活保障制度建设提供了有力保障。

2014 年民政部在全国范围内落实孤儿、艾滋病病毒感染儿童基本生活费制度的基础上，积极推进并开展各地困境儿童分类保障制度建设，先后在全国 50 个市（县、区）开展适度普惠型儿童福利制度试点，并推动试点地区将建立困境儿童分类保障制度作为 2015 年度工作重点。2015 年 3 月政府工作报告在部署安排 2015 年的重点工作，阐述"持续推进民生改善和社会建设"模块时，将困境儿童列为首位，提出健全困境儿童等特困群体福利保障制度和服务体系，把民生底线兜住兜牢。

2014 年共有 52.5 万名孤儿与艾滋病病毒感染儿童享有孤儿基本生活费，全国平均集中供养孤儿与社会散居孤儿基本生活费标准为月人均 1104.1 元和 762.1 元，艾滋病病毒感染儿童基本生活费标准为月人均 835.4 元。2015 年部分省市对标准进行上调，其中集中供养孤儿基本生活费以上海市的最高，达月人均 1900 元，天津市以社会散居孤儿和艾滋病病毒感染儿童月人均 2115 元，居各省份基本生活费之首。目前，全国 12 个省（区、市）上调了孤儿基本生活费标准，其中天津、江苏、浙江 3 省（市）已经建立起孤儿基本生活费自然增长机制，安徽、福建两省明确提出鼓励有条件的地方自行上调标准。

24 个省（区、市）设立了 5 大类困境儿童生活津贴。在中央政策推动下，地方不断推进困境儿童生活津贴制度建设。浙江、山东、黑龙江 3 省先后下发了推进适度普惠型分类保障制度建设的文件，截至 2015 年 5 月 31 日，全国共有 24 个省（区、市）33 个市（县、区）公布了困境儿童分类救助标准。除孤儿和艾滋病病毒感染儿童外，主要有 5 大类困境儿童被列入生活津贴发放范围，包括流浪儿童、事实无人抚养儿童、重病重残儿童、城乡困境儿童、城乡困境家庭儿童，生活津贴标准从月人均 90 元至 1150 元不等，平均约 350 元。

贫困儿童生活保障与营养状况得到很大改善。目前我国对贫困儿童的保护主要涵盖在城乡最低生活保障和五保供养两项制度之下。2014 年，各项制度中总受益儿童数达 990 万名，约为我国儿童人口的 3.5%，年人均补助标准达 1821 元。中央财政自 2011～2012 年起推动贫困地区儿童营养改善项目和贫困地区学生营养改善项目，2013 年中国的学生供餐项目即以 2600 余万名受益儿童数，跃升至全球学生供餐项目受益人数排行榜中的第

4 位，2014 年贫困地区学生营养补贴标准由人均每天 3 元提高到 4 元。截至 2015 年 1 月，两个项目共惠及约 3400 万名儿童。2015 年教育部提出推动营养餐立法，为营养改善计划的长期实施提供法律保障。

二　基层儿童福利服务体系建设经验获全球推广

为解决资源分散和村级服务断层的问题，2010 年以来由民政部、联合国儿童基金会、北京师范大学中国公益研究院联合实施的 5 省 12 县 120 村中国儿童福利示范项目，着力建设基层的儿童福利服务递送体系，通过多部门合作机制完成需求发现、信息反馈和服务递送，切实解决了儿童困难。

在村中设立儿童福利主任并修建儿童之家，使其成为儿童家庭与政府及社会资源之间的桥梁，将福利服务带到每一位儿童身边。目前，已形成一支较为专业的儿童福利服务队伍，为儿童及家庭提供较高水平的福利服务。该经验受到联合国儿童基金会的高度称赞并在全球范围内进行推广。

各项目省在本行政区域内普遍推广了项目村的儿童福利服务经验，优化儿童福利服务政策措施，扩大受益儿童范围。

三　儿童福利服务专业化体系格局初步形成

儿童社会工作人才建设的多项政策，推动儿童社会工作服务专业化。2014 年初，团中央、民政部等 6 部委联合发出了《关于加强青少年事务社会工作专业人才队伍建设的意见》（中青联发〔2014〕1 号），这是我国第一份专门的社会工作专业人才队伍建设指导意见，对青少年事务社会工作专业人才队伍的运行管理机制和配套政策做出了全面安排。随后北京、山西、上海、安徽、江西、广东、广西、贵州、云南等地出台了加快推进青少年事务社会工作专业人才队伍建设的意见，江苏常州率先出台了市级层面的实施办法。2014 年底民政部发布推荐性行业标准《儿童社会工作服务指南》（MZ/T 058 - 2014），是儿童社会工作领域首个全国行业标准，为各地实施儿童社会工作服务提供了基本指引。

政府与民间共同推动儿童福利服务体系建设。2014年7月民政部与国家发改委在"十一五"儿童福利机构"蓝天计划"基础上,共同部署推动儿童福利机构建设规划二期项目实施工作,提出利用3～5年时间,重点在50万人及以上和孤儿数量较多的县(市)建设一批儿童福利设施,确保孤儿得到妥善安置和良好抚育。中央和地方财政通过政府购买服务资金支持儿童社会组织发展,中央财政支持儿童类项目资金不断上升,25个省份出台了推进政府向社会力量购买服务的指导意见。2015年中央财政购买儿童项目资金为5443万元,约占总资金的27.96%。

四　儿童监护干预司法实践取得突破

未成年人保护的相关法律、法规更加完善。《中华人民共和国未成年人保护法》修订以来,已有26个省(区、市)结合本地实际,有针对性地修改地方法规,进一步规范国家机关、社会团体、中小学校等责任主体的保护职责,细化保护措施。此外,最高人民法院、最高人民检察院、公安部、司法部出台了《关于依法惩治性侵害未成年人犯罪的意见》(法发〔2013〕12号),民政部会同有关部门积极研究修订了《家庭寄养管理办法》《中国公民收养子女登记办法》,国家新闻办公室会同有关部门加大对家庭暴力、校园暴力、色情等有害信息的监控力度,2015年3月2日,最高人民法院、最高人民检察院、公安部、司法部联合发布了《关于依法办理家庭暴力犯罪案件的意见》(法发〔2015〕4号),进一步预防和惩治家庭暴力犯罪,特别加强了对被害儿童的法律保护。

将未成年人救助保护机构中的流浪未成年人纳入家庭寄养范围。2014年民政部统计的对生活无着落儿童的救助达15.82万人次,平均每天约433人次。2013年底民政部发布推荐性行业标准《流浪未成年人家庭寄养服务》(MZ/T 045－2013),对流浪未成年人家庭寄养进行了规定。2014年9月14日民政部部务会议通过,自2014年12月1日起施行《家庭寄养管理办法》。新修订的《家庭寄养管理办法》,在"最高限度地保护寄养儿童"的原则下,扩大了原先"未满18周岁的孤儿、弃婴弃童"的寄养范围，对流浪乞讨等生活无着落未成年人，承担临时监护责任的未成年人救助保护机构开展家庭寄养。同年民政部发布了《流浪未成年人类家庭服务》（MZ/T 049－2014）推荐性行业标准，这有利于进一步提升流浪未成年人救助工作。

将困境儿童纳入未成年人社会保护试点工作。2014 年 8 月，民政部下发《关于开展第二批全国未成年人社会保护试点工作的通知》（民函〔2014〕240 号），重点将困境儿童作为救助保护对象，具体包括因监护人服刑、吸毒、重病、重残等原因事实上无人抚养的未成年人，遭受家庭暴力、虐待、遗弃等侵害的未成年人，缺乏有效关爱的留守流动未成年人，因家庭贫困难以顺利成长的未成年人，以及自身遭遇重病、重残等特殊困难的未成年人。

五 儿童医疗资源供需矛盾有所缓解

中央和地方重启儿科建设支持，填补儿童医疗资源供需缺口。我国儿科基础薄弱是儿童医疗资源紧缺的根本因素。为解决儿童医疗资源稀缺问题，2014 年国家发改委下达中央预算内投资 35 亿元计划，支持地市级及以上医院儿科（儿童医院）项目建设。2015 年国务院副总理刘延东强调，在"十三五"期间健全国家、省、市、县四级儿科医疗体系，加强对儿童专科医院和综合医院儿科的扶持力度，健全培养体系，提高儿科医生队伍专业化水平。安徽、郑州、上海等地也积极探索整合国际国内资源，提升省（区、市）内儿童医疗体系建设。同时鼓励有条件的院校恢复儿科专业招生，加强儿科人才队伍培训等措施，这些都将有利于建立儿科发展长效机制，逐步缓解儿童医院供需矛盾。

疾病应急救助和临时救助两项制度助力儿童大病保障。2014 年 7 月，国家卫生计生委等联合发布《关于印发扎实推进农村卫生和计划生育扶贫工作实施方案的通知》（国卫财务发〔2014〕45 号）。2014 年 10 月，国务院发布《国务院关于全面建立临时救助制度的通知》（国发〔2014〕47 号）。明确建立疾病应急救助制度和临时救助制度，这两项制度的实施都有利于在原有的大病医疗救助基础上，为大病儿童提供更多一层的防护网。

六　特殊困难儿童教育权得到进一步保障

保障特殊儿童群体平等受教育权利。国务院在全国开展专项评估工作，进一步要求地方政府保障进城务工人员随迁子女、农村留守儿童、家庭经济困难学生和残疾儿童等特殊儿童群体平等受教育权利。2015 年 4 月，国务院教育督导委员会办公室发布《2014 年全国义务教育均衡发展督导评估》报告，在总结肯定 2014 年地方政府开展义务教育均衡发展工作成绩的同时，进一步提出了未来发展的建议与要求。

教育部公布特殊教育改革实验区名单，多地出台特殊教育实施计划。2015 年 1 月，《教育部办公厅关于公布国家特殊教育改革实验区名单的通知》（教基二厅函〔2015〕1 号）公布，全国 37 个市（州）、县（区）被确定为国家特殊教育改革实验区。地方政府积极出台政策落实《国务院办公厅关于转发教育部等部门特殊教育提升计划（2014—2016 年）的通知》（国办发〔2014〕1 号）。截至 2015 年 5 月，全国共有 31 个省（区、市）出台实施了特殊教育提升计划，内蒙古呼伦贝尔市，黑龙江黑河市，福建厦门市、晋江市，山东日照市、泰安市、威海市、青岛市、淄博市，广东中山市，四川雅安市等地，还出台了进一步实施方案。

多举措推动学前教育资源建设和规范治理。2014 年 11 月，《教育部　国家发改委　财政部关于实施第二期学前教育三年行动计划的意见》（教基二〔2014〕9 号）发布，决定于 2014～2016 年实施第二期学前教育三年行动计划（以下简称"二期行动计划"）。二期行动计划阶段，学前教育工作将坚持公益普惠，进一步优化学前教育资源配置，公办民办并举，努力提高学前教育公共服务水平，新增资源重点向贫困地区和困难群体倾斜。2014 年，我国各教育阶段中民办教育发展增速最快，民办学校年增长率是 4.2%。2014 年新增幼儿园 1.13 万所，年增长率达 5.7%。尽管全国公办幼儿园数量有所增长，但总体占比仅为 33%，仍难以满足儿童接受公益普惠学前教育的需求。部分地方通过出台二期行动计划，继续把大力发展公办幼儿园作为扩大普惠性资源的重要举措。

第一章
儿童分类保障与津贴制度基本建立

儿童生活保障是狭义儿童福利的重要组成部分，即对生活无着落的儿童予以保障，具有鲜明的补缺型儿童福利特色。在补缺型儿童福利理念的引导下，儿童在我国一直被认为是家庭的从属，在以家庭为单位的城乡最低生活保障制度和以儿童福利院或社会福利院为单位的孤儿保障制度下，享有以费用减免为主的生活保障制度。国际上通用的对儿童生活进行保障的方式由现金补贴和服务保障两部分组成，在我国儿童福利制度从补缺型向普惠型转型的过程中，儿童生活保障也面临着从有特殊需要的孤儿、贫困儿童向其他各类儿童扩展的转型。

中央和地方共同推动儿童福利现金补贴制度建设。我国第一项以儿童为受益对象的生活津贴制度是 2010 年起建立的孤儿基本生活费制度，2012 年该制度的受益范围扩展到艾滋病病毒感染儿童。2014 年全国 52.5 万名孤儿与艾滋病病毒感染儿童领取生活津贴共计 51.96 亿元，其中中央财政补贴 22.97 亿元。在城乡最低生活保障制度覆盖下，990 万名贫困家庭儿童受益。地方政府也积极推动事实无人抚养儿童、流浪儿童、重病重残儿童等各类城乡困境儿童生活津贴政策的发展，2014 年共有 24 个省（区、市）的 33 个地区出台了儿童生活和助学津贴的相关政策，津贴标准从月人均 60 元至 1500 元不等。2011 年起中央财政推动贫困地区儿童和学生营养改善项目的开展，截至 2015 年 1 月，两项目共惠及约 3400 万名儿童。

指导各地探索儿童福利分类保障体系建设。2013 年民政部在全国范围内开展试点，由地方探索从孤儿生活保障向其他有需要的儿童生活保障扩展，2014 年各地逐步落实各类儿童生活保障，浙江、山东还在全省层面上进行了覆盖。2015 年 3 月政府工作报告在部署安排 2015 年的重点工作时，将困境儿童列为"持续推进民生改善和社会建设"的首位，提出对困境儿童等特困群体健全福利保障制度和服务体系，把民生底线兜住兜牢。

整体来看，儿童福利分类保障与津贴制度框架逐步形成。中央和地方初步建立了从津贴与服务两个方面推进儿童福利制度体系建设的基本理念，津贴覆盖的受益儿童群体不断扩大，津贴的类型从生活费逐步向教育、医疗、康复等不同领域拓展，从实践角度为未来面向全体儿童的普惠型儿童福利分类保障与津贴制度建设提供了经验。

一 孤儿基本生活费标准稳步提高

（一）2014年孤儿基本生活费标准整体有所提高

2014 年我国孤儿数为 52.5 万人[①]，较上年减少 4%；中央财政补助资金 22.97 亿元，比上年增加 2%。按孤儿数占儿童人口的比例来看，以 2010 年全国人口普查 18 岁以下儿童数 2.79 亿不变值为基数来估算，2014 年我国孤儿约占儿童人口的 1.9‰，占总人口的万分之三。2014 年我国集中供养孤儿 9.4 万人，与上年持平；分散供养孤儿 43.2 万人，比上年减少 2.3 万人。中央财政专助补贴资金沿用 2012 年标准，按东、中、西部地区予以月人均 200 元、300 元、400 元的补贴，2014 年中央财政补助孤儿基本生活费为 22.97 亿元，比上年增长 2%。

2014 年全国孤儿基本生活费标准为：集中供养孤儿月人均 1104.1 元，社会散居孤儿月人均 762.1 元（图 1-1）。按照各省 2014 年孤儿基本生活费标准测算，全国各地大多已达到 2010 年政策要求的集中供养孤儿月人均 1000 元和散居孤儿月人均 600 元的标准。在集中供养孤儿基本生活费上，仍有吉林、海南、甘肃、新疆四个省（区）未达到月人均 1000 元的标准，其中海南省最低，月人均仅为 600 元。除甘肃省外，全国均已实现社会散居孤儿基本生活费标准城乡统筹。

---

① 民政部：《2014 年社会服务统计公报》，2015 年 6 月 10 日，民政部网站：http://www.mca.gov.cn/article/zwgk/mzyw/201506/20150600832371.shtml；此处孤儿数为领取孤儿基本生活费的孤儿和艾滋病病毒感染儿童的总数。

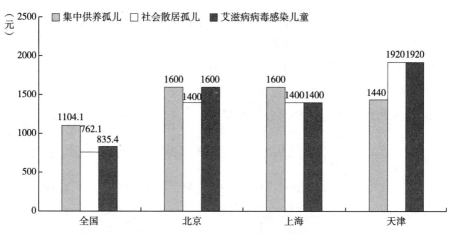

图 1 - 1 2014 年全国和北京、上海、天津三地孤儿基本生活费月人均标准对比

2014 年北京和上海集中供养孤儿、天津散居孤儿基本生活费分别为全国各省份中的最高标准（图 1 - 1）。2014 年集中供养孤儿基本生活费中数北京市和上海市的最高，均为月人均 1600 元，天津市分散供养孤儿基本生活费以 1920 元居首。

2015 年上海、天津再次提高了孤儿基本生活费标准，分别为全国各省份中集中供养孤儿和散居孤儿基本生活费的最高值。2015 年 2 月 4 日，上海市财政局、上海市民政局联合发布《关于调整本市孤儿基本生活养育标准的通知》（沪民福发〔2015〕3 号），明确规定，自 2015 年 1 月 1 日起"本市机构养育孤儿基本生活养育标准从每人每月 1600 元调整为 1900 元；社会散居孤儿基本生活养育标准从每人每月 1400 元调整为 1700 元；本市艾滋病感染儿童和部分服刑人员未成年子女生活费标准参照社会散居孤儿基本生活养育标准同步调整"。

2015 年 3 月 31 日，天津市民政局发布《天津市民政局关于调整社会散居孤儿和艾滋病病毒感染儿童基本生活费标准的通知》（津民发〔2015〕20 号），明确规定，"按照天津市《市民政局、市财政局关于发放孤儿基本生活费的实施办法》关于'社会散居孤儿基本生活费标准，按高于城市低保标准的 200% 核定并随低保标准进行调整'和《市民政局、市财政局、市卫生局关于发放艾滋病病毒感染儿童基本生活费的通知》关于'艾滋病病毒感染儿童基本生活费标准，参照天津市社会散居孤儿基本生活费标准全额执行'的要求，依据《市民政局、市财政局关于调整社会救助范围和标准的通知》标准调整规定，自2015年4月1日起天津市社会散居孤儿、艾滋病病毒感染儿童基本生活费标准由每人每月1920元调整至每人每月2115元"。

安徽、浙江、广东等省份允许所辖区市按照经济发展水平自行提标，如深圳市2015年部分区县的分散孤儿基本生活费月人均已达到2203元。

（二）2010年以来孤儿基本生活费标准逐步提高管理走向规范化

2010～2014年，12个省（区、市）上调了孤儿基本生活费标准，3个省（市）已建立自然增长机制。天津、江苏、浙江3省（市）均下发文件规范孤儿基本生活费标准及上调指导意见，其中天津以城乡低保标准为核算依据，浙江以上年度城市人均可支配收入为核算依据，江苏提出"各地自行制定提标区间，全省提标时间为每年7月1日"。9个省（区、市）于2011年左右依据中央财政补助标准上调步伐，对当地孤儿基本生活费标准进行了一次提标，月人均平均增长约172元。山东省在2013年提标文件中明确，"本通知自2012年9月21日起施行，有效期至2015年9月"，即至2015年以前均不会再对该标准进行调整。安徽、福建两省在相关文件中明确提出，鼓励有条件的地方自行上调，建立自然增长机制。其余省份均未监测到有对孤儿基本生活费标准调整的信息。

天津市2013年5月下发《天津市民政局、天津市财政局、天津市人力资源和社会保障局、天津市残疾人联合会关于完善城乡分类救助有关政策的通知》，明确规定，"对城乡分散孤儿及事实无人抚养的在校学生（含学龄前儿童）享受低保待遇时，按城市低保标准的3倍核发"。根据《天津市最低生活保障办法》（天津市人民政府〔2001〕第38号令）和《天津市最低生活保障办法实施细则》中"最低生活保障标准随着本市经济发展和城乡居民生活水平的提高及生活必需品价格的变化，并根据财政承受能力适时调整"的规定，天津市城乡分散孤儿基本生活费标准实现了随城乡低保标准上调的自然增长机制。

江苏省2011年初发布《江苏省政府办公厅关于进一步加强我省孤儿保障工作的意见》（苏政办〔2011〕16号）和《江苏省民政厅、财政厅关于进一步做好全省孤儿基本生活保障工作的通知》（苏民福〔2011〕7号）

两份文件，提出"各地要按照不低于当地平均生活水平的原则，确定孤儿养育标准，并建立增长机制。在 2010 年社会散居孤儿每人每月 600 元、福利机构集中养育孤儿每人每月 1000 元最低养育标准的基础上，按照当地经济社会发展水平和上年度城镇居民人均可支配收入、农民人均纯收入增长幅度，提高孤儿养育标准。每年提高标准时间统一为 7 月 1 日。各地要将孤儿基本生活费列入财政预算，确保及时足额到位"，明确建立孤儿养育标准增长机制。

浙江省 2011 年初发布《浙江省民政厅、浙江省财政厅转发民政部、财政部关于发放孤儿基本生活费的通知》，提出"根据民政部、财政部和省政府有关文件精神，按照孤儿生活不低于当地平均生活水平的原则，建立孤儿基本生活费标准自然增长机制，并实行城乡统筹。其中福利机构养育的孤儿年基本生活费标准按不低于当地上年度城镇居民家庭人均消费性支出的 70% 确定；社会散居孤儿年基本生活费标准按不低于当地福利机构孤儿基本生活费标准的 60% 确定。2010 年标准参照民政部关于孤儿最低养育标准的指导意见，由各地确定"，建立了按照城镇居民家庭人均消费性支出为核算标准的孤儿基本生活费自然增长机制。

孤儿总数与中央财政补助资金的走向差异，说明孤儿数据统计逐步走向规范化。2010 年起，孤儿基本生活费即纳入中央专项补助资金管理，按东、中、西部地区孤儿分别予以不同标准的补助，2012 年该标准有所提高。从政策设计原则来看，孤儿专项补助资金应与孤儿总数呈同比变化，而从 2010～2013 年中央财政专项补助资金数据来看，仅 2013 年两者均呈下降趋势，2010～2012 年和 2014 年，均呈反向变化，资金总量上平均变化幅度不大（图 1-2）。

按照相关政策文件规定，我国孤儿数的统计为严格意义上的双孤，即失去父母或父母一方死亡另一方失踪的儿童。2012 年起，民政部下发文件，将艾滋病病毒感染儿童纳入孤儿基本生活费发放范围，享受同等待遇。2010 年建立孤儿基本生活费制度后，孤儿总数涨幅连续两年急剧增长，2012 年我国孤儿总数达 57 万人，为历年最高值。

按孤儿总人数测算人均中央补助水平呈逐年下降趋势。2010 年最高，达月人均 833 元，而 2013 年仅为 343 元。2013 年起，民政部、财政部发布进一步加强孤儿基本生活费专项补助资金发放的监管与审计办法，孤儿数

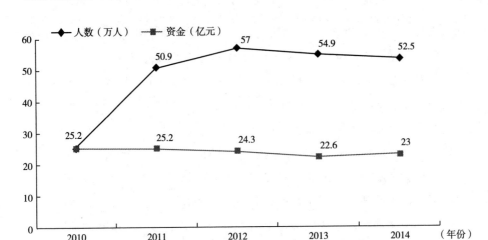

图 1 – 2　2010 ~ 2014 年孤儿基本生活费中央财政补助资金及受益人数示意

据统计进一步规范化，错报、漏报等情况有所改善，孤儿总数回落，降幅在 4% 左右。同年中央补助资金与孤儿总数均呈下降趋势，统计数据规范化效果显著。

　　孤儿数据统计规范化的同时也有效促进了中央专项资金的配套和落实，2014 年中央专项补助资金根据上年数据核算，资金总额有所回升。预计随着孤儿数据统计的进一步规范化发展，中央财政资金总额将与孤儿总数变化保持一致。

二　受艾滋病影响及贫困儿童生活保障初步落实

（一）多部委发文推进受艾滋病影响儿童生活保障工作

　　2014 年底国家卫生计生委、教育部、民政部快速响应舆论热点，联合发文，进一步落实受艾滋病影响儿童的医疗教育和生活保障。2014 年底，一则《8 岁艾滋男童遭村民联名驱离》的新闻引起社会舆论甚至联合国的广泛关注。12 月 20 日，国家卫生计生委即发出了声明，并于 12 月 21 日，联合教育部办公厅、民政部办公厅下达了《关于进一步落实受艾滋病影响儿童医疗教育和生活保障等政策措施的通知》（国卫办疾控发〔2014〕72号），从努力消除社会歧视，进一步落实各项政策，依法保护儿童隐私，进一步加强督导检查 4 个方面对各地加强受艾滋病影响儿童保障工作进行了规范，同时国家卫生计生委责成地方相关部门了解核实相关情况。在国家政策的快速响应下，当地政府随即对该名男童进行了救助并让其就近入学，2015 年初在政府的支持下由该男童的监护人将其送到了具备相对良好治疗条件与教育环境的山西某红丝带学校就读。

从 2004 年实施"四免一关怀"政策起，我国出台多项政策保障受艾滋病影响儿童的生活。据全国疾控中心数据，截至 2013 年底，我国在全国医疗机构开展抗病治疗的儿童为 3527 人，2013 年中国艾滋病防治总经费99% 来源于政府财政[1]，截至 2014 年底，报告存活的感染者和病人为 50.1 万例[2]，相应的儿童数据未在相关报告中进行更新。2004 年我国开始实施艾滋病"四免一关怀"政策，对困难群体、孕妇、接受检测人员等提供免费的检测和治疗服务，同时，国家和各级政府对艾滋病病毒感染者和患者提供救治关怀和补助。2010 年起，为孤儿（包括因艾滋病致孤儿童）发放基本生活费，2012 年起将艾滋病病毒感染儿童纳入基本生活费发放范围。2014 年底出台的《关于进一步落实受艾滋病影响儿童医疗教育和生活保障等政策措施的通知》要求，各地政府应按照《社会救助暂行办法》的规定，确保所有符合条件的受艾滋病影响儿童及时纳入城乡低保、特困人员供养范围，同时结合社会保险、慈善捐赠等相关政策和资源，切实保障受艾滋病影响儿童的基本生活。

2014 年艾滋病儿童基本生活费在全国范围内得到落实，5200 名艾滋病病毒感染儿童领取基本生活费，平均标准为月人均 835.4 元。艾滋病致孤儿童属于孤儿范畴，2010 年起各地均已按照相关政策落实孤儿基本生活费。全国平均标准为集中供养月人均 1104.1 元，分散供养月人均 762.1元。2012 年民政部下发为艾滋病病毒感染儿童发放生活费的通知后，28 个省（区、市）先后下发或转发了文件，对当地艾滋病病毒感染儿童生活费发放进行了规定，其中江苏、浙江、湖北三省仅在文件中说明与孤儿同标，未具体标明是参照集中供养孤儿还是分散供养孤儿标准，安徽、湖南两省仅在文件中注明按照中央文件要求对艾滋病病毒感染儿童予以"适当

---

① 参见 http://edu.qq.com/a/20140817/009298.htm。

② 《中国疾病预防控制工作进展（2015 年）》，http://www.nhfpc.gov.cn/jkj/s7915v/201504/d5f3f871e02e4d6e912def7ced719353.shtml。

补助"，未提及具体标准，截至2015年5月，未查找到河北、吉林、西藏3省区落实艾滋病病毒感染儿童生活费的公开信息。根据现有数据测算，2014年全国艾滋病病毒感染儿童基本生活费为月人均835.4元。其中天津市最高，参照散居孤儿标准达1920元。

（二）990万名贫困儿童纳入最低生活保障覆盖范围

政府加强落实贫困儿童生活保障，2014年990万名儿童从中受益。贫困对儿童发育和成长造成的影响是永久性的，城乡居民最低生活保障和农村五保供养制度有效地为贫困家庭中的儿童提供了生活等各项保障。《社会救助暂行办法》的出台，也为贫困儿童接受全方面的社会救助提供了进一步的保障。目前我国对贫困家庭儿童的保护主要涵盖在城乡低保和五保供养两项制度之下。2014年，各项制度中的总受益儿童数达990万名，约为我国儿童人口的3.5%，年人均补助标准达1821元，占人均GDP的3.9%。

三 困境儿童津贴及营养补助计划扩大实施

（一）地方试点探索建立儿童分类保障制度

困境儿童进入2015年国务院政府工作报告，民政部加快推进困境儿童分类保障制度建设。民政部《关于开展适度普惠型儿童福利制度建设试点工作的通知》（民函〔2013〕206号）和《关于进一步开展适度普惠型儿童福利制度建设试点工作的通知》（民函〔2014〕105号）中对困境儿童范围进行了明确，即"困境儿童分残疾儿童、重病儿童和流浪儿童3类；困境家庭儿童分父母重度残疾或重病的儿童、父母长期服刑在押或强制戒毒的儿童、父母一方死亡另一方因其他情况无法履行抚养义务和监护职责的儿童、贫困家庭的儿童4类"。2014年民政部在全国范围内落实孤儿、艾滋病病毒感染儿童生活保障制度的基础上，积极推进各地开展困境儿童分类保障制度建设[1]。先后在全国建立了50个市（县、区）适度普惠型

---

[1] 《2014年民政工作报告基本民生保障篇》，http://mzzt.mca.gov.cn/article/qgmzgzsphy2015/gzbg/201412/20141200748866.shtml.

儿童福利制度试点，将推动建立以重残重病和监护人无力或无法监护抚养的儿童为重点对象的困境儿童分类保障制度作为 2015 年度工作重点。2015 年 3 月，国务院政府工作报告在部署安排 2015 年的重点工作时，在"持续推进民生改善和社会建设"模块中，将困境儿童列在首位，提出对特困群体健全福利保障制度和服务体系，把民生底线兜住兜牢①。中央政府文件为 2015 年困境儿童生活保障制度推进提供了良好前景。

2014 年全国共有 24 个省（区、市）建立 5 大类困境儿童生活津贴标准。截至 2015 年 5 月 31 日，全国共有 24 个省（区、市）33 个市（县、区）公布了困境儿童生活津贴标准。在各地实践中对困境儿童的界定有较强的灵活性，总体来看，除了孤儿外，主要覆盖了城乡困境儿童、城乡困境家庭儿童、流浪儿童、事实无人抚养儿童和重病重残儿童 5 大类别。各地困境儿童津贴标准从月人均 90 元至 1150 元不等，平均约 350 元（见图 1 - 3）。

图 1 - 3　困境儿童分类及覆盖范围示意

山东、江苏两省在全省范围内为困境儿童发放生活津贴。继天津、浙江分别于 2013 年和 2014 年初下发在全市（省）范围内推进困境儿童分类保障制度建设的意见后，2014 年山东、江苏两省下发文件为在全省范围内推广困境儿童分类保障制度进行了积极实践。

2014 年 8 月，山东省民政厅、财政厅出台《关于建立困境儿童基本生活保障制度的意见》（鲁民〔2014〕56 号），提出从 2014 年 1 月 1 日起为

---

① 《2015 年政府工作报告》（全文实录），http：//lianghui. people. com. cn/2015npc/n/2015/0305/c394298 - 26642056. html。

困境儿童发放每人每月不低于 300 元的津贴，同时对困境儿童的范围进行了界定，即："在出生、发育和成长过程中遇到特殊困难境遇或失去父母照顾的未满 18 周岁的儿童。主要包括：1. 父母同时具有重残、重病、服刑、被强制戒毒或被人民法院依法剥夺监护权等任一情形的事实上无人抚养的儿童；2. 父母一方死亡或失踪，另一方有上款情形之一的事实上无人抚养的儿童；3. 父母一方死亡或失踪，另一方经济困难无法履行抚养义务的儿童；4. 经诊断身体重残、患有大病或罕见病需长期治疗的贫困家庭的儿童。"

2014 年 12 月，江苏省政府办公厅下发《关于完善困境儿童分类保障制度的意见》，对困境儿童的分类进行了明确，并将社会散居孤儿基本生活费设定为各类困境儿童生活津贴的参照标准，其中监护人缺失的儿童津贴标准为社会散居孤儿的 80%。困境儿童主要是指："（一）孤儿。指失去父母或查找不到生父母的未满 18 周岁的未成年人。（二）监护人监护缺失的儿童。主要包括：父母双方长期服刑在押或强制戒毒的儿童；父母一方死亡或失踪（人民法院宣判或公安机关证明，下同），另一方因上述情况无法履行抚养义务和监护职责的儿童。（三）监护人无力履行监护职责的儿童。主要包括：父母双方重残（2 级及以上残疾，下同）、重病（参照各地重特大疾病救助办法规定）的儿童；父母一方死亡或失踪，另一方因重残或重病无力抚养的儿童。（四）重残、重病及流浪儿童。主要包括：重残儿童；患重大疾病儿童，包括艾滋病病毒感染、白血病（含再生障碍性贫血、血友病）、先天性心脏病、尿毒症、恶性肿瘤等重大疾病，以及医保政策规定的住院和门诊治疗费用 1 年中自付部分超过 2 万元的疾病；长期在外流浪儿童。（五）其他需要帮助的儿童。包括受侵害和虐待的儿童、单亲家庭儿童、失足未成年人、家庭生活困难的留守儿童等。"

2014 年新增四地为事实无人抚养儿童发放生活津贴。浙江省海宁市和绍兴市，山东省荣成市，湖南省长沙市，为事实无人抚养儿童发放生活津贴，但其覆盖范围有所不同。浙江省海宁市规定事实无人抚养儿童为父母双方长期服刑在押和劳动教养的儿童、父母双方强制戒毒的儿童，而湖南省长沙市则在具有上述条件的儿童外，还将父母双方均失踪的儿童和父母一方死亡且另一方失踪、父母一方死亡或失踪且另一方或强制戒毒的儿童纳入了事实无人抚养儿童中，范围有所扩大。

河北省三河市困境儿童生活津贴补助月人均标准全国最高。三河市为全国第二批适度普惠型儿童福利制度建设试点县级市，重点把困境儿童和困境家庭儿童在助养、助困、助医、助学、助业等方面纳入保障范围，确保困难儿童群体"困有所助"。对困境儿童和困境家庭儿童纳入保障范围，建立基本生活保障制度，即社会散居的困境儿童和困境家庭儿童按照该市农村居民最低生活保障标准（2014 年为 500 元/人/月）发放基本生活费，直接拨付到儿童个人账户；集中供养的困境儿童和困境家庭儿童按照国家机构养育孤儿基本生活费（1150 元/人/月）标准发放基本生活费，直接拨付到集中供养机构账户。

（二）儿童营养补助计划缩小城乡差异，促进社会公平

国务院发布推进贫困地区儿童发展规划，重点推进儿童营养改善核心任务。2015 年 1 月国务院办公厅印发《国家贫困地区儿童发展规划（2014—2020 年）》[1]，明确提出在儿童营养改善方面实施"扩大婴幼儿营养改善试点范围，完善义务教育学生营养补助政策"等营养干预措施，明确提出了实现集中连片特殊困难地区 4000 万名儿童营养保障目标。

截至 2015 年 1 月，贫困地区儿童营养改善项目和贫困地区学生营养改善项目，共惠及约 3400 万名儿童[2]。贫困地区儿童营养改善项目于 2012 年 10 月起在 8 个贫困片区的 10 省 100 个县试点实施，当年中央财政提供项目经费为 1 亿元，项目主要内容是为 6 个月至 2 岁的婴幼儿每天提供 1 包富含蛋白质、维生素和矿物质的营养包，同时开展儿童营养知识宣传与健康教育，旨在改善贫困地区儿童营养健康状况。2013 年该项目范围扩大到 21 个省的 300 个县，中央财政补助经费增加到 3 亿元。截至 2013 年 12 月底，受益儿童达 40 万人。截至 2014 年底，该项目资金已达 5 亿元，覆

①　《国家贫困地区儿童发展规划（2014—2020 年）》，http：//www.gov.cn/zhengce/content/2015－01/15/content_ 9398.htm。

②　教育部，http：//www.gov.cn/2015－01/30/content_ 2812535.htm。

盖了 341 个县，受益儿童数达 137 多万①。

农村义务教育学生营养改善计划于 2011 年 10 月启动，中央财政累计投入资金 472 亿元，为农村义务教育阶段学生提供营养膳食补助，2014 年 11 月营养膳食补助标准由人均每天 3 元提高到 4 元。截至 2015 年 1 月底，共覆盖了全国 30 个省 1315 个县的 134279 所学校，受益学生 3220 多万人。除膳食补助资金外，中央财政安排了近 300 亿元用于试点地区学校食堂建设，已经有 65% 的学校实现了食堂供餐。据联合国学校供餐项目的一份研究报告，2013 年中国以受益儿童数 0.26 亿人跃升至全球学校供餐项目受益人数排行榜中的第 4 位，在印度（1.14 亿人）、巴西（0.47 亿人）、美国（0.45 亿人）之后。该报告同时显示，2013 年全球共有 169 个国家实行了学校供餐项目，覆盖 3.68 亿名儿童②。2015 年教育部提出拟推动营养餐立法，为营养改善计划的长期实施提供法律保障。

慈善组织在政府财政资金大力投入并提高标准的同时，积极筹划儿童免费午餐项目转型。2014 年中国社会福利基金会免费午餐基金项目实现累计筹款过亿元，捐助学校总数达 439 所，覆盖全国 23 个省份，受益人数达 11.1 万人，当年收入共计 4138 万元③，与国家政府项目相比，民间免费午餐项目的规模显然不占优势。2014 年底免费午餐在内部治理与发展方向上进行了转型的尝试，意图通过社会化、民主化的方式搭建中国乡村儿童公益联合平台，使之提供专业化的服务。

---

① http：//china.cnr.cn/ygxw/20150130/t20150130_517583058.shtml.
② State of School Feeding Worldwide 2013.
③ http：//www.jyb.cn/basc/sd/201504/t20150429_620652.html.

第二章
中国儿童福利示范项目区经验加速推广

随着家庭结构、社会经济文化的不断变化，儿童特别是困境儿童的需求也越来越复杂，一个部门或某个社会组织单打独斗地提供单一服务已远远不能满足儿童及家庭的需求。如何建立一个政府、学者、社会组织等多元素参与的儿童福利网络和一个津贴与福利服务相结合的福利体系，是我国儿童福利事业所面临的新挑战。

中国儿童福利示范项目经过 5 年的项目实践，对以上两方面的建设积累了重要经验。在示范项目区，儿童的福利需求基本得到满足，建立了规范的儿童福利主任队伍，通过政府各个部门与社会组织的链接，形成了能提供多种个性化服务的福利平台，同时，针对困境儿童的救助政策也在逐步建立（图 2-1）。2014 年，中国儿童福利示范项目区在孤儿基本生活费制度、艾滋病儿童津贴制度的基础上，将福利津贴受益范围逐步扩展至其他困境儿童，多个项目区建立了困境儿童分类救助制度，分重点分类别确定救助标准。在服务方面，通过建立基层儿童福利服务递送体系，横向、

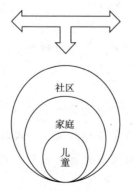

图 2-1　中国儿童福利示范项目区多级儿童福利服务体系示意

纵向形成联动机制，让儿童切实享受到津贴与服务。目前，示范项目区儿童福利制度建设已开始呈现细致化、专业化、可操作化的特征。

为了在不同经济、文化背景中检验中国儿童福利示范项目，保障项目经验顺利向全国推广，2015 年项目地区将从 5 个省份 12 个县份拓展至 31 个省份 100 个县份，推动基层儿童福利服务体系的建设。

一 综合型儿童福利服务全面改善儿童状况

（一）全体儿童的福利水平得到提升

中国儿童福利示范项目在 5 个项目省（区）开展了集保护、关爱、预防、治疗、康复为一体的儿童福利服务，通过儿童家访、儿童之家活动、社区宣传、大龄青年培训、服务链接等方式为儿童提供生活、教育、医疗、保护等多方面的保障。在项目区，0~18 岁的儿童得到了全面照料，从儿童出生的户籍手续办理、新农合①申请、学龄儿童及时就学，到大龄女童避免成为儿童妈妈等，都能得到儿童福利主任的监督和支持，全体儿童的基本福利需求得到了满足。

> 我的工作之一就是督促新生儿入户口。以前，家长对小孩上户口的事不关心，项目启动后，基本上村里户户都上户口，孩子不再出现黑户。在我成为儿童福利主任后，帮助七十多个新生儿办理过上户手续，带他们去派出所上户口，帮他们整理材料，写调查报告。
>
> ——河南省上蔡县儿童福利主任

通过儿童福利主任的宣传，儿童权利知识在村民心中烙下了印记，儿童权利意识得到整体提升。

> 家长们的观念也有所改变，以前家长让孩子放学后在田里干活，现在会让孩子到儿童之家参加活动，知道玩也是儿童的权利，知道要给孩子一些空间。以前家长会打骂孩子，现在已有所转变，从体罚转

---

① 新农合，即新型农村合作医疗，下同。

变为陪伴。

——云南省陇川县儿童福利主任

（二）儿童服务水平提高，防止困境进一步加深

1. 消除贫困儿童、残疾儿童辍学隐患

为了避免困境儿童因为经济或身体的困境而辍学，各项目省的县民政局与教育部门联系，积极促成能接受教育的困境儿童前往学校就学，保障困境儿童享受教育的权利，使其能够在较好的环境中完成学业。

河南省上蔡县为贫困家庭中的 120 名中小学生、15 名中专生、20 名大学生发放临时救助金 13.5 万元。河南省洛宁县民政局通过与教育部门沟通，加强对困境儿童的管理，如通过为每名孤儿建立管理档案，每周对孤儿进行课外辅导不少于 2 个课时，为孤儿提供良好的学习环境和成长条件。云南省德宏州利用项目提供的困境儿童救助学习包，帮助贫困大学生解决交通费用问题。

2. 留守儿童得到照料，消除儿童犯罪隐患

在中国儿童福利示范项目区，有许多留守儿童得不到家人的照顾，无人关爱，也得不到督导管理。

河南省洛宁县项目主任介绍说，洛宁县项目村处于县城的周边，较为混乱，有留守儿童经常对路过的村民实施抢劫，甚至曾杀害了一名出租车司机。这些儿童没有健全的家庭，遇到困难时如果得不到及时的帮助，十分容易误入歧途，形成社会安全隐患。

项目启动后，留守儿童得到了重点关注。儿童福利主任挨家挨户进行家访，了解儿童信息，与儿童谈心，并鼓励他们参加项目开展的职业技术培训，掌握一门生活技能，帮助他们拥有正常的生活。在洛宁县，每年都有两批大龄儿童被送往技术学校，接受免费的职业技术教育，目前已有 70 多名儿童得到了帮助。

二　多部门合作机制建立高水平儿童福利服务队伍

为了解决资源分散和村级服务断层的问题，中国儿童福利示范项目着

力建设基层的儿童福利服务递送体系，通过多部门合作机制完成需求发现、信息反馈、服务递送，切实解决了儿童困难。多部门合作机制由横向和纵向组成，首先，在县级成立领导小组，由民政局牵头，多部门分工合作，根据各自工作职责提供相应服务，并与其他部门进行信息及资源共享。其次，建立县—乡—村三级服务体系，在村中设立儿童福利主任并开办儿童之家，使其成为儿童家庭与政府及社会资源之间的桥梁，将福利服务带到每一位儿童身边。目前，已形成一支规范的儿童福利服务队伍，为儿童提供高水平的福利服务。

（一）儿童福利主任成为儿童家庭寻求帮助第一人选

在村中设置儿童福利主任是一个制度创新，它彻底解决了基层儿童福利服务断层问题，有效递送信息及资源，将服务直达儿童身边。

在进行儿童福利主任职位设计时，中国儿童福利示范项目将其定位为民政系统在社区/村中提供儿童福利服务、开展儿童活动的专业工作人员，并要求儿童福利主任满足以下标准：（1）爱孩子，热爱儿童福利服务工作；（2）学历高中及以上；（3）年龄19~55周岁；（4）无犯罪记录；（5）掌握汉语及当地少数民族语言，了解当地文化。标准的设置充分考虑了该项目地区社会文化背景，以儿童利益最大化为核心，且具有可操作性。当符合这些标准的儿童福利主任入职后，该项目会对他们提供专业的理论与技术培训，保障儿童及其家庭得到及时、有效的福利服务。

经过5年的项目培训及工作积累，儿童福利主任已经成为掌握儿童需求信息，得到儿童及其家庭信任，了解儿童权利和福利知识，熟悉政府及社会资源，会使用现代化办公设备，运用专业知识和技能提供儿童福利服务的不二人选。

1. 儿童福利主任及时发现问题，保障儿童身心健康

儿童福利主任的日常工作包括家访和开展儿童之家活动，这两项工作的最大作用就是通过与儿童及其家庭频繁的交流，了解儿童需求，及时发现问题，并提出解决方案。

云南省陇川县一名儿童与外婆生活在一起，和外婆关系不好，经常被外婆打骂，该儿童逐渐模仿外婆言行，变得言语粗暴、性格急躁。儿童福

利主任在家访时了解到此情况，便开始对该儿童的外婆宣传儿童权利和儿童养育方法，情况逐渐得到了改善，该儿童的行为也有了很大转变。

云南省盈江县一名儿童福利主任的堂弟是一名事实无人抚养儿童，他父亲在他三岁时吸毒入狱，母亲改嫁，他从小就和儿童福利主任一家生活在一起。由于家庭变故，孩子从小就不爱说话，性格孤僻，从不和其他孩子一起玩耍，经常一个人在家里看电视，甚至在该项目启动前从没有叫过该儿童福利主任一声姐姐。该儿童福利主任上任后，就一直带着堂弟参加儿童之家的活动。孩子就从拽去参加活动，慢慢变成了主动去参加活动。有一天，在开展亲子活动时，这位儿童福利主任不小心摔了一跤，她堂弟马上跑过去扶她，还说"姐！你的脚流血了，很疼吧？"这样一句关心的话让该儿童福利主任十分感动。她说，因为她自己亲眼见证了家人的改变，深深体会到了该项目对困境儿童的意义，她愿意一直工作下去。她十分感谢该项目对她及其家人的帮助。

通过以上案例可以看出，村儿童福利主任们拥有获取儿童信息的便利条件，可以及早发现儿童的需求，并通过为儿童提供长期的不间断的基础服务，与儿童及其家庭建立起积极有效的帮助关系，改善儿童的身心成长状况。河南省洛宁县该项目办主任说："以前没有人直接从村里给你反映信息，一些资源不能得到有效的利用。现在，村里有人能够主动反映问题，发现谁家有什么情况都能主动和福利主任说或者打电话咨询。"

2. 儿童福利主任链接资源，帮困境儿童寻找服务

儿童福利主任不仅是儿童福利服务的直接提供者，而且是儿童需求的反馈者和服务资源的链接者。当儿童福利主任掌握儿童信息后，将对其福利需求进行评估及分类，并为每一位儿童制订个性化的服务方案。

儿童福利主任们通过接受基本专业培训，掌握我国儿童福利政策和儿童福利组织的基本信息，因此，能够根据儿童状况链接适当的福利服务，满足困境儿童的需求。

河南省上蔡县一位儿童福利主任通过家访了解到一个因脑外伤致残的儿童由于家庭经济困难没有接受康复治疗，于是向县民政局反映了该儿童情况，申请通过该项目对这名儿童提供现金救助。经过审核，第一批救助资金8000多元钱已经批准，使孩子得到了康复治疗。

云南省陇川县的一名儿童患有尿道下裂症，却被多次误诊为长有双性生殖器官，家长非常焦急，四处借钱筹集手术费用。在一位医疗康复领域的项目专家进行入户探访时，儿童福利主任将专家带到了这名儿童的家中进行诊断，才使该儿童的病情得以确诊。儿童福利主任通过这名专家联系到广州一家医院，该医院愿意减免部分手术费用为该儿童进行治疗。儿童福利主任向中国儿童福利示范项目申请了医疗救助经费，带着孩子和家长前往广州完成了手术。这家医院还在医院内部为这名儿童进行募捐，筹集到第二次手术费用。手术获得成功，孩子家长终于露出了笑容，孩子也变得自信开朗起来。

新疆伊宁县一名儿童福利主任，主动联系医院为村里 4 岁以下的儿童实施了脊灰疫苗补充免疫，并在此过程中开展了相关的疾病预防宣传。此次接受疫苗补充免疫的共有 84 个家庭。

河南省洛宁县的一位儿童福利主任，通过朋友介绍，联系到洛阳体训队，邀请他们到村里探访困境家庭，了解儿童发展的基本需求，最终建立起一名体训队队员支持一户困境家庭的模式，为困境家庭提供衣服、图书、生活和学习必需品。此次活动共支持了 10 户家庭，每户 500 元，如果困境儿童有特殊需求，还会得到特殊帮助。

儿童福利主任能够将儿童家庭与外部资源之间的信息传递渠道打通，使政府与社会组织服务更具可及性。并且，儿童福利主任掌握专业的知识与技能，可以为困境儿童家庭提供有针对性的建议，避免了儿童家庭处于单独寻找支持资源的困境。

（二）县级政府部门专业化高，搭建儿童福利服务网络

中国儿童福利示范项目建立"县—乡—村"三级儿童福利服务体系，形成了"抓两头、带中间"的模式，即：县一级管理、协调、落实儿童福利工作，村一级则负责儿童信息、服务和资源的直接递送，乡一级作为中间环节，协助县村两级完成上述工作。其中，县一级通过成立领导小组的方式将各政府部门进行链接，打破以前县级各部门条状、独立的工作方式，搭建起了多部门合作的综合型儿童福利服务网络。在该项目统一设计的基础上，项目地区逐步将这一服务体系进行了升级和细化，做出了各自的特色。

1. 河南洛宁县："五位一体"制度充分发挥各政府部门职能

河南省洛宁县建立的"五位一体"制度，打破了政府各部门的分工壁

垒，形成了合作机制，为困境儿童提供助养、助困、助医、助学、助业五类服务，使困境儿童救助工作走上了制度化、规范化的轨道。首先，洛宁县委、县政府成立困境儿童救助工作领导小组，由县委书记任组长，县委副书记、县长任常务副组长，县人大、政协分管领导任副组长，县民政、卫生、教育、残联等相关单位负责人为成员，领导小组下设办公室，办公室设在县民政局，县民政局局长任办公室主任。领导小组每月召开一次联席会议，协调解决困境儿童救助工作中心相关问题。同时，制订详细的实施方案，对救助的对象、时间、内容、方式、标准及部门职责、监管措施等做出了明确规定，有效保障了困境儿童救助工作的开展。

2. 云南德宏州：民政与妇儿工委、关工委[①]等携手支持儿童之家建设

儿童之家是儿童福利服务完成最后一公里递送的基地，也是链接儿童家庭与各政府部门的平台。云南德宏州民政局联合妇儿工委、关工委等部门，共同支持儿童之家建设，丰富儿童之家职能，使儿童之家在村中发挥出了更强大的作用。2014 年，陇川县景罕村儿童之家被云南省妇儿工委评为"省级儿童之家"，并得到资金支持，供其用于硬件的建设及日常活动的开展。除此之外，这种合作支持的方式也能够最大化地利用各部门资源，避免重复建设而浪费资金，使更多的儿童能够享受到儿童之家的服务。

（三）国内外社会组织合作内容丰富，借力为儿童提供服务

中国儿童福利示范项目探索建立基层儿童福利服务体系，完善政府内部的工作机制，建立一个开放的儿童福利服务平台，吸引政府以外的福利资源加入项目区服务，丰富福利服务内容，使其成为政府福利的良好补充，形成有效的政府与社会组织的合作模式。

各项目县，根据各类儿童的不同需求，积极建立了多项与国内外社会组织合作的儿童福利项目，在中国儿童福利示范项目的大框架下，设计了更有针对性的福利服务内容，并充分利用儿童福利主任和儿童之家，使服务精细化、个性化。

---

① "妇儿工委"，即妇女儿童工作委员会，下同；"关工委"，即关心下一代工作委员会，下同。

1. 河南洛宁县：瑞银项目改善儿童保护机制

河南洛宁县民政局通过与瑞士银行基金会、儿童乐益会、北京师范大学等单位合作，开展针对未成年人的保护工作。该项目为期 3 年，将在洛宁县建立中国首个县级儿童福利和儿童保护示范项目区，总结出可复制的儿童保护机制和协作体系，填补国内儿童保护领域的空白。

该项目的实施内容主要包括 5 个层面。一是依托"县—乡—村"三级网络结构，运用入户调查的方式，认真细致地进行基线调查，摸清各乡镇儿童的具体情况；通过宣传单发放、墙体标语、广播电视等形式进行儿童保护宣传，让儿童监护人及与儿童事业相关的工作者了解儿童保护的重要性。二是邀请儿童保护领域的专家学者对县医院、人民法院、检察院等相关单位进行培训，明确各村福利主任、各乡镇民政工作人员及各相关单位职责，形成儿童保护项目的清晰框架。三是积极开通 24 小时儿童保护热线，保障儿童权益免受侵害。四是在各相关部门之间建立针对儿童问题的协作机制和快速反应介入体系。五是提升儿童福利之家职能，在儿童保护的基础上，建立儿童庇护中心，增强儿童福利的递送能力。

2. 四川凉山州：个人捐赠儿童之家设备，促进儿童身心长成

四川凉山州昭觉县、布拖县、金阳县的 30 个项目村地处山区，环境恶劣，经济发展落后，导致儿童教育发展非常落后，特别是学前教育几乎为零，那里的儿童几乎都是在马路边度过了自己的童年。相比其他项目地区，儿童之家活动对于这 3 个县的儿童具有更大的意义，它既丰富了儿童的童年生活，又成为早期教育的良好补充，为儿童进入义务教育阶段打下良好基础。

2014 年，中国儿童福利示范项目为凉山州 3 个县儿童之家设备配置问题开展筹款，一位来自成都的慈善家为 30 个儿童之家捐赠了资源包，根据 0~3 岁、3~6 岁、6~12 岁 3 个年龄段儿童的特点配备了不同的玩具和书籍，并对儿童福利主任进行了培训，帮助儿童福利主任利用这些设备开展促进儿童身心成长的游戏。

在儿童之家设备得到补充后，儿童活动更加丰富，受到了儿童们的广泛欢迎。昭觉县的一位儿童福利主任反馈说："这些新鲜的事物对于大凉山的孩子来说是新奇的，所以在使用的过程中，他们显得更加小心翼翼，唯恐东西坏掉了。"

3. 云南德宏州：企业捐助弥补政府救助不足，困境儿童获得个性化服务

香港太古集团于 2011 年加入中国儿童福利示范项目，在云南德宏州 3 个项目县开展了"社区为本的儿童综合福利和发展试点项目"，为期 3 年，总投入达人民币 900 余万元。该项目在中国儿童福利示范项目的大框架下，从研究倡导、知识开发、能力建设、服务递送 4 个方面提供儿童福利服务，取得了显著效果。其中，服务递送是该项目设计的最大亮点，主要包含支持儿童之家活动和开展困境儿童救助两个方面的内容。在困境儿童救助方面，该项目根据目前德宏州困境儿童分类救助水平，设计了困境儿童救助包，为 3 个县 600 余名困境儿童提供了个性化的救助，具体包括：（1）营养包、生活包、学习包、生计包；（2）大病贫困儿童医疗费报销；（3）贫困残疾儿童康复治疗；（4）残疾儿童家庭适应性改造。

三　完善政策措施为落实儿童福利提供有力保障

中国儿童福利示范项目的各项活动不仅提高了儿童福利服务递送的质量和效率，而且总结了该项目的实践经验，推动了各地儿童福利政策的建设。

自 2011 年，即该项目启动一年后，各项目地区民政部门便启动了政策创制工作，建立部门联动机制，开展困境儿童津贴救助，丰富儿童福利服务内容，扩大中国儿童福利示范项目试点地区，并相继出台了一系列政策文件，为儿童福利服务提供了政策依据，保证了儿童福利服务的持续性和稳定性。

（一）四川凉山州提高特殊困难儿童津贴标准

2012 年，四川省凉山州率先对本州特殊困难儿童进行了资金救助。凉山州民政局对全州 1.9 万余名特殊困难儿童进行信息核实，建立儿童福利档案，并将其纳入城乡居民最低生活保障中。

2014 年，凉山州在继续执行《凉山州特殊困难儿童救助管理实施办法（试行）》的基础上，决定提高 1.9 万余名特殊困难儿童生活补贴标准，达到每人每月 300 元，以保障儿童的基本生活需求。

目前，凉山州生活补贴发放对象已由孤儿扩展至 6 类特殊困难儿童，包括：（1）父亲死亡，母亲改嫁或失踪无人抚养的；母亲死亡，父亲失踪无人抚养的；（2）父母一方死亡，另一方服刑或劳动教养的；（3）父母双方服刑或劳动教养的；（4）父母一方死亡，另一方重残或丧失劳动能力的；（5）父母双方重残、重病丧失劳动能力的；（6）经当地县市人民政府认定的其他特殊情况。在政策支持下，特殊困难儿童的生活水平得到了明显提高。

（二）云南德宏州出台指导意见，为留守儿童提供综合福利保障

2014 年 12 月，云南德宏州出台了第一个关于加强关爱留守儿童工作的意见，即《中共德宏州委、州人民政府关于加强关爱农村留守儿童工作的意见》。根据该意见，德宏州将从 2015 年起，由州财政每年拨出 100 万元专项经费，力争到 2020 年，让全州的留守儿童学有所教、困有所帮、爱有所依、托有所养。

在该政策出台之前，德宏州瑞丽市已将该项目试点地区由 10 个村拓展到全市，并由市财政每年划拨 50 万元人民币支持村儿童福利主任开展工作。2015 年，德宏州亦将复制中国儿童福利示范项目建设村儿童之家的做法，每年推广至 20 个村，逐步把该项目覆盖到全州农村留守儿童集中村寨，解决留守儿童工作"最后一公里"即有人管的问题。

（三）山西闻喜县为困境儿童提供分类救助与服务

2014 年 3 月，山西省闻喜县被民政部确定为"适度普惠型儿童福利制度建设"试点县，随后，闻喜县人民政府出台了《关于加快发展孤儿和困境儿童福利事业的意见》（闻政发〔2014〕36 号），该文件中对孤儿及困境儿童分类救助提出了指导性意见，并对符合条件的困境儿童每人每月发放 350 元生活补助。截至 2015 年，全县申报困境儿童 151 名，救助资金全部发放到位。

除此以外，借鉴中国儿童福利示范项目区的成功经验，闻喜县模仿儿童之家的模式，在桐城镇、河底镇、后宫乡、裴社乡、侯村乡 5 个乡镇新建了 14 家关爱留守儿童之家，并选拔 14 名教师作为关爱留守儿童之家的

爱心妈妈，为留守儿童和其他类型的困境儿童提供福利服务。

（四）河南上蔡县在全县设立儿童福利主任

2014年，河南上蔡县下发了《关于在全县村（居）委会设立儿童福利主任的通知》，通过设立村儿童福利主任将儿童福利工作由10个项目村扩展至全县460个村（居委会）。同时，民政部门救助范围也逐步扩大，由以前仅限于贫困家庭救助，扩展到困境儿童，如孤儿、留守儿童等。

为了保证儿童福利主任对本村各儿童及其家庭情况能充分了解，上蔡县要求村儿童福利主任由村计生专干或妇联主任兼任，以此提高与村民沟通的效率。同时，该通知中还强调了儿童福利主任在开展儿童福利服务递送时要起到发现需求、服务递送督导、服务效果评估的作用。

（五）河南洛宁县"五位一体"制度解决儿童就学难问题

自河南洛宁县"五位一体"制度建立以来，逐渐将救助对象从孤儿扩展到困境儿童，提供助养、助困、助医、助学、助业5类救助，形成了综合的儿童福利体系。并且，洛宁县在全县388个行政村均设立儿童福利主任，在乡一级成立困境儿童救助中心，建立县—乡—村三级儿童福利网络化工作队伍和福利体系，保障了信息通畅和资源的合理利用。

在洛宁县，对于农村学生来说，前往县城仅有的两所高中学习，不仅需要激烈的竞争，还需要由于必须住校所产生的吃、穿、住等费用。因此，大量的农村贫困学生被迫放弃学习机会。为了解决这些儿童就学难的问题，洛宁县民政局联合县工会，每年筹集约30万元，用于贫困儿童助学补助。目前，已有200余名辍学儿童依靠民政部门的救助重返校园。

四　儿童福利提升基层社会治理效果

（一）项目村开展宣传倡导，儿童权利意识提升

中国儿童福利示范项目选取的地区均为经济文化发展较为缓慢的农村，村民对于儿童福利和儿童权利概念陌生，儿童养育方法也比较落后。

该项目启动后，在每个项目村开展了大量的宣传倡导活动，通过入户家访、儿童之家活动、社区宣传等方式向儿童及其家庭传播儿童福利理念。经过5年的努力，项目村的文明程度整体有所提高，儿童权利意识有明显提升。儿童福利主任们纷纷表示："大家现在都不会歧视那些家庭困难的孩子，而是更加愿意加入帮助这些孩子的队伍中，帮助他们解决困难。大家已经有了保护儿童的意识，对儿童给予了更多的关注。"由此，家庭和社区都成了保障儿童权利的监督者，困境家庭的孩子日益融入社区，减少儿童暴力、儿童虐待等事件的发生。

（二）儿童福利主任解决儿童困难，提升政府形象

该项目在递送福利儿童服务的过程中加强了政府与群众的联系，儿童和家庭的声音更加受到重视，让困境家庭切实看到了政府对困境家庭儿童的关注和关爱，使他们享受到了高水平的儿童福利。实际困难得到有效解决，有利于缓和社会矛盾。

河南省上蔡县的一个血友病患儿家庭，因为看不起病经常上访，儿童福利主任在得知这一情况后立即帮助他们申请了大病救助金，及时解决了家庭困难。现在，这个家庭对该项目非常感谢，特意写了感谢信表达谢意。

河南省洛宁县一位村干部兼任儿童福利主任，他说，原来有的村民连门都不愿意让他进，经常被村民骂。儿童福利主任让整个基层干部形象都发生了改变，原来入户不受村民欢迎，现在村民见了就会说"来来来，坐一会儿"。儿童福利主任懂得儿童养育知识，了解政府福利政策，掌握社会资源，能为困境家庭切实解决问题，自然得到村民的认可。

新疆伊宁县民政局项目办公室主任介绍说，在他们县，一个儿童福利主任比10个警察还管用，困境家庭享受到政府的困境儿童津贴，孩子们可以参加儿童之家组织的活动，极大程度上减少了青少年参与恐怖活动的可能性。

儿童福利主任职位的设置也让一大批的普通村民加入了儿童福利建设事业当中，他们热爱儿童福利事业，充满激情地工作，形成了一股新力量，为基层政权输入了新鲜血液。

五　研究倡导推动政府决策与项目发展

（一）媒体宣传引起关工委、妇联等部门关注

2014年，中国儿童福利示范项目通过各类媒体大力宣传倡导儿童福利工作，扩大该项目影响力，提升了全社会的儿童福利意识。6月，中央电视台《新闻1+1》栏目前往云南省陇川县拍摄"儿童福利的'最后一公里'"；8月，中央电视台《新闻调查》深入云南省瑞丽市录制"村里来了儿童福利主任"专题节目；11月，新华社前往新疆维吾尔自治区伊宁县和霍城县采访，撰写"跨越乡村儿童福利的'最后一公里'"报道。这些报道既受到了社会各界的广泛关注，也引起了政府各部门的关注。

山西省闻喜县民政局与关心下一代工作委员会共同发起"老少牵手圆梦行动"，发挥关工委"五老"的优势，帮助困境儿童牵手圆梦，各村关工委主任发挥爱心妈妈、爱心爷爷的优势，帮助村中的困境儿童圆他们的求学梦、就业梦、成人梦和成才梦。

（二）政策建议促使新疆儿童福利示范工作全区启动

根据2012年全国人口变动情况抽样调查数据估算，新疆18岁以下儿童人口为560万，其中孤儿2.7万。儿童数量庞大，再加上边疆少数民族地区面对的问题复杂，若没有良好的儿童福利体系支持，当地儿童的身心成长极容易受到不良影响，甚至会引起社会动乱问题。因此，在新疆建立儿童福利服务体系极为迫切。

经过4年的实践探索，在伊宁县和霍城县已基本建立基层儿童福利服务体系，儿童就学、就医等问题得到明显改善，儿童权利意识也得到普及，得到了儿童、家庭、政府的广泛认可。由于该项目设计的儿童福利服务包内容全面，成本较低，具有可操作性，鉴此，中国儿童福利示范项目办公室撰写了题为《关于推广儿童福利示范区经验促进边疆民族地区发展建议》的政策研究参考文章，得到了中央及民政部多位领导的肯定，中央及民政部计划在新疆14个地（州、市）全面开展儿童福利示范项目。

第三章
政府与民间合力推动儿童福利
服务专业化

2014 年 6 月以来，政府和民间力量通力合作，共同推动了儿童福利服务的专业化升级。

儿童需求的视角已经广泛运用于儿童福利建设实践。2014 年政府出台了多项儿童福利政策，每一项政策都精准地瞄准了儿童福利的相关需求，覆盖范围包括残疾儿童、流动儿童、留守儿童、贫困儿童等。

政府和民间合力推动儿童福利服务体系建设格局基本形成。儿童福利制度从补缺型向适度普惠型转变，儿童福利院建设和规范化管理在不断推进。同时，民间力量也在不断探索和创新儿童福利项目，中国儿童福利示范项目，培养基层一线专业社工，解决了儿童福利服务递送"最后一公里"的问题。

公益组织在构建专业化服务体系方面做出了积极努力。2015 年中央政府购买社会组织服务进入第 4 年，其中购买儿童类社会服务成为重要组成部分，这其中，创新型的专业社工服务又成为重中之重，专业社工组织灵活创新，开创了解决社会问题的新路径，这一经验值得借鉴和推广。

一 儿童需求视角推动儿童福利政策更具针对性

2014 年 12 月 3 日，《联合国儿童权利公约》25 周年国际研讨会在北京举行。来自联合国儿童基金会、意大利国家儿童和青少年保护监察委员会、中国社会科学院等单位的近 60 名专家学者出席了本次会议。联合国儿童基金会驻华办事处白杉女士呼吁在未来的 25 年里，各缔约国应持续关注儿童工作，尊重与保护本国儿童，尤其要关注农村地区、少数民族以及残疾儿童的生活现状。

2014 年也是我国儿童福利建设发力的一年，政府出台了多项儿童福利政策，儿童需求的视角在这些政策里有明显的体现，对困境儿童的生活保障、公平成长起到了重要推动作用。

保障贫困地区儿童健康和教育需求。2014 年 11 月 19 日，中国国务院总理李克强召开国务院常务会议，就促进贫困地区儿童成长工作进行部署。会议通过《国家贫困地区儿童发展规划》，提出以健康和教育为重点，对集中连片特困地区的农村困难家庭儿童给予从出生开始到义务教育结束的关怀和保障。这不仅表明国家对困境儿童福利改善工作有了更高强度、更细维度的重视，而且表明国家已经把改善贫困地区儿童营养和健康状况纳入国家经济与社会发展的战略规划中[1]。

保障残疾儿童的教育需求。2014 年 1 月 8 日，国务院办公厅转发了由教育部、国家发改委、民政部、财政部、人力资源和社会保障部（简称"人社部"）、国家卫生计生委、中国残联 7 部委联合制定的《特殊教育提升计划（2014—2016 年）》（以下简称《计划》），提出提高普及水平、加强条件保障、提升教育质量三大任务，预期经过 3 年努力，初步建立布局合理、学段衔接、普职融通、医教结合的特殊教育体系，使每一个残疾孩子都能接受合适的教育[2]。

这是中国特殊教育体系建设中的各部门通力合作的开创性探索，标志着中国全纳教育进入实质性全面推进阶段。根据《计划》，到 2016 年，全国基本普及残疾儿童少年义务教育，视力、听力、智力残疾儿童少年义务教育入学率将达到 90% 以上，义务教育阶段特殊教育学校的生均预算内公用经费标准从现有的 2100 元/年提高到 6000 元/年，达到普通学校的 8 倍。扩大普通学校随班就读规模，尽可能在普通学校安排残疾学生随班就读。同时将残疾儿童学前教育纳入当地学前教育发展规划中，并列入国家学前教育重大项目，支持普通幼儿园创造条件接收残疾儿童。这些措施的实施

---

① http：//news. 163. com/14/1212/19/AD9OIMM300014SEH. html.

② http：//news. 163. com/14/1212/19/AD9OIMM300014SEH. html.

不仅将极大改善残疾儿童的受教育状况，而且也将对残疾人友善型社会的建设、提升全社会文明程度起到极为深远的积极影响。

保障流动人口子女的发展需求。中国有将近一亿的流动人口子女，其中随迁儿童3000多万、农村留守儿童6000多万。2014年7月30日，国务院发布《关于进一步推进户籍制度改革的意见》（以下简称《意见》）。《意见》提出将随迁子女义务教育纳入各级政府教育发展规划和财政保障范畴；逐步完善并落实随迁子女在流入地接受中等职业教育免学费和普惠型学前教育的政策，以及接受义务教育后参加升学考试的实施办法。一方面，这份纲领性文件将农业转移人口及其他常住人口随迁子女的教育问题提到一个新的高度，不仅使流动儿童的平等受教育权得以保障，而且获得了知识和人格尊重。另一方面，农村留守儿童问题也获得国家的空前重视，"健全农村留守儿童的关爱服务体系"被写入《中国共产党十八届三中全会全面深化改革决定》。通过法律和政策切实保障随迁和留守儿童福利，是中国儿童福利制度的重要进步。

满足集中供养孤儿的替代性养护需求。家庭寄养在国际上被认为是对儿童伤害最轻的一种替代性养护方式。2014年12月1日，民政部修订后的《家庭寄养管理办法》（以下简称《办法》）开始实施。《办法》对寄养条件、寄养关系的确立、寄养关系的解除、监督管理、法律责任等进行了规定①，相较于2003年颁布的《家庭寄养管理暂行办法》，新修订的《办法》扩大了寄养儿童范围，提出了保障家庭寄养的专业性水平和养育质量的要求，提高了寄养家庭准入门槛，对寄养家庭在儿童寄养期间的义务进行了约定，规范了寄养关系确立和解除程序等，更加突出其人性化、专业化、规范化。全文贯彻"一切为了寄养儿童"和"最高限度地保护寄养儿童"的原则和理念，弥补了机构内养育对被遗弃儿童提供替代性养护的现实弊端，意味着家庭寄养在政策制定领域被进一步接受，为我国主流的照料模式之一。《办法》的颁布实施，将有助于儿童养育的非机构化，推动家庭寄养工作向规范化、法制化发展，有利于进一步保障寄养儿童的基本

---

① 民政部网站：http://www.mca.gov.cn/article/zwgk/fvfg/shflhshsw/201409/20140900706005.shtml。

权益，推动儿童福利法规体系的健全和完善。

完善的儿童福利制度设计来源于对儿童需求的全面了解及有针对性的制度设计。根据 2010 年第 6 次人口普查数据，我国 0～18 岁儿童人口为2.79 亿①。随着经济和社会的发展，我国出现了孤儿、事实无人抚养儿童、流动儿童、留守儿童、残疾儿童、贫困地区儿童等不同类型的困境儿童，他们有着各自不同的需求，这就要求国家、社会等各方面提供更有针对性的服务。经济、社会发展到今天，国家和社会有能力、有责任发现和重视儿童需求，因为准确了解儿童的需求，是为儿童提供优质专业服务的前提。

二　公益组织引领儿童福利服务专业化

（一）新型公益组织探索提供专业化服务

1. 山东省菏泽市青少年权益保障协会：全国首家青少年权益保障协会

2014 年 7 月 3 日，菏泽市青少年权益保障协会正式成立，这是全国首家专注青少年权益保障的非营利性公益组织。该协会旨在通过进一步动员社会各方面资源和力量，在全市范围内为 18 岁以下弱势青少年群体提供基本权益保障。该协会会员主要是由志愿从事青少年权益保障事业、愿意维护青少年合法权益的专业人员和热心于青少年维权工作的社会爱心人士组成。该协会期望成为凝聚社会资源的新平台，通过引入专家团队、专业社工机构、志愿者组织及新媒体工作团队等资源，探索权益工作转型的新路径，注重发现和挖掘典型个案，实现青少年权益个案的有效转接和跟踪处理，推动典型案件、热点事件的妥善解决。菏泽市青少年权益保障协会下设青少年权益保障基金，接受社会捐赠，将在促进和保障有特殊困难的少年儿童救助事业方面发挥作用，重点解决青少年个案问题，救助孤儿、流浪儿童、辍学学生、失足少年，以及因贫困、灾害、疾病等原因而导致有生活困难的少年儿童。定期公开其青少年权益保障基金的使用情况，接受社会监督。

---

① 国家统计局：http://data.stats.gov.cn/easyquery.htm? cn = C01。

2. 益蕊慈善基金：国内首创用低频电疗设备治疗脑瘫的新模式

益蕊慈善基金是注册在中国儿童少年基金会的专项基金，于 2014 年 6 月成立。该基金通过使用拥有专利权的低频电疗设备，为贫困脑瘫儿童提供改善其身体症状的理疗。该基金目前已经在全国建立了 11 个项目点，包括郑州、武汉两个儿童福利院，免费为贫困脑瘫儿童提供 6 个月的改善其身体症状的康复理疗，受益儿童已达 500 余名。

目前我国脑瘫患者超过 600 万人，12 岁以下脑瘫患儿超过 200 万人，其中 74.62% 的孩子出生在贫困地区。此外，由于面对公众的歧视，很多家庭将脑瘫新生儿遗弃，在农村地区尤其如此。据益蕊慈善基金调查，超过 65% 的脑瘫儿童因长期沉重的医疗康复经济负担而没有接受正规的治疗。

该基金希望通过康复理疗帮助脑瘫患儿早日恢复其日常的独立生活能力，提升他们的自尊心和自我价值感，帮助他们更好地融入社会，同时也希望能帮助脑瘫患儿家庭更好地应对为照看孩子而终生背负的经济和精神负担。

3. 安徽省儿童医疗联合体：全国首家医疗联合体，搭建儿童便捷就医平台

为解决儿童医疗资源紧缺、分布不均问题，安徽省日前探索成立儿童医疗联合体，在有限的医疗资源内，让儿童享受更专业、更便捷的诊疗服务。

安徽省儿童医疗联合体是由安徽省儿童医疗协会、安徽省儿童医院牵头组建的，首批吸纳提供儿科和新生儿科医疗服务的蚌埠市第一人民医院、亳州市人民医院、六安市金安区妇幼保健院等 18 家医疗机构为成员。其成员涵盖妇幼保健院、二级医院、三级医院儿科、社区卫生服务中心（乡镇卫生院）等。2015 年，在总结试点经验的基础上向全省扩展，最终实现该儿童医疗联合体对全省的覆盖。

成立后的安徽省儿童医疗联合体将以经营管理、医疗技术合作为纽带，探索建立行之有效的业务指导与合作机制，让优质卫生资源下沉到基层。该儿童医疗联合体的重点是打通预约挂号、分级诊疗与双向转诊、检验、大型设备检查与结果互认、重症患儿转院、远程会诊、信息共享等就医环节，建立业务指导、人才培养、学术交流、质量控制及考核、学科建设和科研协作等合作机制。

举例来说，在该儿童医疗联合体内，实行跨院预约、双向转诊的合作模式及医师多地点执业机制。患儿只要在该儿童医疗联合体的合作医院内就诊，就可及时转院或者根据病情邀请专家出诊，其检查结果各家医院能够共享。这样一来就可以将有限的儿科医疗资源充分合理配置使用。

目前安徽省儿童医疗资源十分紧缺，只有安徽省儿童医院一所大型综合性的三级甲等儿童专科医院，2013 年，儿科床位数仅占全省医疗床位总数的 6.9%，基层儿科医疗救治水平薄弱。

安徽省成立"医联体"主要针对的是全省儿科医疗资源紧缺和分布不均的现状，将上级医院的医疗技术和服务延伸到基层，为患儿提供更权威、更专业、更便捷的就医平台。作为安徽省儿童医疗联合体的核心医院，安徽省儿童医院将对"医联体"成员医院采取多项帮扶措施，如派出专家到"医联体"医院参与门诊、手术、查房、疑难病例讨论，到"医联体"医院参加、指导危重症病人抢救及疑难病例会诊，帮助"医联体"医院开展新技术、新项目和技术引进等。

国内儿科医疗资源普遍不足，儿童医疗联合体已经成为一种趋势。2014 年 9 月份，河南郑州也成立了类似的儿童医院医疗联合体，预计将来会有更多类似的医疗联合体的成立。

（二）民间力量积极探索社会创新模式

1. 中国乡村儿童大病医保公益基金项目救助 5500 余人次

中国乡村儿童大病医保公益基金项目是由邓飞、王振耀、陈朝华、张泉灵、赵普、凌红江、邱启明等媒体和公益人发起的，托管于中华少年儿童慈善救助基金会，具有公募资格，旨在为中国乡村儿童提供免费医疗保险的公益项目。该项目以筹集善款、购买商业保险的运作模式，为试点地区儿童争取医疗资金和公平的医疗机会。

截至 2015 年 4 月，该项目共募集善款 2905 万元，受益儿童达到 61 万人，累计赔付 5505 人次，支付保费 2411 万元。

这一模式通过公益组织与商业公司合作，发挥保险的杠杆作用，以相对低廉的资金为更多儿童提供了大病医疗保障。这一模式也获得了业内的认可，据悉，中国儿童少年基金会所属的中国儿童保险专项基金也采用类似的做法，为100多万儿童提供了医疗保障。[1]

另外，这一模式也可以通过积累充分的医疗数据，测算合理的乡村儿童大病保障成本，建立问题解决机制。完善稳定有效且可复制的儿童大病医保模式，为国家全面推行儿童大病医保障的政策提供试点样本，降低地方政府政策落实的经验成本。

2. 地方社工组织成立暑期公益全托班，应对流动儿童暑假问题

中国有将近一亿名流动人口子女，其中随迁儿童3000多万。每年暑假都有大量劳务工因上班无法照看孩子，不得不把孩子送回老家。这种候鸟式的流动对孩子的身心健康产生了较大影响，引起了社会的广泛关注，各地的社会组织纷纷探索合适的解决办法，深圳市龙华新区大浪街道的探索举措值得借鉴。

"阳光宝贝"企业园区流动儿童关爱项目为深圳市首个企业园区流动儿童专项服务项目。项目以大浪青年梦中心为平台，为华联工业区及周边工业园区的流动儿童开展托管辅导、安全宣传、城市融入三方面服务，"阳光宝贝"暑期公益托管辅导班是此项目的核心服务。

2014年7月14日，"阳光宝贝"暑期公益托管辅导班，在大浪青年梦中心开班。来自华联工业区及周边企业园区20个劳务工家庭的25个儿童参加暑期托管辅导班。据悉，这是全市首个针对企业园区流动儿童开展的公益全托班。暑假期间，可为企业园区流动儿童提供400多个小时的托管辅导服务。

暑假期间，该项目社工将联合义工，为流动儿童开展国学、画画、手工制作、环保活动、课业辅导、猎奇游戏等服务内容。该托管辅导班每天上午7点半开班，下午6点结束，中午还可为有需要的孩子统一订午餐和提供基本的午休场地，一天的托管时间长达10.5个小时。

另外，在上海等较为典型的劳务输入地的社工组织也开设了暑托班，为应对流动人口子女问题开创新的举措。

---

[1]　http://baoxian.cctf.org.cn/chinese/Project/Execution.jsp.

3. 公益组织成为关爱留守儿童福利服务体系的重要力量

我国存在大量留守儿童，2015 年 6 月贵州毕节 4 名儿童死亡事件，引发全社会对于农村留守儿童的深切关注。2000 年留守儿童人口为 1980 万，2005 年已达到 5860 万，2010 年进一步增长达 6103 万，约占农村儿童总数的 40%，约占全国儿童总数的 20%，即每 5 名儿童中就有 1 名是农村留守儿童。

留守儿童缺失亲情，生活照料、学习辅导、安全保护等问题突出，心理健康问题和遭受性侵害问题最为严重。研究显示，88.2% 的农村留守儿童只能通过打电话与父母联系，其中有 64.8% 的农村留守儿童一周以上甚至更长时间才能与外出父母联系一次，8.7% 的儿童甚至与父母没有联系，24.2% 的留守儿童与照顾他们的成年人很少或从不聊天。《广东农村留守儿童成长状况与教育对策》研究报告指出，接近一成留守儿童有过被遗弃的感觉。四川眉山调查近 6000 名留守儿童，其中父母一年回家一次的占 50.7%，两年回家一次的占 17.5%，三年及以上没有回家的占 12.7%。留守儿童心理孤独指数显示，留守儿童心理孤独平均指数为 40.44，属于中度孤独症，26.9% 的留守儿童心理孤独指数大于 46，即约每 4 名留守儿童中有 1 人存在严重心理孤独问题。此外，农村留守儿童还是遭受性侵害的高危人群，数据显示，遭受性侵案件中近四成的受害主体是农村留守儿童。

关爱留守儿童已成为社会治理的重要议题。2015 年的政府工作报告特别提出为农村留守儿童、妇女、老人提供关爱服务。解决农村留守儿童问题，迫切需要建立起全社会参与的福利服务体系。公益组织因其具备专业化优势，将成为农村留守儿童福利服务体系中的重要力量，发挥独特作用。2014 年 6 月以来，公益力量关怀留守儿童更加人性化，形式不断创新。春节期间，王永、陈伟鸿、赵普、郎永淳、邓飞等人发起"公益顺风车"，帮助留守儿童家长春节顺利返乡；山东青岛铁路局开展"车递儿童"公益活动，特别为 7～13 岁留守儿童独自坐车与父母团聚提供服务。2014 年 7 月，中脉媒体与中国儿童少年基金会在浙江杭州联合推出国内最大的留守儿童安全教育项目。2014 年 9 月，中国红十字总会启动"博爱信使"项目，通过手机短信平台为新疆等 5 省留守儿童提供资助与服务。2014 年 11 月，中国红十字会总会创建中国留守儿童 CCIF 数据库。

三　多部门支持儿童福利服务专业化建设

（一）新一轮"蓝天计划"促进儿童福利服务体系立体化

2014 年 7 月 31 日，民政部和国家发改委共同召开视频会议，部署推动儿童福利机构建设规划二期项目（以下简称"规划二期"）实施工作。

儿童福利机构是孤儿和弃婴保障工作的专业机构，是儿童福利发展的载体和依托，在儿童福利事业总体布局中发挥着重要的骨干作用。"十一五"期间，民政部和国家发改委共同组织实施了儿童福利机构建设"蓝天计划"，支持地方建设 463 所儿童福利院，有效缓解了供需矛盾，并成为各地加强和改善民生的亮点工程。儿童福利机构建设规划二期项目是新一轮"蓝天计划"，圆满顺利地实施好这项工程，具有十分重要的意义。

按照《中华人民共和国民法通则》和《中华人民共和国未成年人保护法》等法律规定，孤儿、弃婴或者父母监护能力缺失的困境儿童，在其亲属、朋友、所在地的村（居）委会无力承担监护责任时，应由政府发挥兜底监护作用。从我国多年实践情况看，通过建设儿童福利机构，安置和抚育孤儿、弃婴等困境儿童，是政府履行法定监护责任的重要方式，也是社会各界普遍认同的成功做法。因此，实施"规划二期"，建设设施齐全、功能完善的儿童福利机构，对于发挥政府在法定监护责任中的兜底功能，维护孤儿、弃婴等困境儿童的权益，具有很强的现实意义。

实施"规划二期"，在全国建设一批标准化的县级儿童福利机构，对于增加供给，完善布局，改善结构，提高标准，提升困境儿童福利服务水平具有十分显著的作用。"规划二期"的目标是在中央和地方的共同努力下，利用 3～5 年时间，重点在 50 万人口及以上和孤儿数量较多的县（市）建设一批儿童福利设施，新增孤儿收养、安置床位 3.5 万张，初步建成布局合理、功能完备、管理规范的基层儿童福利设施网络，确保孤儿得到妥善安置、良好抚育。

伴随经济、社会的发展，我国儿童福利理念越来越与国际社会相接轨，强调津贴和服务保障并重，已成为儿童福利的一个重要时代特征。县级儿童福利机构作为儿童福利服务体系中的一个重要平台，不仅承担孤儿与弃婴的抚育、治疗、康复、特教任务，而且针对社会困境儿童、问题儿童开展辐射服务，还要指导民间养育机构、基层城乡社区开展困境儿童服务工作。"规划二期"将为贯通我国市、县（区）、乡（镇）、村（居）四级儿童服务网络奠定坚实基础，也将为县级区域构建以县级儿童福利机构为中心载体的重要服务平台和指导平台并使其充分发挥辐射服务和工作指导作用，提供基本资源保障。

（二）制定出台行业的标准推动儿童福利服务人员专业化

1. 儿童福利服务人员培养初具行业标准

团中央、民政部等6部委发文推动青少年事务社会工作专业人才队伍建设。目前全国青少年事务社会工作从业人员（不包含专职团干部）约2万人，相当于每10万个青少年中有5.3个从业人员，其中取得社会工作专业学历的只有5907人，通过社会工作者职业水平考试的仅为7540人。2014年初，团中央、民政部等6部委联合发出了《关于加强青少年事务社会工作专业人才队伍建设的意见》（中青联发〔2014〕1号）①，这是我国第一份专门的社会工作专业人才队伍建设指导意见，它对青少年事务社会工作专业人才队伍的运行管理机制和配套政策制度做出了全面安排。随后北京、山西、上海、安徽、江西、广东、广西、贵州、云南等地出台了加快推进青少年事务社会工作专业人才队伍建设的意见，江苏常州率先出台了市级层面的实施办法。2014年8月，团中央与民政部在京召开全国青少年事务社会工作专业人才队伍建设推进会，对在全国范围内加强青少年事务社会工作专业人才队伍建设进行了部署。

《儿童社会工作服务指南》发布，首次对儿童社会工作服务予以规范。2014年底民政部发布推荐性的行业标准《儿童社会工作服务指南》，是儿

---

① http：//www.mca.gov.cn/article/zwgk/fvfg/shgz/201401/20140100577800.shtml.

童社会工作领域首个全国性行业标准，为各地实施儿童社会工作服务提供了基本指引。我国社会工作发展仍然处于起步阶段，儿童社会工作服务主要针对孤残儿童和困境儿童，并未在社会工作中进行实务区分。该项服务指南的出台，将有利于推进儿童专门领域的社会工作人才队伍建设，促进儿童社会工作服务的专业化发展，提升服务水平。

2. 政府与民间共同推动孤残儿童护理员专业化发展

孤残儿童护理员国家职业标准是我国职业资格认定中唯一的儿童福利工作人员职业资格标准。按照我国人力资源和社会保障部国家职业资格管理分类目录，孤残儿童护理员是唯一以"儿童"命名的职业分类，此外与儿童相关的还有保育员、育婴员两类职业，均隶属商业、服务业人员—社会服务和居民生活服务人员—保育、家庭服务人员分类目录下。孤残儿童护理员的职业被描述为从事孤残儿童日常生活照料和护理，并协助专业人员对孤残儿童进行康复、教育、保健服务的人员。我国于2007年12月正式确立了孤残儿童护理员的职业，随后，民政部先后制定颁布了孤残儿童护理员国家职业标准，组织编写了职业技能鉴定培训教程。2011年起民政部中国儿童福利和收养中心与美国半边天基金会（后由春晖博爱基金会接管）合作开展了为期5年的彩虹桥全国儿童福利机构孤残儿童护理员培训项目，计划在全国范围内进行孤残儿童护理员培训的推广，为建设专业化孤残儿童护理员队伍，提升儿童福利机构孤残儿童养护水平发挥重要作用。

全国第二届孤残儿童护理员竞赛的成功举办，推进孤残儿童护理员队伍专业化、职业化建设。截至2014年底，我国为儿童提供住宿的社会服务机构共计890个，其中专门的儿童收养机构545个，共养育孤残儿童9.4万名，且绝大部分是残疾儿童①，但长期以来我国福利机构孤残儿童护理人员普遍存在总量不足、流动性高、素质参差不齐等问题，为加强业务技能专业化、职业化的孤残儿童护理人才队伍建设，民政部已经连续两届举办了孤残儿童护理员竞赛，旨在贯彻落实全国人才工作会议及《国家中长期人才发展规划纲要（2010—2020）》《国务院办公厅关于加强孤儿保障工

① 民政部：《中国民政统计年鉴2015》（中国社会服务统计资料），中国统计出版社，2015。

作的意见》精神，充分发挥技能竞赛在孤残儿童护理员队伍建设中的重要作用，大力推动职业技能鉴定，不断加大培养、选拔力度，为加快推进孤残儿童护理员队伍专业化、职业化建设，使之更好地服务于孤残儿童的成长成才，提供重要的人才支撑。

民间慈善力量助力孤残儿童护理员专业化培训，推动专业人才队伍的建设与发展。由中国儿童福利和收养中心与美国半边天基金会合作开展的彩虹桥培训项目为期 5 年，总项目经费为 714 万美元，其中 2011 年经费为 560 万元人民币，2013 年投入金额 100 万元人民币。该项目将配合民政部提出的有关"十二五"期间完成儿童福利机构工作人员全员持证上岗的相关规划，对全国儿童福利机构工作人员开展专业培训。美国半边天基金会针对 0～18 岁儿童不同成长阶段的需求，制定了 5 套教材，包括教师手册、学员手册，有 0～3 岁婴幼儿系列、3～7 岁学前系列、7～18 岁学龄系列、特需教育系列和寄养家庭照顾护理系列，实现了专业服务的标准化和可操作化，促进了培训工作专业化水平的提升，每年培训对象 1400 余人，对推进我国儿童福利机构孤残儿童护理人员专业化发展起到了非常重要的作用。

四　政府购买儿童类社会组织服务稳步增长

自 2012 年开始，政府每年投入 2 亿元，用于购买社会组织的服务，其中儿童服务项目一直是重点。

（一）中央财政购买儿童类专业服务资金持续回升

从 2012 年以来，中央财政购买社会服务已经进入第 4 年，一开始儿童类项目就占到较高的比例，2012 年金额达到 5725 万元，约占到当年购买资金总额度的 28.63%，2013 年儿童类项目购买资金最少，为 3941 万元，以后逐渐回升，2015 年达到 5443 万元，约占当年资金总额的 27.96%（图 3-1）。

在 2015 年获得中央财政支持的 444 个社会组织服务项目中，儿童类项目占 123 个，约占总量的 27.7%（表 3-1、图 3-2）。政府购买社会组织服务中，购买项目有很大比例与专业社工组织有关。

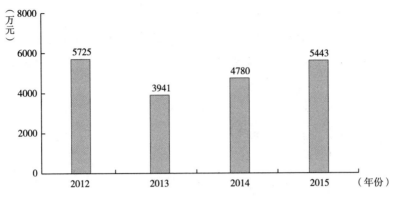

图3-1　2012~2015年政府购买儿童类项目资金额

表3-1　2015年中央财政支持社会服务中儿童类项目数量和金额情况

项目类别	项目数（个）		项目资金（万元）	
	儿童	总数	儿童	总数
发展示范项目（A类）	53	175	1348	4339
承接社会服务试点项目（B类）	32	118	1992	7547
社会工作服务示范项目（C类）	38	111	2103	6312
人员培训示范项目（D类）	0	40	0	1272
合计	123	444	5443	19470

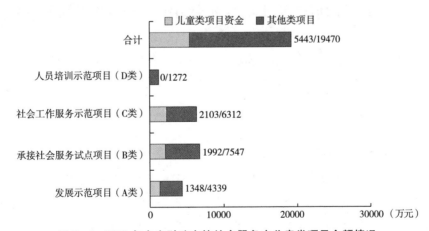

图3-2　2015年中央财政支持社会服务中儿童类项目金额情况

在儿童类的123个项目中，专业社工类组织占49个，约占儿童类项目的39.84%，获得资金2219万元，约占儿童类项目资金的40.77%。专业社工类的项目受到政府的青睐，而社工类组织确实提供了专业化的服务。

1. 贵州贵阳：关注农民工子女心理健康

贵阳市华夏心理咨询职业培训学校实施"花季护航，携手共筑快乐梦"——农民工子女心理健康评估与辅导项目活动。此次活动将持续开展一年，贵阳5所学校1000多名青少年将在该活动中得到心理健康评估与辅导。据了解，本次活动由团省委主办，由省青少年维权中心和贵阳华夏心理咨询培训学校承办。该活动旨在更好地维护青少年的合法权益，帮助农民工子女解决其融入城市时出现的心理脆弱、抗挫折能力差、自卑、孤僻、任性、偏激、冷漠等不健康心理问题。此次活动启动后，将对贵阳市世纪园、茶店、野鸭、甘荫塘和南郊5所小学的1000余名农民工子女进行为期一年的辅导。

2. 浙江宁波：矫治青少年不良行为

不良行为青少年社会观护项目是浙江宁波市北仑区志愿者协会依托社会志愿者结对帮助特殊青少年的一项志愿服务项目，该项目的观护对象是案情程度较低、实际影响较小，在犯案过程中属于被教唆或协助作案，且在起诉或宣判时明显表示有悔意的未成年人。在观护过程中，由两名志愿者结对对一名特殊青少年进行帮助，定期与他沟通，指导他接受心理咨询、法制教育、技能培训，帮助他更好地融入社会，为特殊青少年开启希望，有效预防青少年违法犯罪。该志愿服务项目于2012年启动，两年来已经累计帮扶102名特殊青少年。该志愿服务项目由"阳光观护团"志愿服务队具体承接执行，该服务队由机关党员志愿者、企事业单位志愿者、社区志愿者组成，目前有志愿者84名。该志愿服务项目自启动以来受到了区委组织部、团区委、综治办、人民法院、人民检察院、公安局、司法局等多家单位的支持。为了确保观护的效果，该项目还专门引入了专业的法律、心理咨询机构。一方面直接邀请律师为特殊青少年在案件审理过程中提供法律的援助，保护其合法权益，邀请心理咨询师为青少年提供心理咨询；另一方面，邀请律师和心理咨询师参加观护志愿者的工作交流，在具体的观护个案中，为志愿者的观护方案提供专业的建议和支持，使观护更加科学和有效。同时，该项目也组织了各类形式的教育实践活动，由志愿者带领特殊青少年参加社会志愿服务活动，旁听人民法院庭审获得法制教育，参加素质拓展等社会活动，帮助他们融入社会。根据特殊青少年的个人意愿，该项目还安排免费的职业技能培训，提高他们的就业能力。

（二）13省出台文件规范管理地方财政购买社会组织服务

《国务院办公厅关于政府向社会力量购买服务的指导意见》（以下简称《指导意见》）下发后，财政部初步确定将农业部、教育部等19个中央部门纳入2014年度政府购买服务工作计划，涉及艾滋病防治、失能老人养老服务等近30个项目。

据初步统计，已有25个省份深入研究并贯彻落实意见，抓紧推进政府购买服务工作。广东、上海、山东、云南等省（市）已出台政府购买服务的暂行办法及目录，北京、河北等12个省份印发贯彻落实《指导意见》的实施办法或意见（表3-2）。总体上看，中央和地方共同推进政府购买服务改革的氛围和机制已基本形成。

表3-2 部分省市出台的向社会组织购买社会服务的文件

省　份	出台时间	文件名称
上　海	2009	《上海市民政局关于福利彩票公益金资助项目实施公益招投标的意见》
广　东	2012.5.24	《广东省人民政府办公厅印发政府向社会组织购买服务暂行办法的通知》
北　京	2012.5.30	《北京市民政局关于2012年利用福利彩票公益金资助社会组织开展公益服务项目的通知》
江　苏	2013.10.21	《江苏省人民政府办公厅印发关于推进政府购买公共服务工作指导意见的通知》
山　东	2013.12.4	《山东省人民政府办公厅关于印发政府向社会力量购买服务办法的通知》
河　北	2014.1.27	《河北省人民政府办公厅关于政府向社会力量购买服务的实施意见》
吉　林	2014.2.22	《吉林省人民政府办公厅关于政府向社会力量购买服务的实施意见》
天　津	2014.4.3	《天津市人民政府办公厅转发市财政局关于政府向社会力量购买服务管理办法的通知》
山　西	2014.5.16	《山西省人民政府办公厅关于印发山西省政府购买服务暂行办法的通知》
黑龙江	2014.6.16	《黑龙江省人民政府办公厅关于政府向社会力量购买服务的实施意见》
辽　宁	2014.9.25	《辽宁省人民政府办公厅关于推进政府向社会力量购买服务工作的实施意见》
内蒙古	2014.12.3	《关于开展2014年政府向社会组织购买服务试点工作的通知》

第四章
儿童保护国家立法与地方实践
取得重要突破

2014年以来，儿童保护法律制度体系不断改善，各级政府在贯彻实施未成年人保护方面开展了大量工作，依法保护未成年人人身安全正逐步成为社会共识。

在国家立法方面，2014年6月以来，围绕儿童人身安全保护，在预防未成年人遭受家内伤害，惩治暴力侵害儿童犯罪，完善未成年人司法保护措施方面，政府及相关部门制定了一系列法律、规章等规范性文件。《关于依法处理监护人侵害未成年人权益行为若干问题的意见》《关于依法办理家庭暴力犯罪案件的意见》《家庭寄养管理办法》等一系列法律法规的出台，进一步加强了儿童权益法律保护机制。

在地方探索方面，全国第二批未成年人社会保护试点工作确定98个地区，各地积极探索建立多方参与的新型儿童社会保护模式。地方人民法院撤销监护人的判决书，实施人身保护令，履行儿童保护的国家责任，维护特殊困难儿童人身权益。全国32个地区建立婴儿安全岛，为弃婴提供必要保护。

总之，国家和社会正逐步构建覆盖城乡的未成年人社会保护网络，家庭、社会、政府三位一体的儿童社会保护格局初步形成。

一　国家立法加强未成年人保护工作

（一）未成年人监护干预制度出台，起诉剥夺失职父母监护权有法可循

针对屡屡发生的儿童家内恶性伤害事件，政府相关部门一直积极着手

完善儿童监护干预制度。2014 年 9 月，最高人民法院、最高人民检察院、公安部、民政部召开专家论证会，讨论《关于依法处理监护人侵害未成年人权益行为的意见（征求意见稿）》。2014 年 12 月，最高人民法院、最高人民检察院、公安部、民政部联合印发《关于依法处理监护人侵害未成年人权益行为若干问题的意见》（以下简称《意见》）。

4 个部门出台的新规定，重新建立起我国撤销监护权制度的规定，对于我国儿童保护制度是一项重大推进。《意见》针对我国日益突出的儿童遭受家庭监护人侵害后发现难、起诉难、审理难、安置难等实际问题，对处理儿童监护案件做出了具体规定，明确了行政机关、司法机关的工作程序和内容。

第一，进一步明确政府对儿童负有国家监护责任。《意见》使用了"临时监护责任"和"临时照料人"的概念，规定一旦公安机关发现监护人有虐待、忽视未成年人的"危险状况"，可将未成年人直接带离，将其安置到民政部门的救助保护机构中。在此之前，因为没有"临时照料人"，往往是警方明知父母虐待孩子，却不得不送还。《意见》进一步明确了国家承担兜底监护人的责任。

第二，加强儿童监护干预程序的司法衔接。《意见》明确了人民法院依法受理人身安全保护裁定和撤销监护人资格案件，加强了儿童监护干预程序的司法衔接，重要事项通过人民法院依法裁判决定。人身安全保护裁定制度保护儿童在短期内免受侵害。人民法院接受申请后 48 小时内可以做出人身安全保护裁定，禁止失职父母暴力伤害儿童，禁止跟踪、骚扰、接触儿童，甚至责令其迁出儿童住所。撤销监护人资格制度则是保护儿童长期免受侵害，当监护人有性侵害、忽视、吸毒、教唆犯罪等 7 种情形时，儿童的其他监护人、村（居）民委员会、民政部门及救助机构，以及共青团、学校等组织，可依法向人民法院申请撤销监护人资格。

第三，建立了主动报告、紧急带离和临时安置等工作流程（图 4-1）。《意见》规定，学校、医院、村（居）委会、社会工作服务机构及其工作人员发现儿童受到监护人侵害时，有义务向公安机关报案。公安机关出警后认为儿童处境危险时，必须就近送至儿童亲属、村（居）委会、民政部门设立的救助管理站或未成年人救助保护中心。值得一提的是，《意见》

鼓励社会工作服务机构参与调查儿童、家庭状况评估等具体工作，并提供专业服务和评估意见。

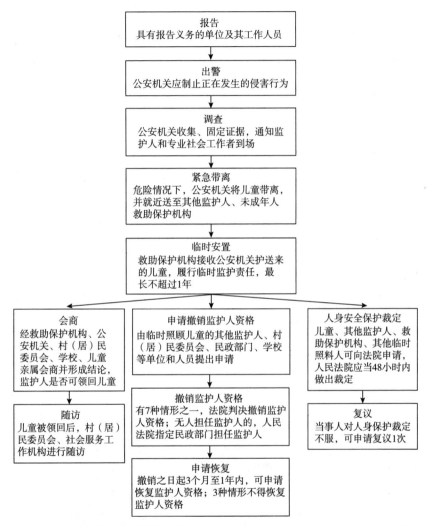

图4-1　《关于依法处理监护人侵害未成年人权益行为若干问题的意见》处理流程

资料来源：根据《关于依法处理监护人侵害未成年人权益行为若干问题的意见》整理。

4个部门联合出台的《意见》，是解决我国现有儿童监护制度失灵和应对社会舆论呼吁立法的有效途径，是对监护人依法履行监护职责的有力督促。儿童监护干预制度体现国家儿童福利服务体系的整体水平。《意见》的出台表明了政府相关部门合力解决儿童实际问题的决心和信心，儿童保护制度迈进了一个全新阶段。然而，由于现实生活中撤销监护权的案例较少，在具体问题的处理上仍有待进一步细化配套措施，尤其在具体执法过程中，需要特别注意部门衔接、儿童临时监护机构设施建设、专业儿童工作人员培养等。

（二）首份反家庭暴力司法解释强调儿童家内司法保护

全国出台首份反家庭暴力刑事司法指导性文件，进一步加强儿童法律保护。2015 年 3 月 2 日，最高人民法院、最高人民检察院、公安部、司法部联合发布了《关于依法办理家庭暴力犯罪案件的意见》① （以下简称《案件意见》），进一步预防和惩治家庭暴力犯罪，特别加强了对被害儿童的法律保护。

一是注重保护被害儿童利益。《案件意见》要求，对需要紧急救治的被害人，立即协助联系医疗机构进行救治；对需要临时安置的儿童，通知并协助有关部门进行安置；加大对被害儿童法律援助的力度。

二是明确虐待罪、遗弃罪的认定。针对虐待罪、遗弃罪的定罪标准不够明确，易与相关罪名混淆的问题，《案件意见》根据调研情况和司法实践经验，提出对实践中较常出现的 4 种虐待情形、4 种遗弃情形可以认定为"情节恶劣"。

三是加大对未成年人法律援助的力度。对未成年被害人，因经济困难没有委托诉讼代理人的，人民检察院、人民法院应当帮助其申请法律援助。法律援助机构应当对符合条件的未成年被害人提供法律援助，并指派熟悉反家庭暴力法律法规的律师办理案件。

四是开展犯罪行为矫治，加强反家庭暴力宣传。针对家庭暴力犯罪的个别预防和一般预防，《案件意见》提出了具体措施。一方面，为了防止家庭暴力反复发生，保护被害人及其子女的人身安全，人民法院宣告禁止令，禁止实施家庭暴力和侵扰被害人的生活、工作、学习。另一方面，社区矫正机构对实施家庭暴力者开展行为矫治，矫正其施暴心理和行为。

---

① 中国法院网，2015 年 3 月 2 日。链接：http：//www.chinacourt.org/law/detail/2015/03/id/148099.shtml。

五是民事、行政、刑事保护相互衔接，形成保护链条。运用法律武器反对家庭暴力，需要民事、行政、刑事保护相互衔接，形成保护链条，才能有效惩治和预防各种形式的家庭暴力。对于监护人实施家庭暴力的，《案件意见》要求人民法院、人民检察院、公安机关必要时可以告知被监护人及其他有监护资格的人员、单位向人民法院申请撤销监护人资格，依法另行指定监护人。

近年来，我国家庭暴力时有发生，严重侵害公民人身权利的家庭暴力犯罪触目惊心，引起了社会的震惊与愤怒。加大对家庭暴力的司法干预力度，依法惩治和预防家庭暴力犯罪，最大限度减少家庭暴力的发生，已经成为全社会的共识。截至 2015 年 6 月，全国已有 29 个省（区、市）制定了专门的预防和制止家庭暴力的地方性法规或政策。《中华人民共和国反家庭暴力法（征求意见稿）》也已向社会公众征求意见。

《案件意见》是我国第一个全面的反家庭暴力刑事司法指导性文件，建立起了人民法院、人民检察院、公安机关、司法行政机关联合应对家庭暴力的工作机制，确立了办理家庭暴力犯罪案件的基本原则，明确了四机关的职责，对于惩治和预防家庭暴力犯罪，保护公民合法权益，促进平等、和睦、文明的家庭关系，将会起到积极作用。

（三）家庭寄养办法推进流浪儿童家庭寄养

2014 年 9 月 14 日，民政部部务会议通过，自 2014 年 12 月 1 日起施行《家庭寄养管理办法》（以下简称《办法》）。新修订的《办法》在"最高限度地保护寄养儿童"的原则下，扩大了原先"未满 18 周岁的孤儿、弃婴弃童"的寄养范围，将对流浪、乞讨等生活无着落未成年人承担临时监护责任的未成年人救助保护机构纳入家庭寄养范围。

家庭寄养是我国 20 世纪 90 年代开始探索的一种新型的孤残儿童养育模式，在促进寄养儿童健康成长，深化儿童福利制度改革方面发挥了积极作用。2003 年，民政部制定了《家庭寄养管理暂行办法》（以下简称《暂行办法》），将这种替代家庭养育模式予以制度化、规范化。经过 10 多年的发展，我国儿童福利事业取得长足进展，家庭寄养的环境和条件有了明显改善，同时家庭寄养在规范发展中出现了一些新情况、新问题。基于这些考虑，民政部从 2012 年起即组织力量着手对《暂行办法》进行修订。

新修订的《办法》全文贯彻"一切为了寄养儿童"和"最高限度地保护寄养儿童"的原则与理念。与《暂行办法》相比，《办法》更加凸显人性化、规范化、专业化。

在人性化方面，一是扩大了寄养儿童范围。《暂行办法》将寄养儿童的范围局限于未满 18 周岁，监护权在县级及以上地方人民政府民政部门的孤儿，查找不到生父母的弃婴弃童，不包括救助保护机构承担临时监护责任的流浪未成年人。《办法》对此进行了扩展，规定将对流浪、乞讨等生活无着落的未成年人承担临时监护责任的未成年人救助保护机构纳入家庭寄养范围，参照适用本《办法》。对暂时查找不到父母或其他监护人的流浪未成年人，在继续查找其父母或其他监护人的同时，要通过家庭寄养等多种方式予以妥善照顾。二是最大限度维护受寄养儿童的情感和鼓励寄养家庭的爱心。为最大限度地减轻受寄养儿童与寄养家庭分离时产生的心理问题，《办法》对主要照料人的变更、寄养融合期、短期养育服务以及儿童寄养期间的户口和监护关系分别做出规定，同时赋予寄养家庭优先收养权。

在规范化方面，一是提高了寄养家庭准入门槛。为了让适合寄养的儿童回归到具有稳定、健全功能的家庭，《办法》从适合寄养的儿童、适合寄养儿童的家庭、每个家庭寄养儿童的人数、寄养残疾儿童的社区环境，以及尊重寄养儿童本人意愿等几个方面进行了规定，每个寄养家庭寄养儿童的人数不得超过 2 人，且该家庭无未满 6 周岁的儿童。寄养残疾儿童，应当优先在具备医疗、特殊教育、康复训练条件的社区中为其选择寄养家庭。年满 10 周岁及以上儿童，在选择寄养家庭时应当征得寄养儿童的同意。二是规范寄养关系的确立和解除程序。针对寄养关系的确立，设置了申请、评估、审核、培训、签约五个环节。三是解决了跨省寄养、经费使用和社会参与等问题。

在专业化方面，一是赋予具有专业抚养知识的家庭拥有优先寄养权。《办法》规定，对具有社会工作、医疗康复、心理健康、文化教育等专业知识的家庭和自愿无偿奉献爱心的家庭，在同等条件下优先考虑安排寄养儿童。二是要求儿童福利机构加强自身建设，增强专业服务能力。三是强化和提高寄养服务过程的专业化水平和质量。

事实上，流浪未成年人家庭寄养模式一直在部分地区救助管理站、未成年人救助保护中心进行试点。作为国际先进理念被联合国儿童基金会引入的流浪未成年人家庭寄养模式，是在尊重儿童意愿的基础上，将未成年人救助保护中心救助的流浪儿童委托给社区正常家庭进行养育的照顾模式。

河南省郑州市救助保护流浪少年儿童中心，自 2005 年以来，通过与联合国儿童基金会项目合作，建立完善的家庭模式，集寄养、看护、疏导、教育于一体，是融入社区的、无家可归的流浪儿童之家。类家庭里有两位辅导员，即流浪儿童的"爸爸""妈妈"，收养流浪儿童的每个家庭原则上不超过7 人，目的是对于屡送屡返流浪少年儿童的行为与思维方式的改变起到影响和干预作用，培养流浪少年儿童独立的生活能力，促使他们学会合作，养成良好的生活和行为习惯，为今后重返家庭、融入主流社会作准备。

辽宁盘锦自 2008 年 1 月与联合国儿童基金会开展合作项目，在未成年人救助保护中心建立起将救助流浪儿童委托给社区正常家庭中养育的照顾模式。

此外，天津、广州相继在 2013 年开展了对流浪未成年人家庭寄养工作的探索。民政部门的救助保护机构是流浪未成年人的临时监护机构，负责对寄养家庭进行筛选、监管、评估等工作，它一方面将作为委托方与寄养家庭签订寄养合同，另一方面通过运用社工、社区等资源帮助流浪儿童融入寄养家庭。

国家法规的颁布实施与地方政府的有益探索，推动家庭寄养工作向规范化、法制化发展，有利于儿童福利法规体系的健全和完善。然而，如何在实践中开展流浪未成年人家庭寄养工作，仍需要一系列配套措施来解决临时监护资格的取得、流入地向流出地移送、跨省寄养等现实中面临的具体问题。

二 地方开展未成年人社会保护实践

（一）社会参与的长效保护机制初步建立

全国第二批未成年人社会保护试点工作在 98 个地区开展。未成年人社会保护试点探索建立多方参与的新型儿童社会保护制度。2014年8月，民政部下发《关于开展第二批全国未成年人社会保护试点工作的通知》（民函〔2014〕240号），在第一批未成年人社会保护试点工作取得良好成效的基础上，将第二批试点地区扩展至98个。第二批试点工作将救助保护对象延扩至困境儿童，具体包括因监护人服刑、吸毒、重病、重残等造成事实上无人抚养的未成年人，遭受家庭暴力、虐待、遗弃等侵害的未成年人，缺乏有效关爱的留守流动未成年人，因家庭贫困难以顺利成长的未成年人，以及自身遭遇重病、重残等特殊困难的未成年人。同时，社会力量作为重要责任主体将在儿童保护工作中承担更大责任。

"家庭、社会、政府"三位一体。试点地区将探索建立未成年人社会保护"监测预防、发现报告、帮扶干预"联动反应机制，构建覆盖城乡的未成年人社会保护网络，推动建立"以家庭监护为基础、社会监督为保障、国家监护为补充"的监护制度，形成"家庭、社会、政府"三位一体的未成年人社会保护工作格局。在此过程中，要特别坚持政府主导和社会参与的原则，整合政策资源、部门资源、层级资源和社会资源，从而建立权责清晰、衔接有序、紧密配合、协同推进的工作机制。

建立多渠道发现报告机制。第二批全国未成年人社会保护试点工作将救助保护对象延伸扩困境未成年人，为此将建立多渠道发现机制，强化教师、医生、社区工作者等特殊职责人员及亲友的发现报告义务，建立民政、公安、教育、医疗、司法、人民法院、人民检察院、妇联等部门信息通报制度，增强邻里及社会公众对侵害未成年人权益事件的报告意识。

培育、引导社会力量参与试点工作。遵循"政府主导、社会承办"原则，将通过政府购买服务等方式，培育、引导社会工作机构、社会组织、法律工作机构、爱心家庭、志愿者团队等社会各方面力量参与试点工作，形成政府部门负责政策制定、资金保障、技术支持、监管评估，社会力量负责监测预防、调查评估、心理关爱、教育辅导、法律服务等具体事务的工作体系。

到2014年底，在民政部设立98个国家级试点地区基础上，各地又确定了105个省级试点地区。江苏等6省在各地市均确立了试点县（市、区），实现试点工作对上述6省的地市级全覆盖。145个试点县（市、区）均建立了由市（县、区）主要领导担任组长，相关职能部门主要负责人为成员的试点工作领导小组。其中，44 个试点地区将流浪未成年人救助保护中心更名并转型为未成年人保护中心，工作范围拓展为面向困境未成年人提供社会保护。122 个试点地区通过整合 12355 青年服务热线、12349 公益热线、市长热线等资源，积极受理有关单位和人员的电话报告，及时发现掌握困境未成年人情况①。

　　试点地区日益加强、完善社会参与机制，充分利用社会资源，调动社会力量，提供针对性帮扶服务。部分试点地区已根据当地实际情况制订了实施方案，建立起配套政策措施。河北石家庄、河南郑州、安徽蚌埠、四川峨眉山、广西桂林等地纷纷出台《未成年人社会保护试点工作实施方案》。北京、江苏苏州、江西万载、湖北荆州等地通过政府购买服务，动员自愿服务等方式，积极引导民办社工机构等社会组织及高校志愿者等社会力量，运用社会工作专业方法开展对困境未成年人的摸底排查、监护评估、监督干预和关爱帮扶等工作。

　　江苏苏州发挥民办社工机构和保护机构等社会组织的专业优势，帮助困境未成年人及其家庭能够链接部门资源和社会资源，开展分类保护，成绩突出。自 2014 年 6 月以来，苏州市救助管理站积极探索，由专业社工对接试点社区筛查出来的 7 例未成年人个案，按照困境未成年人的主要问题与需求，采取专业的社工介入的方式，帮助他们链接社会资源开展分类保护。目前已结案的有 4 例，仍在跟踪保护的有 3 例。根据对 7 例重点个案的实践总结，探索出一套包括"个案预估""介入计划""服务记录""结案报告""回访记录"等在内的未成年人社会保护工作模式和相应的工作记录模版，为全市各地实施困境未成年人分类保护提供参考。

　　江苏省未成年人社会保护工作成绩突出，获得肯定。江苏省作为未成年人社会保护试点工作的示范省，为各省全面推进未成年人社会保护工作起到了示范和引领作用。2015 年 3 月 11 日，时任民政部社会事务司司长

---

① 《民政部：力争 2016 年完成未成年人社会保护试点工作》，中国政府网站：http：//www.gov.cn/xinwen/2014－12/26/content_2797449.htm，最后访问时间：2015 年 6 月 11日。

张世峰应邀出席江苏省社会事务业务培训暨未成年人社会保护工作讲习班，肯定了江苏省开展未成年人社会保护试点工作以来取得的成效和经验，特别是在全国创造了"四个第一"：第一次将未成年人社会保护工作列为省政府 2015 年工作重点并纳入民生工程；第一次以省政府名义出台未成年人保护政策文件，明确民政部门牵头的职责，统筹推进未成年人社会保护工作，其中南京市正积极推动制定《未成年人保护条例》，有望在法制层面明确政府保护职责；第一个实现未成年人社会保护试点工作区县级全覆盖，在 6 个国家级试点、28 个省级试点的基础上扩大至所有县（市、区）；第一例由民政部门（徐州市铜山区民政局）提起的撤销未成年人父母监护资格的诉讼案件，成为最高人民法院、最高人民检察院、公安部、民政部《关于依法处理监护人侵害未成年人权益行为若干问题的意见》实施后的首例司法实践。

（二）江苏、福建等地率先开展国家监护干预司法实践

1. 江苏省审结全国首例由民政部门申请撤销监护人资格的案件

2015 年 2 月 4 日，江苏省徐州市铜山区人民法院当庭判决撤销女童生父母的监护权，由当地民政局接管。这是最高人民法院、最高人民检察院、公安部、民政部《关于依法处理监护人侵害未成年人权益行为若干问题的意见》（以下简称《意见》）颁布后，全国首例由民政部门申请撤销监护人资格的案件。

小玲（化名），2004 年 10 月出生，双下肢瘫痪且智力存在缺陷。其父亲邵某是江苏徐州人，母亲王某系河南焦作人。邵某因多次强奸、猥亵、殴打小玲，于 2014 年 10 月依法判处有期徒刑 11 年。铜山区人民检察院发现上述案件可以撤销监护资格后，向铜山区民政局出具检察建议书，该区民政局于 2015 年 1 月 7 日向该区人民法院提起撤销女童父母邵某、王某监护人资格的申请，并要求该区人民法院依法指定铜山区民政局为其女儿监护人。铜山区人民法院最终根据《意见》第 36 条规定，判决由该区民政部门担任小玲监护人。目前，民政机关采取家庭寄养、补贴等方式将小玲安置寄养家庭进行寄养，铜山区人民法院选派法官定期探望。

最高人民法院在"两会"报告中强调加强少年民事案件审判工作，并

特别提到江苏省徐州市铜山区人民法院审结首例撤销未成年人父母监护人资格案件，肯定其依法制裁监护人侵犯被监护人权利的行为，解决了监护缺位问题，完善了监护制度。

剥夺监护权"第一案"释放出重大意义，父母伤害儿童不再是家务事，国家真正承担起了儿童保护的托底责任。根据1987年实施的《中华人民共和国民法通则》规定，人民法院可以根据有关人员或者有关单位的申请，撤销监护人的资格。2006年，新修订的《中华人民共和国未成年人保护法》也有类似规定。然而，近30年来，由于缺乏可操作性，实践中撤销监护权的案例寥寥无几。相信《意见》出台后，司法实践中将会出现越来越多的申请撤销儿童监护权案例。

2. 福建省做出全国首例撤销父母监护权的判决

2014年7月4日，福建省仙游县人民法院审理我国首例监护权撤销案。10岁儿童林某乙监护权由亲生母亲林某甲转移至仙游县榜头镇梧店村民委员会。

2004年7月3日，林某甲生下非婚孩子林某乙（男）。在共同生活期间，林某甲多次用菜刀、火钳、剪刀等工具伤害林某乙的身体，并经常采用不给饭吃、不让睡等方式对林某乙进行摧残。经有关部门多次批评教育，林某甲仍不悔改。为此，仙游县公安局于2014年5月31日对其处以行政拘留15日并处罚金人民币1000元的行政处罚决定。

2014年6月13日，仙游县榜头镇梧店村民委员会以林某甲长期对被监护人林某乙的虐待行为已严重影响其身心健康为由，将林某甲告上法庭，要求依法撤销林某甲对林某乙的监护资格，另行指定仙游县榜头镇梧店村民委员会作为林某乙的监护人。该村委会最终以托管的方式，委托莆田SOS儿童村代为照顾林某乙。

整体而言，我国人民法院依法撤销儿童监护人资格，指定由国家承担监护人责任的案例，寥寥无几。从上述两例撤销监护权由国家监护的司法判例来看，国家接管监护权后，都将儿童安排进入类家庭环境中养育，是充分考虑了儿童身心健康成长需要的（见表4-1）。国家颁布新的司法解释后，撤销监护权制度在法律程序上已经被激活，下一步急需完善撤销监护权后的安置与服务保障机制。当监护权转移到居（村）委会、民政部门后，如何更好地对国家监护权的行使和职责履行进行监督，如何科学评估并为儿童制订最佳照料方案，都应进行精心细致的设计，以确保儿童监护人资格撤销后，以政府为主体的国家监护机构能够顺利接手。

表4-1 福建仙游与江苏徐州撤销监护权案件情况

	福建仙游案	江苏徐州案
儿童情况	2004年7月生，男	2004年10月生，女
申请人	榜头镇梧店村民委员会	铜山区民政局
被申请人	儿童生母	儿童亲生父母
判决结果	撤销监护人资格	撤销监护人资格
生效日期	2014年7月4日	2015年2月4日
指定监护人	榜头镇梧店村民委员会	铜山区民政局
后续安置	SOS村	寄养家庭

资料来源：福建法院网（http://fjfy.chinacourt.org/）、江苏铜山区法院网（http://tsxfy.chinacourt.org/）。

（三）江苏盱眙县人民法院发出全国首张关注留守儿童《督促令》

2014年5月21日，江苏省淮安市盱眙县人民法院向久不归家的留守儿童父母发出全国首张关注留守儿童的《督促令》，督促多年外出务工的父母抽空回到家乡，履行法定抚养、教育子女的义务。

江苏淮安市盱眙县有30万名外出务工人员，因此产生了大量的留守儿童。据报道，2013年，盱眙县未成年人犯罪案件中，有87.5%的犯罪主体是父母不在身边的留守儿童。为此，盱眙县人民法院在辖区内多所小学进行调查，了解到很多孩子已经多年没有见过在外打工的亲生父母。谢佳儿（化名）的父母在南京打工长时间未回家，谢佳儿和弟弟跟外婆、外公一起生活，5年没有见过父母。

盱眙县人民法院以创新形式关注留守儿童问题，开出了全国首张关注留守儿童的《督促令》。法官主动联系到谢佳儿父亲并确认他在南京的具体地址后，赶往南京将《督促令》（〔2014〕盱法督字第001号）交给了这位父亲，并告知他已经违反了《中华人民共和国婚姻法》第21条和《中华人民共和国未成年人保护法》第 11 条以及第 12 条第 1 款的规定。按照《督促令》要求，被督促人应自收到本督促令之日起 15 日内，与该人民法院取得联系，切实履行法定抚养、教育义务。

作为司法部门干预未成年人监护权的大胆尝试和有益探索，这份《督促令》旨在减少父母同时外出务工时间，督促父母定期回家探望子女，是我国未成年人监护制度司法干预实践的创新。

三 婴儿安全岛成为弃婴保护的重要措施

（一）全国32个安全岛开展状况各异

截至 2015 年 6 月，据公开信息的不完全统计（表 4 - 2），全国有 21 个省（区、市）的 32 个地区设立了婴儿安全岛，其中 18 人地区的婴儿安全岛仍在开放运营中，4 个地区（福建厦门、山东济南、广东广州、浙江衢州）的已经关闭、暂停或转型，儿童福利不进则退。

表 4 - 2　婴儿安全岛设立情况一览（截至 2015 年 6 月）

地　区	设立时间	状　态
河北石家庄	2011 年 6 月	开放
内蒙古乌兰察布	2013 年 4 月	开放
湖南常德	2013 年 10 月	开放
陕西西安	2013 年 11 月	开放
江苏南京	2013 年 12 月	开放
福建南平	2013 年 12 月	开放
黑龙江牡丹江	2013 年 12 月	开放
贵州铜仁	2013 年 12 月	开放
贵州贵阳	2013 年 12 月	开放
山西太原	2013 年 12 月	开放
天津	2014 年 1 月	开放
河南安阳	2014 年 1 月	开放
黑龙江哈尔滨	2014 年 1 月	开放

续表

地　区	设立时间	状　态
黑龙江绥化	2014 年 1 月	开放
江西南昌	2014 年 3 月	开放
江西九江	2014 年 4 月	开放
云南个旧	2014 年 6 月	开放
浙江温州	2014 年 12 月	开放
广东广州	2014 年 1 月	暂停
福建厦门	2014 年 1 月	关闭、暂停
浙江衢州	2014 年 5 月	更名、迁址
山东济南	2014 年 6 月	关闭
河南郑州	不确定何时开放	暂缓建设
湖北襄阳	拟 2014 年 6 月前	在建
广东深圳	无时间表	前期准备阶段
广东东莞	2015 年内	筹备开建
广东佛山	2015 年内	争取建成
四川成都	计划搁浅	计划搁浅
甘肃兰州	拟 2014 年 4 月底建成	在建
甘肃庆阳	拟 2014 年 4 月底建成	在建
甘肃武威	拟 2014 年 4 月底建成	在建
新疆乌鲁木齐	拟 2014 年 6 月建成	暂时搁置

资料来源：根据相关报道整理。

2014 年 5 月 28 日，浙江首个为危难弃婴提供临时庇护场所的婴儿安全岛在衢州正式投入运行，曾一天内接收 3 名重度病残儿童，全部为外地儿童，福利院每月增加支出 6 万余元。截至 2014 年底，衢州婴儿安全岛共接收弃婴 24 名，劝导弃婴对象 66 人次。2015 年 2 月，浙江首个婴儿安全岛试点宣布转型升级，从医院门口搬到福利院内，对接收弃婴进行限制，将只接收孤儿和本地弃婴。关于婴儿安全岛的运营现状与未来发展再次引起社会广泛讨论。

（二）国外弃婴保护的三种模式

西方发达国家在福利社会建设进程中，为加强弃婴管理，实施了一系列允许妇女匿名生产婴儿或者出生后匿名放弃对孩子权利的做法，目的在于允许生母按照特定的程序或者在特定的地点合法地以匿名方式放弃婴儿，称为"合法匿名遗弃婴儿"。大体分为三种模式（表4-3）：

表4-3　部分西方国家弃婴救助工作模式

模　式	内　容	国　家
弃婴保护舱	设在医院或者社会服务中心的一种设施或场所，为了让因为某些原因无法继续养育婴儿的家长将婴儿放置其中，以减少流产，保护新生儿免受伤害或处于危险之中。	1198年最早出现于意大利教堂。自1996年起，以匈牙利为首，德国、比利时、瑞士、捷克、奥地利、意大利等欧洲国家设置了数百个弃婴保护舱。欧盟28个成员国中，有11国设有弃婴保护舱或类似装置，其中，德国设有80个左右。
匿名生产法	法律法规中，允许妇女以匿名方式免费在医院分娩并放弃婴儿，将其送养。	1941年起于法国，意大利、希腊、卢森堡、奥地利等国家也允许匿名生产。
安全港	依据"安全港法案"，婴儿出生72小时到30天内，父母可以把孩子依法弃置在消防队、医院、警察局、救援队等指定地点，生父母不会因此被指控遗弃罪，除非被认为虐待或忽视孩子。	以美国为代表。截至2008年，美国约50个州都有某种形式的安全港。

资料来源：《弃婴保护航·匿名生产法·安全港法案——各国保护弃婴权益做法扫描》，《烟台日报》2014年2月17日，第7版

可见，为弃婴设立安全接收通道和场所，是很多国家地区采取的措施。我国在婴儿安全岛实施过程中，部分婴儿安全岛出现关门现象，是由于弃婴在刚刚进岛时多处于急需医治的状态，而这些弃婴往往缺乏身份信息和医疗保险等相关证明文件，只能由儿童福利机构承担起大部分的治疗费用。据民政部中国儿童社会福利和收养中心介绍，从2015年开始国家彩票公益基金将拿出资金支持压力大的安全岛，同时鼓励更多社会力量参与支持婴儿安全岛的工作。

婴儿被遗弃的原因主要是家庭无法承受昂贵的医疗费，无法承受重

病、重残孩子将来的特殊教育费用，很多家庭担心因病致贫。缓解弃婴问题需要从源头上解决好病残儿童医疗和康复问题：第一，各地儿童福利院都应建立婴儿安全岛。第二，调整儿童福利制度，完善儿童大病医保政策。第三，为重残儿童及其家庭建立津贴制度。第四，鼓励慈善组织积极参与儿童救助。

第五章
儿童医疗救助和儿科建设同步推进

过去一年来，国家对儿童医疗的重视程度不断提高，在制度完善、用药安全、基础建设和人才培养等各方面加大支持力度，在弥补儿童医疗资源缺口，保障大病儿童权益方面，发挥了重要作用。

医疗保障体系不断完善，大病医疗救助全国铺开。我国基本医疗保险制度的覆盖率已经达到95%，基本实现应保尽保，为儿童提供了基础医疗保障；国家卫生计生委明确提出在2015年底完成城乡居民基本医保并轨，有力推动城乡儿童大病救助公平；疾病应急救助、临时救助、重特大疾病医疗救助三项制度明确了救急难、托底线的民生政策导向，为减轻大病患者特别是大病儿童的经济负担提供了进一步的保障。

儿童用药国家指导性文件出台，保障儿童用药安全。2014年5月，国家卫生计生委等7部委联合发布《关于保障儿童用药的若干意见》，对保障儿童用药进行了工作部署；2015年1月，国家卫生计生委颁布《2015年卫生计生工作要点》，对儿童用药提出相关要求；地方积极采取各项措施落实儿童用药政策。

基层卫生体系和儿科项目建设力度加大，改善儿童医疗服务体系基础设施不足的现状。国家发改委下达35亿元预算，计划支持全国113个地市级及以上医院儿科（儿童医院）项目建设，改善儿科医疗资源地域分配不均状况；中央和地方共同推进健全基层卫生服务体系，促进贫困地区群众公共卫生和基本医疗服务均等。

多方呼吁恢复儿科专业设置，弥补儿科专业人员不足问题。国家卫生计生委印发《2015年卫生计生工作要点》，提出推动护理、公共卫生、精神卫生和药学等紧缺人才的培育，鼓励有条件的院校恢复儿科专业的招生。2015 年 1 月，国务院副总理刘延东在北京市考察儿童医疗保健工作时强调，加强对儿童专科医院和综合医院儿科的扶持，健全培养体系，提高儿科医生队伍专业化水平，改善执业环境，调动医务人员的积极性。

一 儿童医疗救助政策推动与资源对接成效显著

（一）国家医疗救助体系逐步完善，为大病儿童托底

国务院及多个部委发文，要求建立疾病应急救助制度和临时救助制度。2014 年 7 月，国家卫生计生委等联合发布《关于印发扎实推进农村卫生和计划生育扶贫工作实施方案的通知》，提出 2015 年将全面推进重大疾病保障工作，加快建立疾病应急救助制度。2014 年 10 月，国务院发布《国务院关于全面建立临时救助制度的通知》，要求全面建立临时救助制度，进一步发挥社会救助托底线、救急难的作用，解决困难群众突发性、紧迫性、临时性生活困难。临时救助制度将因突发重大疾病、遭遇意外事故以及突发公共事件而导致基本生活暂时出现严重困难的家庭纳为救助对象，救助方式为发放临时救助金，发放实物或提供转介服务。

全面建立临时救助制度，对于填补社会救助体系的空白，补"短板"，扫"盲区"，编实织密困难群众基本生活安全网具有重要意义。疾病应急救助制度和临时救助制度的建立，将能够在原有的大病医疗救助基础上，为大病儿童提供更多一层的防护网。

（二）地方探索创新医疗救助方式，减轻患儿家庭负担

甘肃、广西、河南等地采取了较为创新的措施，如对大病儿童实施院前救助，与厂家谈判降低儿童医药器材价格等方式，加大对大病儿童的医疗保障。

1. 甘肃、广西等地为大病儿童开展院前救助

针对部分家庭因孩子患有重大疾病而陷入困境的问题，甘肃省永昌县在 2014 年出台重大疾病儿童医疗救助办法，将白血病、肾病综合征、恶性肿瘤、复杂先天性心脏病等重大病种列入救助范围，按照贫困家庭中的因

病致贫家庭、低保边缘家庭、低保家庭标准，给予 1 万元至 5 万元的院前救助（或称"院前医疗救助"）。经城乡居民基本医疗保险、大病医疗保险、城乡医疗救助及其他临时救助后，个人仍需承担巨额医疗费用的家庭，实行限额救助，在院前救助的基础上，再次进行院后救助（或称"院后医疗救助"）。为保障资金来源，永昌县建立起长效救助机制，由县财政、民政每年投入资金 60 万元设立救助基金。

甘肃省合水县也出台了类似措施，对符合条件的城乡困难居民，根据不同对象和情况，分别进行院前医疗救助、院后医疗救助、门诊救助、医疗优惠减免、参保参合等救助。院前医疗救助可凭诊断证明向民政局申请，救助金额最高为 3000 元；对进行院后医疗救助的，按照"基本医保＋大病医疗保险＋医疗救助"的方式，即先按现行医保政策规定报销，再经大病保险赔付，余额在 1 万元及以上的贫困家庭，可享受民政医疗救助，个人每年累计救助总额可达 3 万元。

早在 2012 年，甘肃省庆城县就有院前救助的做法，该县将儿童急性白血病、脑瘫等 17 类重特大疾病列为院前救助病种，患这些病种的儿童，由家庭或个人提出申请并提供医院诊断证明和入院通知书后，经县民政部门批准后，均可享受院前救助。

2014 年，国家民间组织管理局批复同意使用中央财政通过的民政部门预算安排的专项资金，支持广西红十字基金会开展 18 岁以下"青少年－重大疾病医疗救助"试点项目，该项目计划对符合条件的患者最高可资助人民币 1 万元，救助金额经广西红十字基金会审定后直接拨付到救助患者的医院。

在医保"一站式结算"尚不完备、医疗救助与医保衔接尚不紧密的地区，院前救助能够让贫困患儿及时入院接受治疗。与其他地区相比，甘肃省部分地区对困难家庭实施院前救助，在"一站式结算"尚未完全铺开、基本医保与民政救助尚未"无缝链接"的前提下，这种救助方式能够在患儿家庭最需要资金时及时得到救助，尤其在经济欠发达的地区，实施院前救助的方式能够有效缓解贫困家庭的经济压力，具有积极意义。在"一站式结算"完全铺开、医疗保险与医疗救助能够良好衔接的前提下，根据患儿所花费医疗费用以及医疗报销情况进行医疗救助，医疗制度的各个环节将能更好地发挥作用，对患儿及其家庭的保障力度也就更大。

2. 河南省与厂家谈判降低医药器材价格减轻患儿家庭经济负担

与一些地区采取措施加强医疗救助不同，河南省通过与厂家谈判降低医药器材价格的方式为患儿家庭的经济负担"减压"。2013年，河南省将人工耳蜗植入等15类病种纳入新农合大病医疗保障范围。一个进口人工耳蜗市场价要十几万元，针对这种情况，河南省卫生厅经过与国内唯一一家生产人工耳蜗的厂家的多次谈判，最终把报价9万元的耳蜗降低到约6万元，8岁以下的新农合患儿，最高只须自付2.45万元，就可植入人工耳蜗。

加大对儿童的医疗保障的建议是一个系统工程，不仅需要从源头上采取措施，降低医疗费用，还需要提高医疗保险的报销比例，优化报销和医疗救助的流程。只有从各个环节全面入手，才能最终减少或避免大病儿童家庭因病致贫现象的发生。

（三）政府与慈善资源对接医疗救助初步落实

1. 国家鼓励社会力量参与政府救助工作

自2013年民政部颁布《关于加强医疗救助与慈善事业衔接的指导意见》之后，国务院在2014年颁发的《国务院关于全面建立临时救助制度的通知》中，也要求在建立临时救助制度时，建立、健全社会力量参与机制，充分发挥社会组织尤其是公益慈善组织、社会工作服务机构和企事业单位等社会力量资源丰富、方法灵活、形式多样的特点，通过委托、承包、采购等方式向社会力量购买服务，鼓励、支持其参与临时救助。动员、引导具有影响力的公益慈善组织、大中型企业等设立专项公益基金，在民政部门的统筹协调下有序地开展临时救助。社会力量参与社会救助的，按照国家有关规定享受财政补贴、税收优惠、费用减免等政策。

2. 慈善组织响应患儿救助需求改善救助模式和内容

不少慈善组织开展对贫困边远地区的医疗救助，促进资源的优势互补。政府医疗救助由于受限于地方财政，常常显现"马太效应"，即富裕的地方对救助的需求相对较小，且地方财政财力雄厚，能够提供更多救助资金；贫穷的地方对救助的需求较大，且地方财政能够提供的救助资金则有限。慈善救助能够有效打破这一区域阻隔，将社会资源从优势地区向有需要的地区进行输送。2014 年，对偏远地区医疗救助进行支持的典型项目有：中国红十字启动的"博爱信使"人道救助行动，首批 1000 万元资金将用于资助新疆、西藏、云南、贵州、甘肃 5 省区的留守儿童、贫困儿童和特大病患儿；搜狐焦点公益基金与上海胸科医院开展联合救助，在云南大理州洱源县设立贫困先天性心脏病医疗救助项目；等等。

许多慈善组织根据大病患儿的救助需求，及时提供相应救助内容。随着过去几年国家不断地加大对先天性心脏病患儿的医疗保障力度，慈善组织的救助也较多地集中在对简单先天性心脏病患儿的救助上，因此，对简单先天性心脏病患儿的救助较为饱和。过去一年有不少慈善组织加大了对复杂先天性心脏病患儿的救助力度，如中华思源工程扶贫基金会设立了专项基金，对 0～18 岁贫困先天性心脏病患儿进行救助，复杂性先天性心脏病患儿被定为重点救助对象；过去救助肝病患儿的项目较少，广东省广州市新希望救治基金在 2014 年 8 月启动了肝病患儿移植资助项目，0～18 岁特困青少年患者最高可获 10 万元资助；针对留守儿童易发生意外事故的情况，河南省和谐慈善基金会等发起了留守儿童烧烫伤救助项目，填补了河南省烧烫伤儿童救助领域的空白；北京天使妈妈基金会与潇湘晨报公益基金会（简称"晨基金"）合作开设"晨光天使"救助计划，对烧烫伤等特困大病儿童进行救助；针对血友病患儿医疗救助项目非常少的情况，山西省太原市慈善总会设立"关爱血友病儿童"慈善项目，成为山西省首家关注血友病儿童的慈善组织；中国宋庆龄基金会与海南边防医院启动"守护天使"医疗援助公益活动，对海南省 1～12 岁患有小儿脑瘫、小儿多动症、脑发育不良、小脑萎缩等神经系统疾病的儿童进行 5000 元至 3 万元的医疗救助。

部分慈善组织实施"筛查 + 救助"的模式。世界眼科基金会中国分会与河南省近视弱视防治基地共同举办了"弱视干预援助计划"，对 100 名弱视儿童进行专业视力检测和免费专项治疗；河北省、黑龙江省也开展慈善项目，由专业医护人员远赴边远地区对先天性心脏病、脑瘫和唇腭裂儿童等进行免费筛查和救治；上海市推出儿童慢性肾脏病双重筛查公益项目，该项目设立专项基金，计划 5 年内将尿液筛查的网络化建设逐渐推广至全市。

成立培训中心，提高医师水平也成为一些慈善组织的救助方式。黑龙江成立了弱视儿童医疗培训、治疗中心，主要进行弱视筛查、诊疗及相关知识培训；世界健康基金会与生物制药公司 UCB 在陕西西安举行"彩虹桥"暨"小儿神经系统疾病诊治学习班"，为临床医生、癫痫患儿及家庭搭建交互平台；中华少年儿童慈善救助基金会的 9958 儿童紧急救助中心的子项目当代白求恩行动公益基金成立，除了帮扶救治大病儿童外，还会进行有关医疗培训、学术交流等活动。

3. 部分慈善组织在慈善救助与政府医疗救助衔接方面做出探索

2014 年，爱佑慈善基金会与安徽省民政厅合作，对安徽省内患有先天性心脏病的贫困家庭儿童联合实施"福满江淮爱佑童心"的救助活动。具体救助标准为：年龄在 0 ~ 14 岁，具有安徽省户籍的患有 4 种简单先天性心脏病及部分复杂先天性心脏病的城乡困难家庭患儿，其手术费用在新型农村合作医疗或城乡居民医疗保险报销后，剩余的个人自付部分由爱佑慈善基金会承担，上限为 2.5 万元，剩余的自付费用部分，由省民政厅承担，上限为 1 万元。患儿在治疗期间产生的交通费用和食宿费用，按照每个患儿每天 100 元的标准，由省民政厅承担，上限为 2000 元。

事实上，几年以前，爱佑慈善基金会就开始与民政部门联合开展医疗救助。2010 年，在卫生部出台《关于开展提高农村儿童重大疾病医疗保障水平试点工作的意见》之后，爱佑慈善基金会与新疆生产建设兵团签订联合救助的协议，由新疆生产建设兵团支付先天性心脏病患儿 55% ~ 60% 的医疗费用，爱佑慈善基金会承担剩余部分。此后，爱佑慈善基金会又与江西省签订协议，与江西省革命老区基金、省卫生部门、省民政部门一起对江西省内的先天性心脏病患儿实施联合救助。爱佑慈善基金会在调研各省大病救助政策实施状况的前提下，逐步与部分省份开展了合作，至 2014 年，爱佑慈善基金会与安徽、黑龙江、山西等省份签订了协议，与当地的新型农村合作医疗、城乡居民医疗保险结合，针对贫困先天性心脏病患儿开展联合救助。

2014 年，中华少年儿童慈善救助基金会旗下的 9958 儿童紧急救助中心发布《NGO 伙伴合作建议书》和《企业合作建议书》，以拓展外延资源，吸引更多社会力量参与到儿童大病救助中来。一方面，地方的 NGO 团队执行力较强；另一方面，地方 NGO 团队也急需公募机制的支持，因此，从 2013 年底开始，9958 儿童紧急救助中心与地方 NGO 团队和企业合作设立子项目，并取得了较好的效果。如河南省南阳志愿者联合会与 9958 儿童紧急救助中心成立了子项目南都童爱慈善基金，在当地通过各类公募活动、紧急个案呼吁、街头公益活动、商家联合劝募等多种募集方式，不到一个月就募集医疗善款 36 万元；北京四叶草公益团队与 9958 儿童紧急救助中心合作设立子项目四叶草公益基金，运用其擅长的街头义卖活动，在 25 天内募集医疗善款 47 万元，专门用于在北京治疗和手术的紧急重症患儿，并通过 9958 儿童紧急救助中心的规范流程和全透明公示平台，不断吸纳社会资源。民间公益团队与公募基金的对接，使善款的使用更加透明，医疗平台更加宽广，对善款的筹集也就能发挥更大的促进作用。

医疗救助与慈善事业的衔接需以医疗保险自身的制度建设和信息化建设为基础。但到目前为止，政府医疗救助与慈善事业的衔接制度仍未有效建立，各地医疗政策的不一致，医疗保险统筹层次太低，医疗保险尚未全面实时结算，这些是主要障碍。由于不同的省、不同的市甚至不同的县，医疗政策都不一样，使得慈善组织在寻求与政府医疗救助合作时无所适从。因此，如何发挥社会力量参与医疗救助，除了建立积极正面的公益慈善氛围，推出一系列鼓励社会力量参与医疗救助的优惠政策外，还需要加强对医疗政策的内部梳理，加快医疗政策的制度建设和信息化建设，才能为加强政府医疗救助与慈善救助的衔接打下良好的基础。

二 儿童用药与儿科建设获政策资金保障

（一）国家出台指导性文件应对儿童用药难题

近年来首个关于儿童用药的综合性指导文件出台。2014 年 5 月，国家卫生计生委、国家发改委、工业和信息化部、人力资源和社会保障部、国家食品药品监督管理总局、国家中医药管理局联合发布《关于保障儿童用药的若干意见》（国卫药政发〔2014〕29 号），对保障儿童用药进行了工作部署，该文件成为近年来我国关于儿童用药的首个综合性指导文件。

目前，我国儿童用药存在以下几个主要问题：一是儿童用药品种少、规格少、剂型少，不能满足临床需要。国家食品药品监督管理总局的相关数据显示，目前中国有3500多种化学药品制剂，供儿童专用的不足60种（含中成药），国内市场儿童使用的药品中有90%的是成人药品的减量版。而国外适用于儿童用药的剂型发展迅速，有咀嚼片、泡腾片、颗粒剂、糖浆剂等众多类型。二是从事儿童药品生产的厂家少。儿童药品市场在近10年中得到一定开发，但药品研发和生产仍处于初级的阶段，儿童药品生产以合资企业为主。三是儿童药品监管体制尚不完善。药品产业链相对较长，从临床科研、原料辅料，到生产储存、销售使用，都需要监管者担负起监管职责。必须在各个环节明确责任才能将监管落到实处。近年来，儿童医疗资源的匮乏逐渐成为社会关注的热点。与儿童医院减少、儿科医生稀缺等情况类似，儿童用药问题也从一个侧面反映出儿童医疗资源的匮乏。究其原因是儿童用药利润低，工艺难度大，研发周期长，市场规模小，因此市场往往选择生产成人药品。

针对这些情况，《关于保障儿童用药的若干意见》对保障儿童用药提出了一系列措施。首先，加快申报审评，促进研发创制。对于部分临床急需的儿童药物的适宜品种、剂型、规格，建立申报审评专门通道；逐步建立鼓励研发的儿童药品目录，将其纳入国家"重大新药创制"科技重大专项、蛋白类生物药和疫苗重大创新发展工程，引导和鼓励企业优先研发生产；鼓励开展儿童用药临床试验，对于已上市品种，要求药品生产企业及时补充完善儿童临床试验数据。其次，加强政策扶持，保障儿童药品的生产供应。对儿童用药价格给予政策扶持，如儿童专用剂型可单列代表品，不受成人药品定价水平影响，对部分临床必需但尚在专利保护期内的进口儿童用药，建立价格谈判机制，降低药品价格。及时将儿童适宜剂型、规格纳入基本医疗保险支付范围。优先支持儿童用药生产企业进行产品升级和生产线技术改造。对临床必需、易短缺、用量小的药品，综合采取价格、采购扶持及定点生产、储备等方式确保供应。此外，还应推动建立科学规范的儿童用药指南，加强药品说明书管理，建立健全儿童临床用药综合评价体系。

2015年1月，《国家卫生计生委关于印发2015年卫生计生工作要点的通知》颁布，也同样对儿童用药提出了相关要求，要在2015年建立健全国家基本药物和儿童用药临床综合评价体系，继续推动部分临床必需、用量少的基本药物定点生产试点和儿童用药保障工作。

《关于保障儿童用药的若干意见》颁布后，中央和部分地方采取措施推动政策的落实。2015 年 3 月，国家卫生计生委发文决定组建国家卫生计生委儿童用药专家委员会，其职责为负责组织专家总结儿科临床用药经验及安全用药数据，推动建立科学规范的儿童用药指南，补充完善儿童用药数据，对保障儿童用药工作提出建议。2015 年 2 月，中国中药协会、吉林省科技厅和吉林省食品药品监督管理局在长春召开了"儿童用药发展论坛及品种顶层设计专家咨询会"，促进吉林省儿童用药新药创制和已上市品种的二次开发，推进儿童用药品种的培育。

（二）儿科人才培养与基础建设获资金保障

我国儿科医师数量严重不足，业内呼吁恢复儿科专业招生。过去几年来，我国儿科医师一直严重短缺，儿科执业医师和儿科执业助理医师占全部执业（助理）医师的比例一直在 4% 左右徘徊。平均每 1000 个儿童只有 0.26 个专业儿科医生。由于儿科医师执业的特殊性，培养一个诊疗经验丰富的优秀儿科医师至少需要 5 年的时间，而在 1998 年，教育部颁布的《普通高等学校本科专业目录》中，儿科专业被以"专业划分过细，专业范围过窄"为由列入调整范围。从 1999 年起，大多数医学院校停止儿科专业的招生，目前，全国仅有 5 家医学院招收儿科专业本科生。10 多年来，中国的儿科医生仅增加了 5000 多名，这导致了现在儿科医学人才梯队青黄不接的局面。为此，2014 年 9 月 27 日召开的第 24 届全国儿童医院管理会，建议教育部恢复并扩大对儿科专业医学生的招生，加大对儿童医院的建设和扶持力度。

国务院副总理刘延东强调健全四级儿科医疗体系，加强对儿科的扶持力度。2015 年 1 月，国务院副总理刘延东在北京市考察儿童医疗保健工作时强调，需结合深化医改，在"十三五"期间健全国家、省、市、县四级儿科医疗体系，加强对儿童专科医院和综合医院儿科的扶持力度，健全培养体系，提高儿科医生队伍专业化水平，改善执业环境，调动医务人员的积极性。在国家卫生计生委印发的《国家卫生计生委关于印发 2015 年卫生计生工作要点的通知》中，也对人才培养提出了相关要求：2015 年要推动护理、公共卫生、精神卫生和药学等急需紧缺人才的培育，鼓励有条件的院校恢复儿科专业的招生。

国家发改委下达中央预算内投资 35 亿元计划，用于支持地市级及以上医院儿科（儿童医院）项目建设。我国儿科床位占医院床位的比例在过去 20 年中从未超过 6%，这与我国 0～14 岁儿童占全部人口 16% 的比例不匹配，难以满足儿童就医的需求。为改善我国儿童医疗服务体系基础设施不足的现状，缓解儿童医疗服务资源短缺的矛盾，国家发改委于 2014 年 8 月下达中央预算内投资计划，计划投资 35 亿元支持全国 113 个地市级及以上医院儿科（儿童医院）项目建设。项目建成后，约可新增病床 1.33 万张，预计新增门诊急诊和住院服务人次分别为 150 万和 63 万。同时，各地将加强儿科人才队伍建设，加快建立有利于儿科发展的长效机制，逐步建成布局合理、功能完善、运转协调的儿童医疗服务体系。

（三）地方推动儿科资源整合与优势互补

1. 安徽、河南两省探索省内儿童医疗资源优势互补模式

为解决儿童医疗资源紧缺、分布不均的问题，2014 年 8 月，安徽省成立了儿童医疗联合体，该联合体首批吸纳了 18 家医疗机构，涵盖妇幼保健院、二级医院、三级医院儿科、社区卫生服务中心（乡镇卫生院）等。安徽省儿童医疗联合体以经营管理、医疗技术合作为纽带，探索建立行之有效的业务指导与合作机制，打通预约挂号、分级诊疗与双向转诊、检验、大型设备检查与结果互认、重症患儿转院、远程会诊、信息共享等就医环节，建立业务指导、人才培养、学术交流、质量控制考核、学科建设和科研协作等合作机制。患儿只要在医疗联合体合作医院内就诊，就可及时转院或根据病情邀请专家出诊，这样就可以将有限的儿科医疗资源充分合理配置。2015 年，该联合体在总结试点经验的基础上向全省扩展，最终实现儿童医疗联合体对全省的覆盖。

2014 年 10 月，河南省郑州市儿童医院组建郑州市儿童医院医疗联合体，共有 32 家医院签约结盟，这为加强儿科建设，提升儿童救治水平搭建了良好平台，提供了有力保障。专科医院联合综合医院共同发展的模式，对实现省内儿科医疗资源共享、优势互补，快速提高儿科医师业务水平有较大现实意义。

2. 上海借助国际力量提升儿童白血病诊治水平

上海成立中国儿童肿瘤（白血病）临床多中心研究协作组，借助国际力量促进国内儿童白血病最佳诊治方案的研究。2014 年 10 月 5 日，上海儿童医学中心卫生部儿童血液肿瘤重点实验室与中国抗癌协会儿童白血病专业委员会联合发起的中国儿童肿瘤（白血病）临床多中心研究协作组宣告成立。该协作组有大陆 10 个省市 19 家医院和香港地区威尔斯亲王医院加盟，并由美国 St. Jude 儿童研究医院的专家、新加坡 Viva 基金会共同参与。2011 年，上海儿童医学中心与美国 St. Jude 儿童研究医院牵手，成立国内首个儿童癌症国际合作中心，该协作组将在此基础上，进一步引进国际发达国家诊治的先进理念，找到中国儿童急性淋巴性白血病的最佳诊治方案，提高我国儿童白血病的整体治愈率。新加坡 Viva 基金会将募集捐助支持该协作组的临床多中心研究工作。

三　卫生扶贫和基层卫生计生服务体系建设力度加大

（一）国家发布农村卫生和计划生育扶贫工作实施方案

2014 年 7 月，国家卫生计生委、国家发改委、财政部、国务院扶贫办、国家中医药管理局联合发布《关于印发扎实推进农村卫生和计划生育扶贫工作实施方案的通知》（以下简称《通知》），《通知》提出了农村卫生与计划生育扶贫工作的主要目标：到 2015 年，贫困地区县、乡、村三级卫生计生服务网络基本健全，县级医院的能力和水平明显提高，基本实现每个乡镇有 1 所政府主办的卫生院，每个行政村有卫生室；逐步提高儿童医疗卫生保障水平，重大传染病和地方病得到有效控制。到 2020 年，贫困地区群众获得的公共卫生和基本医疗服务更加均等，服务水平进一步得到提高。

2015 年将加大卫生计生人才培养培训力度，稳定和优化基层卫生计生人才队伍。《通知》提出，2015 年要加大卫生计生人才培养培训力度。推进全科医生制度建设，实施住院医师规范化培训制度和全科医师特岗计划，进一步加大基层医疗卫生机构全科医生转岗培训、农村订单定向医学生免费培养、基本药物临床应用指南和处方集培训等项目向贫困地区的倾斜的力度。探索建立具有行业特点的业务人员薪酬制度，提高基层医务人员待遇水平。改善乡村医生工作条件，提高乡村医生待遇，合理解决乡村医生养老问题，全面落实乡村医生补偿政策。

（二）基层卫生计生服务体系将进一步健全

《关于印发扎实推进农村卫生和计划生育扶贫工作实施方案的通知》提出，进一步提高人均基本公共卫生服务经费标准，2015 年的人均基本公共卫生服务经费标准将达到 40 元（2014 年为 30 元，2013 年为 27.5 元）。在 2015 年，将积极实施农村孕产妇住院分娩补助、农村适龄妇女"两癌"筛查、预防艾滋病母婴传播、国家免疫规划等重大公共卫生项目，全面落实免费计划生育基本技术服务项目。实施贫困地区儿童营养改善项目，提升贫困地区妇女儿童健康水平。大力推进出生缺陷综合防治，继续实施国家免费孕前优生健康检查、农村妇女增补叶酸预防神经管缺陷、贫困地区新生儿疾病筛查项目，提高出生人口素质。

2015 年将进一步健全基层卫生计生服务体系，并将县乡两级卫生计生服务能力提升情况纳入考核指标体系。《通知》提出，要加强县级卫生计生机构基础设施建设，改善乡镇卫生院和村卫生室条件，加强疾病预防控制、妇幼健康等公共卫生机构建设。优化整合妇幼保健和计划生育技术服务等卫生计生资源，加强人口和计划生育服务体系建设。为了确保这一目标的实现，《通知》提出将县乡两级卫生计生服务能力提升情况纳入扶贫开发工作考核指标体系，增加指标考核权重。

卫生计生委将建立出生缺陷三级预防协调推进机制，将国家免费孕前优生健康检查项目列为 2015 年工作要点。为了加强妇幼健康服务工作，国家卫生计生委颁布的《国家卫生计生委关于印发 2015 年卫生计生工作要点的通知》中，提出在 2015 年要落实计划生育免费基本技术服务项目，建立出生缺陷三级预防协调推进机制，推进国家免费孕前优生健康检查项目对城乡居民全覆盖，争取目标人群覆盖率达到 80%。

（三）河北、天津等地加大基本公共卫生服务投入

1. 河北省加大妇幼保健健康投入

2014 年，河北省加大妇幼保健健康投入，全年拨出重大妇幼公共卫生服务项目资金 3.8 亿元。增补叶酸预防神经管缺陷项目实现了城乡全覆盖；为82 万名农村孕产妇发放住院分娩补助；为 43.68 万农村妇女进行"两癌"筛查。针对婴儿出生缺陷，河北省将缺陷防治工作列入河北省七项计生惠民工程，并作为全省计划生育目标责任制考核内容，对各级政府实施考核评价。正是实施这些措施，2014 年河北省妇幼健康各项指标明显提升，全省孕产妇死亡率、婴儿死亡率和 5 岁及以下儿童死亡率的指标均较上年度降低了 15%左右。

2. 天津市开展免费孕前优生检查项目

天津市卫生计生委在天津市十六届人大三次会议中表示，天津市预计将在 2015 年完成 300 万人次妇女儿童健康惠民服务和 3.1 万对计划怀孕夫妇免费孕前优生检查项目。从 2013 年起，天津市启动实施新一轮妇女儿童健康促进计划，除为妇女儿童提供 20 项惠民服务外，还增加了 7 项新的惠民举措，2015 年预计将有 300 万人次妇女儿童受益。此外，天津市年内还将为 3.1 万对计划怀孕夫妇开展免费孕前优生检查，并对高风险人群给予有针对性的咨询指导，有效降低出生缺陷发生风险，提高孕育质量，提高市民优生意识。

3. 山东兖州率先实施学龄前儿童免费体检

与天津市的免费孕前优生检查项目不同，山东兖州的免费体检主要针对学龄前儿童。2015 年，山东省济宁市兖州区采取措施，政府出资为幼儿园儿童免费体检，共有 1.8 万余名儿童享受到该项惠民政策。幼儿园儿童免费健康体检涉及体格检查，视力检查，血常规检查，肺、肝、脾检查等。检查中对孩子的生长发育进行监测、评估，建立纸质和电子健康档案，同时对幼儿园卫生的保健、膳食营养进行指导。兖州区每年列支 3366万元率先在山东省实施免费学前教育，每一名入学的儿童都能够享受到每年一次的免费体检。通过建立长效、系统的儿童健康成长工程，政府出资为幼儿园儿童免费体检，将有助于保障儿童的健康成长。

四 基本医疗保险促进城乡医疗公平

（一）基本医疗保险财政补助和异地结算获得推进

1. 基本医疗保险财政补助进一步提高

2015 年新农合的财政补助标准提高到每人每年 360 元。《关于印发扎实推进农村卫生和计划生育扶贫工作实施方案的通知》提出，继续稳定参合率，逐步提高筹资水平和财政补助标准，到 2015 年，政府补助标准提高到每人每年 360 元，中央财政继续向中西部地区倾斜（图 5-1）。

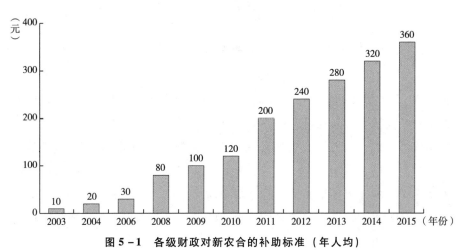

图 5-1 各级财政对新农合的补助标准（年人均）

注：2005 年、2007 年数据缺失。

资料来源：历年《中国卫生统计年鉴》和《关于印发扎实推进农村卫生和计划生育扶贫工作实施方案的通知》。

自 2003 年建立新型农村合作医疗以来，政府不断提高财政对其的补助标准，从 2003 年的 10 元一直增长到 2015 年的 360 元，其中从 2011 年开始，财政的补助标准每年提高 40 元。

城镇居民基本医疗保险的财政补助标准也有所提高，在 2014 年的基础上提高了 60 元，2015 年达到了年人均 380 元。

部分地区将更多重大疾病纳入大病保障范围。2014 年，山西省将儿童苯丙酮尿症、尿道下裂等疾病纳入大病保障范围，共计有 23 类疾病被纳入到重大疾病保障范畴。在医疗救助方面，山西省将国家医疗保险与民间慈善救助结合起来，从 2014 年起，对于山西省的先天性心脏病患儿的治疗费用，新农合将报销 70%，爱佑慈善基金将补助 30%。针对精神病患在我国疾病经济总负担的排名中居首位的现状，北京市将精神障碍纳入大病救助中，并提高了保障力度，门诊救助和住院救助比例由 60% 提高到 75%，门诊救助封顶线从 2000 元提高到 4000 元，住院救助封顶线由 3 万元提高到 4 万元，大病救助比例由 70% 提高到 75%。

2. 人社部进一步明确异地就医结算工作指标任务

人社部颁布基本医疗保险异地就医医疗费用结算指导意见。早在 2009 年，人力资源和社会保障部就发布了《关于基本医疗保险异地就医结算服务工作的意见》（人社部发〔2009〕190 号）。自该意见印发以来，各地探索推进异地就医结算工作。目前，在全国范围内，基本医疗保险市级统筹基本实现，大多数省份建立了省内异地就医结算平台并开展了直接结算，一些地区还进行了"点对点"跨省结算的尝试，但异地就医结算手续仍然比较复杂。因此，人社部在 2014 年颁布了《关于进一步做好基本医疗保险异地就医医疗费用结算工作的指导意见》（人社部发〔2014〕93 号），对基本医疗保险异地就医提出了进一步指导意见，要求完善市（地）级统筹，规范省内异地就医结算，推进跨省异地就医结算。2014 年，要基本实现市级统筹区内就医直接结算，规范和建立省级异地就医结算平台。2015 年，要基本实现省内异地住院费用直接结算，建立国家级异地就医结算平台。2016 年，全面实现跨省异地安置退休人员住院医疗费用直接结算。

（二）部分地区实现"三保合一"，促进城乡医疗公平

山东省青岛市实现城镇职工医保、城镇居民基本医保和新农合的"三保合一"。近年来，很多地区都整合了城乡居民的基本医疗保险制度，截止到 2014 年底，有 8 个省份以及其他省份的 35 个地级地区和几十个县，都实现了"三保合一"，即城镇职工医疗保险、城镇居民基本医保、新农合的并轨。三类基本医疗保险的并轨，有助于强化制度的公平性。以山东省青岛市为例，2014 年，该市颁布了《青岛市社会医疗保险办法》，规定职工医保和居民基本医保参保人统一按照"基本医疗保险＋大病医疗保险＋大

病医疗救助"三层保障享受社会医疗保险待遇，参保人执行统一的医保待遇和目录，打破了城乡分割的制度壁垒和城乡居民的身份界限，实现城镇和农村居民公平参保和享受待遇。与之前的依据城乡身份而待遇有所差别不同的是，新政策按照社会保险权利义务对等的原则，采取了不同缴费标准享受不同的医保待遇。其中少年儿童的参保费用为110元，大学生为80元，成年居民一档为350元，二档为110元。

医疗报销政策优先向少年儿童倾斜。根据青岛市之前的医疗保险制度，仅城镇少年儿童的报销比例高于城镇成年居民的报销水平，农村少年儿童的报销比例与农村成年居民的一致。"三保合一"后，农村少年儿童与城镇少年儿童一样，按较低档次缴费，但享受高于成年居民一档缴费的待遇。农村少年儿童住院及门诊大病报销比例能够比原新农合高出10~25个百分点。

青岛市"三保合一"后，医保目录的统一使农村居民的用药范围扩大，实际报销比例提高，门诊大病病种范围也有所扩大。由于报销需在医保目录范围内进行，因此医保目录的范围直接影响参保人的实际报销比例。在原有的二元分割制度下，城镇职工和城镇居民执行统一的医保目录，新农合执行单独的医保目录，青岛市城镇职工和城镇居民用药报销范围有2400多种，而新农合的用药报销范围仅900余种。"三保合一"后，三类保障制度执行统一的医保目录，农村居民用药报销范围扩大。此外，过去青岛市城镇职工和城镇居民的门诊大病病种有53种，新农合各区（市）病种范围不统一，但均少于城镇职工、居民的门诊大病病种范围，病种限额也较低。三类保障制度并轨后，打破了城乡壁垒，城市和农村居民实行统一的门诊大病病种范围，但报销比例会因缴纳费用档次不同而不同。

并轨后的青岛市新农合改变了以病种为基础的大病医疗保险制度，统一按费用额度实施保障。根据过去的政策，青岛市城镇职工和城镇居民享有大额医疗补助待遇、范围内大额费用救助待遇，而新农合则仅对20种大病建立了大病医疗保险制度。新政策实施后，改变了过去新农合按病种享受大病保险的做法，城乡全体参保人不分病种，统一按费用额度实施保障。

青岛市城乡居民的大病医疗救助待遇也走向公平。原来的城镇职工和城镇居民享受城镇大病医疗救助待遇，农村居民享受农村大病医疗救助待遇，两者的起付标准、保障额度、保险项目都有较大差异。青岛市关于医疗保险的新政策规定，不分城乡差别，实行统一的大病医疗救助待遇，原新农合的参保人，能够享受到原来没有的特药特材①救助待遇。从 2015 年起，青岛市特药特材的救助种类增加到 26 种，其中有不少针对儿童多发罕见病的特药特材。

---

　　①　特药特材是指除基本医疗保险药品目录、医疗服务项目和医疗服务设施目录外，重大疾病治疗必需、疗效显著、费用较高且难以使用其他治疗方案替代的药品或者医用材料。

第六章
财政支持儿童教育均衡发展

2014年以来，我国教育事业围绕促进公平和提高质量，不断扩大教育规模，儿童平等接受教育的权利得到保障，制约特殊儿童教育公平发展的体制性、制度性障碍开始瓦解，人民群众关切的学前教育的热点、难点问题获得综合治理，残疾儿童特殊教育被纳入政府规划。

义务教育方面，国务院通过在全国开展专项评估工作，地方政府通过出台相关政策、采取具体举措，共同进一步保障进城务工人员随迁子女、农村留守儿童、家庭经济困难学生和残疾儿童等特殊困难儿童群体平等受教育权利。同时，为加快缩小城乡差距，促进义务教育均衡发展，中央财政2015年下拨城乡义务教育补助经费1305.8亿元，比2014年增加约80.9亿元，约增长6.6%。

学前教育方面，国家教育规划加大公办幼儿园建设投入，2016年学前三年入园率将达75%，各地加大支持公办和普惠型民办幼儿园建设。

特殊教育方面，残疾儿童特殊教育提升计划获全面落实，教育部公布了《教育部办公厅关于公布国家特殊教育改革实验区名单的通知》，全国37个市（州）、县（区）被确定为国家特殊教育改革实验区。

"教育是今天的事业，明天的希望。"李克强总理在2015年政府工作报告中提出要"促进教育公平发展和质量提升"。

一 儿童教育各阶段整体规模稳步提升

整体而言，我国学前教育、义务教育和高中阶段教育规模稳步提升。

根据教育部公布的《2014 年全国教育事业发展统计公报》① 数据显示（图 6 - 1），我们可以看出如下变化。

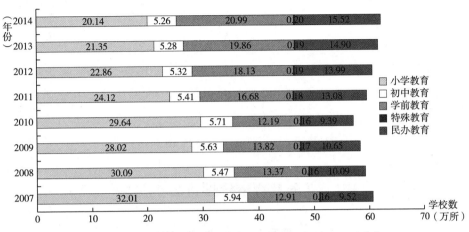

图 6 - 1　各教育阶段学校规模变化情况（2007～2014 年）

资料来源：根据历年《教育统计年鉴》数据整理。

（1）学前教育方面发展较快，2014 年我国幼儿园年增长率约为 5.7%。全国共有幼儿园 20.99 万所，比上年增加 1.13 万所，在园幼儿（包括附设班）4050.71 万人，比上年增加 156.02 万人。幼儿园园长和教师共 208.03 万人，比上年增加 19.52 万人。学前教育毛入园率达到 70.5%，比上年提高 3 个百分点。

（2）义务教育方面相对缓慢，2014 年义务教育阶段学校年增长率为 -4.6%。全国共有义务教育阶段学校 25.40 万所，比上年减少 1.23 万所。全国义务教育阶段共招生 3106.25 万人；在校生 1.38 亿人；专任教师 912.23 万人；九年义务教育巩固率约为 92.6%。其中，小学 20.14 万所，比上年减少 1.21 万所；初中学校 5.26 万所（其中职业初中 26 所），比上年减少 200 所。

（3）特殊教育方面稳步推进，2014 年特殊教育学校年增长 3.5%。全国共有特殊教育学校 2000 所，比上年增加 100 所。特殊教育学校共有专任

---

① 《2014 年全国教育事业发展统计公报》，教育部，2014 年 7 月。链接：http://www.moe.edu.cn/publicfiles/business/htmlfiles/moe/moe_ 633/201407/171144. html。

教师 4.81 万人；在校生 39.5 万人，比上年增加 2.68 万人。其中，视力残疾学生 3.41 万人，听力残疾学生 8.85 万人，智力残疾学生 20.57 万人，其他残疾学生 6.67 万人。普通小学、初中随班就读和附设特教班招收的学生 3.80 万人，在校生 20.91 万人，分别约占特殊教育招生总数和在校生总数的 53.78% 和 52.94%。

（4）民办教育发展最为突出，2014 年各级民办学校年增长率达 4.2%。全国共有各级各类民办学校（教育机构）15.52 万所，比上年增加 0.62 万所；各类教育在校生达 4301.91 万人，比上年增加 223.6 万人。其中，民办幼儿园 13.93 万所，比上年增加 5831 所。

二　义务教育继续推进公平普惠

（一）国务院专项督导评估使义务教育均衡发展

2015 年 4 月，国务院教育督导委员会办公室发布《2014 年全国义务教育均衡发展督导评估》报告[①]，在总结肯定 2014 年地方政府开展义务教育均衡发展工作成绩的同时，进一步提出了未来发展建议，进一步要求地方政府保障进城务工人员随迁子女、农村留守儿童、家庭经济困难学生和残疾儿童等特殊困难儿童群体平等受教育权利。

第一，强化政府保障特殊困难儿童群体的主体责任。针对推进义务教育均衡发展工作中一些地方政府责任落实不到位等问题，该报告要求地方各级政府坚持依法行政，履行法定责任。一要加强统筹，将义务教育均衡发展纳入本地区经济社会发展总体规划。二要完善政策，建立长效机制，为推进义务教育均衡发展提供政策和制度保障。三要强化责任，按照国家和地方提出的任务和目标要求，进一步加大工作力度。

第二，加大教育投入，提高流动儿童、留守儿童义务教育办学标准。针对仍然存在投入保障不力、资源配置不均、学校办学条件较差、教师队伍不强等问题，该报告要求：一要进一步完善义务教育经费保障机制，重

---

① 《2014 年全国义务教育均衡发展督导评估》，国务院教育督导委员会办公室，2015 年 4 月 2 日，http://www.jyb.cn/basc/zl/201504/t20150402_ 617885. html。

点向农村地区和薄弱学校倾斜，提高资金使用效益。在补齐硬件短板的同时，加大对教师专业发展和学校内涵发展的专项投入力度。二要扎实推进义务教育标准化建设，特别要做好人口导入区的增容、老城区学校规模的紧缩、班容量的控制，以及农村学校和城乡结合部学校的改扩建，始终把薄弱学校、接收农民工子弟学校、农村小学、教学点作为标准化建设的重点。

第三，加强向特殊困难儿童倾斜的体制机制创新。目前，义务教育均衡发展还存在相关配套政策不健全、社会力量参与义务教育办学积极性不高等体制机制上的障碍。为此，该报告要求形成城乡和地区义务教育共同发展机制，把城市学校与农村学校共同发展、优质学校与薄弱学校共同提高作为重要政策取向，建立教育资源向困难地区、农村地区和薄弱学校倾斜的动态机制。通过整合、重组、结对帮扶等多种途径，打破校际和城乡之间的分割，促进区域内优质学校与薄弱学校形成稳定的共建机制。

（二）地方多项举措推进特殊困难儿童教育公平化发展

地方政府更加注重教育公平，通过出台相关政策，采取具体举措，进一步保障进城务工人员随迁子女、农村留守儿童、家庭经济困难学生和残疾儿童等特殊困难儿童群体平等受教育权利。

一是落实进城务工人员随迁子女同城待遇。地方政府将进城务工人员随迁子女入学纳入区域发展规划、财政保障体系和学区招生计划，在学籍管理、招生升学、评选优秀等方面落实同城待遇，保障进城务工人员随迁子女平等就学权利。2014年，全国进城务工人员随迁子女在校生达到1294.7万人，约79.5%的随迁子女在公办学校就读。这一比例在通过国家督导评估认定的464个义务教育发展基本均衡县（市、区）中也达到了78.7%。甘肃省敦煌市在学校布局调整规划中，在城区为新增随迁子女预留学位1500多个，保障百分之百的接纳。山西省2014年共有2.5万余名随迁子女在流入地参加中考。湖北武汉市江汉区每年投入近400万元，租用30台公交专线车，免费接送进城务工人员随迁子女到公办学校就读。新疆维吾尔自治区乌鲁木齐市水磨沟区每年安排3.5亿元用于保障随迁子女平等入学，共接受1.5万名随迁子女，占学生总数的51.7%。

二是全方位构建留守儿童关爱体系。各地政府围绕"学业有教、监护有人、生活有助、健康有保、安全有护"的目标，探索代理家长、寄宿之家、托管家园、亲属代管等教育管理方式，动员和统筹各类社会资源，建立留守儿童关爱服务体系。2014 年，全国有 2075.4 万名农村留守儿童接受到良好的义务教育。安徽省成立农村留守儿童工作协调小组，建立 1.9 万个农村留守儿童之家，统一在学校安装 2.2 万余部留守儿童之家亲情电话。广东省广宁县留守儿童人数占义务教育阶段学生总数比例高达 30%，每年拨付 300 多万元进行帮扶。重庆市建立关爱留守儿童领导小组联席会议制度，建成乡村学校少年宫 87 所、留守儿童之家 4262 个、校外托管机构 983 个。

三是建立健全残疾儿童少年入学保障机制。各地采取新建、改扩建学校，实施标准化建设，提高公用经费等方式，保障残疾儿童少年入学权利，形成"以特殊教育学校为骨干，随班就读和特教班为两翼，送教上门和社区服务为补充"的特殊教育办学格局。上海市借用国家教育体制改革"医教结合提高特殊教育质量"试点项目经验，充分发挥卫生系统专业技术优势，建设高水平特殊教育体系。辽宁省沈阳市沈河区投入 2500 万元改善盲校办学条件，每年拨付 1100 多万元保障此类学校运转，将免费特殊教育服务面扩大到东北三省。河北省张家口市实现每县设立一所特殊教育学校的目标，残疾少年儿童入学率稳定在 90% 以上。

四是学生资助提标、扩面。国家深入推进农村义务教育学生营养改善计划，补助标准从每生每天 3 元提高到 4 元，覆盖面进一步扩大，截至 2015 年 1 月底，全国已有 3220 万名学生受益。中央及地方各级财政加大对家庭经济困难寄宿生生活费补助投入力度，越来越多的学生享受到国家补助政策。湖北省鹤峰县设立孤儿学生救助基金、特困学生救助基金、乡村儿童大病医保基金，保障每名学生不因家庭经济困难而失学①。

（三）中央财政投入义务教育补助经费1500多亿元

1. 城乡义务教育保障获 1305.8 亿元资金支持

缩小城乡差距，促进义务教育均衡发展，是目前我国农村义务教育改

---

① 《2014 年全国义务教育均衡发展督导评估》，国务院教育督导委员会办公室，2015 年 4 月 2 日，http://www.jyb.cn/basc/zl/201504/t20150402_617885.html。

革的重要任务。为此，2015 年中央财政进一步提高经费保障水平，继续落实"两免一补"、学生营养改善计划、乡村教师生活补助、城市免学杂费等各项政策，完善城乡义务教育经费保障机制有关政策。

2015 年 4 月，财政部公报①显示，中央财政 2015 年下拨城乡义务教育补助经费 1305.8 亿元，比 2014 年增加约 80.9 亿元，约增长 6.6%。与 2014 年相比，2015 年一大变化是中央财政进一步加大投入力度，适当提高中西部地区校舍维修改造单位面积补助标准，即：中部地区每平方米由 600 元提高到 800 元，西部地区每平方米由 700 元提高到 900 元，在此基础上对高寒高海拔地区提高补助标准；继续对东部地区采取"以奖代补"方式给予支持。同时，继续安排资金支持中、西部地区地级市城乡结合部学校和连片特困地区以外其他困难地区学校改善办学条件，并支持遭受特大自然灾害省份尽快恢复重建毁损学校。

2015 年中央财政还进一步扩大了"特岗计划"实施范围，并适当提高了工资性补助标准。为落实中央深改领导小组第 11 次会议通过的《乡村教师支持计划（2015~2020 年）》，从 2015 年起，扩大"特岗计划"实施范围，将连片特困地区以外的省级扶贫开发工作重点县纳入政策覆盖范围。同时，从 2014 年 10 月 1 日起提高特岗教师工资性标准，西部由年人均 2.7 万元提高到 3.1 万元，中部由年人均 2.4 万元提高到 2.8 万元。

2. 农村义务教育薄弱学校改造预算达 215.6 亿元

国家农村义务教育薄弱学校改造计划有力地推进义务教育阶段教育的均衡发展。我国义务教育阶段留守儿童约 2300 万人，大部分在薄弱学校学习②。2010 年，国家启动实施了农村义务教育薄弱学校改造计划。到 2013 年，中央财政 4 年累计安排薄弱学校改造计划补助资金为 656.6 亿元，支持农村义务教育薄弱学校改善办学条件，取得明显成效③。

---

① 财政部，2015 年 4 月，http：//www.gov.cn/xinwen/2015－04/29/content_ 2855048. htm？_ wv=5。

② 教育部新闻发布会，2014 年 2 月，http：//www.jyb.cn/basc/xw/201402/t20140214_ 569864. html。

③ 《中央财政四年来已投入校舍改造资金近 400 亿元》，财政部网站，2014 年 2 月 10 日，http：//www.mof.gov.cn/zhengwuxinxi/caizhengxinwen/201402/t20140210_ 1041688. html。

截至 2013 年底，薄弱学校改造计划项目在全国已开工的有 68981 所，开工面积为 4053.82 万平方米，约占规划面积的 79%；已竣工的有 51283 所，竣工面积为 2952.24 万平方米，约占规划面积的 58%。其中，2010 年中央资金项目竣工率为 97.01%，2011 年为 85%，2012 年为 53%。各地更加重视对校舍建设信息的记录和管理，数据入库率显著提高，不少省份开工项目和竣工项目的数据录入审核的同步率均已超过 50%。

自 2014 年以来，中央通过完善农村义务教育经费保障机制，适当调整薄弱学校改造计划，继续实施初中改造工程等措施，加大项目统筹与经费投入力度，按照"缺什么补什么"的原则，通过 3～5 年的努力，支持地方全面改善基本办学条件。为此，2014 年，中央财政调整完善了农村义务教育薄弱学校改造计划有关政策，在原来支持内容的基础上，将信息化建设和农村小学必要的运动场、学生宿舍、食堂、饮水设施、厕所、澡堂等教学和生活设施纳入支持范围。

2014 年 11 月，中央财政提前下达 2015 年农村义务教育薄弱学校改造计划中央专项资金部分预算 215.6 亿元。同时，要求各省做好 2015 年预算指标分解下达和指导地方预算编制等相关工作。待 2015 年中央转移支付预算确定后，中央财政将再次核定各省 2015 年农村义务教育薄弱学校改造计划中央专项资金预算，并按多退少补的原则据实调整经费预算①。

三 学前教育资源建设与规范治理并举

（一）国家教育规划加大对公办幼儿园建设的投入

学期教育三年行动计划第二期启动，2016 年学前三年入园率将达 75%。2014 年 11 月，《教育部　国家发改委　财政部关于实施第二期学前教育三年行动计划的意见》② 发布，决定于 2014～2016 年实施第二期学前

---

① 财政部网站，2014 年 11 月 21 日，http://www.gov.cn/xinwen/2014 - 11/21/content_2781668.htm。
② 中国政府网，2014 年 11 月 15 日，http://www.gov.cn/xinwen/2014 - 11/15/content_2779174.htm。

教育三年行动计划（以下简称"二期行动计划"）。二期行动计划阶段，学前教育工作将坚持公益普惠，进一步优化学前教育资源配置，公办民办并举，努力提高学前教育公共服务水平，新增资源重点向贫困地区和困难群体倾斜。注重可持续发展，进一步深化改革，拓宽经费投入渠道，创新用人机制，建立健全标准，破解发展难题。强化政府职责，进一步加强学前教育治理体系和治理能力建设，落实地方政府发展学前教育的责任，发挥中央财政引导激励作用。

根据二期行动计划，到 2016 年，全国学前三年毛入园率达到 75%，在城镇和经济发达地区的农村全面普及学前三年教育，其他农村地区特别是集中连片特困地区学前三年毛入园率有较大增长。初步建成以公办幼儿园和普惠型民办幼儿园为主体的学前教育服务网络。逐步建立起以公共财政投入为主的农村学前教育成本分担机制。促使幼儿园办园水平和保教质量显著提高。

二期行动计划将加快发展公办幼儿园，积极扶持普惠型民办幼儿园，进一步加大学前教育投入，加强幼儿园教师队伍建设，健全幼儿园监管体系，加强幼儿园保育教育指导，提出在 2015 年底前，城镇小区按国家和地方相关规定补足配齐幼儿园；按规定程序调整保教费收费标准，将家庭负担控制在合理范围内；通过生均财政拨款、专项补助等方式，解决好公办幼儿园非在编教师和农村集体办幼儿园教师的工资、待遇问题，逐步实现同工同酬。

表 6 - 1　我国学前教育支出情况（2011 ~ 2014 年）

项目	2011 年	2012 年	2013 年	2014 年
全国学前教育经费支出（亿元）	1018.58	1503.93	1758.05	2048.76
国家教育经费总投入（亿元）	23869.29	27695.97	30364.72	32806.46
全国学前教育经费占国家教育经费总投入比重（%）	4.27	5.43	5.79	6.24
全国学前教育经费占 GDP 比重（%）	0.21	0.28	0.30	0.32

数据来源：历年《中国统计年鉴》、《中国教育统计年鉴》以及《中国教育经费统计年鉴》。

学前教育专项行动计划对于推动我国学前教育事业发展，发挥了重大作用。自 2011 年，第一期学前教育三年行动计划实施以来，我国学前教育获得了前所未有的快速发展。2011 ~ 2013 年中央财政投入学前教育行动计划专项经费共计 500 亿元，带动地方各级财政对此专项投入 1600 多亿元。2011 年以来，国家教育经费总投入中的全国学前教育经费占比逐年增加，从 2011 年的 4.27% 提高到了 2014 年的 6.24%（见表 6-1）。

（二）各地加大支持公办和普惠型民办幼儿园建设

2014 年，我国各教育阶段中民办教育发展增速最快，民办学校年增长率达 4.2%。2014 年新增幼儿园 1.13 万所，年增长率达 5.7%。尽管全国公办幼儿园数量有所增长，但总体占比仅为 33%，仍难以满足儿童接受公益普惠学前教育的需求。部分地方通过出台二期行动计划，继续把大力发展公办幼儿园作为扩大普惠型资源的重要举措。

陕西省发布《第二期学前教育三年行动计划（2014~2016 年）》，大力发展公办幼儿园建设。省政府将重点支持在城市新区、县城、重点乡镇和新型农村社区建设 450 所幼儿园，每年建 150 所。力争至 2016 年，全省每个乡镇均有 1 所公办中心幼儿园，人口密集的县城至少有 2 所公办幼儿园，每个县（市、区）至少建成 1 所省级示范幼儿园，全省公办幼儿园数量达到幼儿园总数的 50%。

浙江省发布《发展学前教育第二轮三年行动计划（2014~2016 年）》，重点优化区域学前教育机构布局，全面启动无证幼儿园清理规范工作。到 2016 年，基本解决无证幼儿园问题，努力减少未定级幼儿园，使普惠型幼儿园覆盖面达到 80% 以上，等级幼儿园覆盖面达到 92% 以上，建成覆盖面广、质量有保证的学前教育公共服务体系。

黑龙江省发布《第二期学前教育三年行动计划（2014~2016 年）》，提高普惠型幼儿园比例。2016 年全省新建、改扩建 300 所公办幼儿园，每所支持 250 万元。全省普惠型幼儿园比例达到 85%，其中普惠型民办幼儿园占民办幼儿园总数的 50%。学前教育三年毛入学率达到 77% 以上。

此外，云南、陕西等省市通过出台普惠型民办幼儿园认定和管理办法，保障学前教育阶段儿童受到标准化教育服务，在一定程度上缓解公办幼儿园不足的问题。

云南省昆明市举行《昆明市普惠性民办幼儿园认定和管理办法（征求意见稿）》听证会。该文件提出，普惠型民办幼儿园经认定后有效期为三年，有效期内不得自行调整收费标准；对认定的普惠型民办幼儿园，按照每年生均 1000 元标准给予补助，所需资金由市县两级各承担 50%。

陕西省印发《陕西省普惠性民办幼儿园认定及管理办法（试行）》，首次对普惠型民办幼儿园认定给出了具体管理办法，对于不少于 6 个班，并按年龄科学分班定额，开园一年及以上且年检合格，收费参照同级同类公办幼儿园标准的民办幼儿园，按规定给予公用经费补助、减免租金、补充玩教具等扶持。

海南省陵水黎族自治县将在 2015 年试点，探索幼儿园"公建民营"的管理模式，在公办、民办之外，寻求第三种方式来推动学前教育资源的均衡发展。此外，该类幼儿园收费标准实行政府最高指导价管理，原则上要低于同级民办幼儿园的收费标准。

（三）多地成立早教行业协会推动市场有序发展

近两年来，多地纷纷成立早教行业协会，促进市场规范化发展。早教协会重点以开展婴幼儿早教领域的规划自律、协调服务等工作为主，规范从业行为，搭建会员沟通交流平台，树立自律自强的行业形象，以及协助相关部门开展学前三年教育工作。

据不完全统计，目前，全国已有 10 家省级和市级早教行业协会（表 6-2）。我国早教机构以工商登记为主，各地早教机构发展参差不齐，教育质量难以保障。各地早教行业协会的成立，有助于解决这些问题，一定程度上维护了市场秩序。但只有将其纳入政府教育规划，明确监管部门职责，才能在体制上保障早教机构的规范化管理。

儿童早期教育一体化已成为一种趋势，发达国家已逐步将 0~6 岁年龄段的儿童教育纳入国家整体教育规划之内（表 6-3）。英国由教育部（原教育和技能部）负责管理。挪威自 2004 年开始，由儿童和家庭事务部与教育研究部两个部门负责，后经整合，改由教育研究部统一管理。瑞典 1996 年整合社会事务部和教育部两个部门的早教职能，统一由教育部管理。芬兰在原多部门管理儿童早教基础上，于 2002 年整合，由社会事务和健康部统一管理。新西兰从 1986 年开始由社会福利部和教育部分别管理，经整合后，由教育部统一管理。日本的幼儿园和保育机构目前仍分别归文部省和厚生省管理。

表6-2　我国部分地区儿童早期教育行业协会情况

机构名称	成立日期	指导单位
黑龙江省人口早期教育协会	2010 年 8 月	黑龙江省人口和计划生育委员会
广东东莞市学前教育行业协会	2010 年 11 月	东莞市人民政府相关职能部门
宁夏回族自治区早期教育协会	2010 年 12 月	宁夏回族自治区社科联
山东省日照市婴幼儿早期教育发展研究会	2012 年 10 月	日照市科学技术协会
广东省早期教育行业协会	2013 年 7 月	广东省妇女联合会
四川成都市婴儿保教行业协会	2014 年 6 月	成都市人民政府相关职能部门
南京市浦口区 0~3 岁婴幼儿早期发展行业计划生育协会	2014 年 7 月	浦口区人口计生局、浦口区计划生育协会
浙江省宁波市婴幼儿早教行业协会	2014 年 10 月	宁波市学前教育研究会
广东省茂名市早期教育行业协会	2015 年 1 月	茂名市妇女联合会
四川省早期教育行业协会	2015 年 2 月	四川省妇女联合会

资料来源：根据相关媒体报道整理。

表6-3　世界部分国家0~6岁儿童教育管理方式一览（2012 年）

国　家	政府管理机构	年龄段	整合程度
英　国	教育部	0~6 岁	较　高
挪　威	教育研究部	0~6 岁	较　高
瑞　典	教育部	1~6 岁	较　高
芬　兰	社会事务和健康部	0~6 岁	较　高
新西兰	教育部	0~6 岁	较　高
日　本	文部省（幼儿园）	3~6 岁	较　低
	厚生省（保育机构）	0~6 岁	
中　国	教育部（幼儿园）	3~6 岁	较　低
	工商部门（早教机构）	0~6 岁	

资料来源：《OECD 国家保教一体化政策研究》，2014 年 5 月。

四　残疾儿童特殊教育提升计划全面落实

（一）建立国家试点加快推进特殊教育改革

2015 年 1 月，教育部公布了《教育部办公厅关于公布国家特殊教育改革实验区名单的通知》①，全国 37 个市（州）、县（区）被确定为国家特殊教育改革实验区。实验区以加快残疾儿童义务教育普及，进一步提升特殊教育质量为目标，开展送教上门、随班就读、医教结合等实验，进一步探索特殊教育改革的相关配套政策，建立健全保障机制和工作机制，为全国其他地区提供经验，发挥示范带头作用。有关省（区、市）的教育行政部门将在政策、资金、项目等方面，对实验区特殊教育改革发展予以支持。

从地区分布来看，实验区覆盖了全国 22 个省（区、市）。其中，中部地区各省（区、市）都设有实验区，东部和东北地区各差 1 省（区、市）（北京和黑龙江），西部地区过半数省（区、市）未建实验区（西藏、陕西、甘肃、青海、宁夏、新疆）（表 6 - 4）。

表 6 - 4　国家特殊教育改革实验区名单（共 37 个地区）

天津市：北辰区、东丽区	江西省：南昌市西湖区、信丰县
河北省：石家庄市、唐山市丰南区	山东省：青岛市、潍坊市
山西省：太谷县	河南省：郑州市
内蒙古自治区：赤峰市	湖北省：武汉市洪山区、松滋市
辽宁省：大连市甘井子区、沈阳市铁西区	湖南省：桃江县、长沙市
吉林省：长春市宽城区	广东省：佛山市、江门市
上海市：宝山区、长宁区	海南省：海口市
江苏省：南京市、无锡市崇安区	重庆市：渝中区
浙江省：湖州市、嘉兴市	四川省：双流县、邛崃市
安徽省：马鞍山市	贵州省：遵义市、黔东南州
福建省：泉州市、厦门市同安区	云南省：昆明市五华区、玉溪市

资料来源：《教育部办公厅关于公布国家特殊教育改革实验区名单的通知》（教基二厅函〔2015〕1 号）。

（二）29 个省全面落实特殊教育提升计划

2014 年，国家特殊教育提升计划确定的各项政策举措在地方得到进一步落实，特教学校预算内生均公用经费从 2000 元提高到 4000 元以上；中

① 《教育部办公厅关于公布国家特殊教育改革实验区名单的通知》，教育部网站，2015 年 1 月，http：//www.moe.gov.cn/publicfiles/business/htmlfiles/moe/s3331/201501/183383.html。

央财政投入资金 12.1 亿元，实施特殊教育改善办学条件项目和特殊教育学校建设二期项目；加强特殊教育内涵发展，推进三类特殊教育学校课程标准和教材建设。

地方政府积极落实《国务院办公厅关于转发教育部等部门特殊教育提升计划（2014—2016 年）的通知》。截至 2015 年 1 月，全国共有 29 个省（区、市）实施了特殊教育提升计划，内蒙古呼伦贝尔市，黑龙江黑河市，福建厦门市、晋江市，山东日照市、泰安市、威海市、青岛市、淄博市，广东中山市，四川雅安市等地还出台了进一步实施的方案。广东省实施残疾学生 15 年免费教育，山西省将特殊教育教师岗位津贴提高到基本工资的50％，陕西省建立 200 个特殊儿童随班就读康复资源中心，积极探索学前特殊教育新模式。

湖南省印发了《湖南省特殊教育提升计划实施方案（2014—2016 年）》。目前，该省特殊教育学校 69 所，在特殊教育学校和普通学校就读的残障学生有 1 万人，适龄视力、听力、智力三类残疾儿童少年义务教育阶段入学率达到 80％。2014～2016 年，全省适龄视力、听力、智力残疾儿童少年义务教育阶段入学率将分别达到 83％、86％和 90％以上。同时，加大财政性经费投入，到 2016 年，义务教育阶段特殊教育学校以及随班就读、特教班、送教上门的生均预算内公用经费标准将达到每年 6000 元。

新疆维吾尔自治区启动《新疆特殊教育提升计划实施方案（2014—2016 年）》，计划在 3 年内逐步对登记的 2960 名视力、听力、智力残疾的适龄入学儿童完成安置入学；实施全疆 32 所特殊教育学校教学、康复仪器设备配备工程；实施 12 所薄弱特殊教育学校校舍达标工程，支持 370 所普通学校建特殊教育资源教室。2014 年国家为该计划投入专项资金 1100 万元。

宁夏回族自治区下发《贯彻落实特殊教育提升计划（2014—2016 年）实施方案》，到 2016 年，基本普及残疾儿童少年义务教育，适龄视力、听力、智力残疾儿童少年义务教育入学率达到 90％以上。2014 年秋季学期开始实施重度残疾儿童送教上门试点，由学校为送教上门的服务对象建立档案，将其纳入学校学籍管理，每周施教 1 次，每次 2 课时；对有能力到社区集中学习的可定期安排在社区进行集中施教。

河南洛阳探索政府购买民办教育机构服务的特教模式。2014年9月，河南省洛阳市首个孤独症儿童教育实验班开班，探索政府购买民办教育机构服务新模式。洛阳市政府出资购买教学服务，为该市符合条件的孤独症儿童提供免费康复训练，待康复到一定程度后，再分配至其他普通学校随班就学。2014年初，洛阳市确定市特殊教育中心学校和西工区第二实验小学为试点学校，开设实验班，接纳孤独症儿童入学。由于缺乏孤独症儿童的教学和管理经验，市教育局与北京阳光路教育潜能发展中心合作，以政府购买公共服务的方式，委托该中心洛阳分校负责孤独症儿童的教学以及4名新教师的培训工作。首批学生的报名工作刚刚结束，计划安排10个到20个入学名额。孤独症儿童的教育新模式仍在探索中，待教学质量合格和各项条件成熟的情况下，将加大对此类教育资源的投入力度。

（三）特殊教育专业人才培养体系逐步发展

我国的特殊教育专业发展处于上升趋势，各地的许多学校开设了此类专业。目前，我国本科阶段开设特殊教育专业的高校有40余所，其中主要代表院校有北京师范大学、华东师范大学、西南大学、长春大学、北京联合大学等。这些院校中，一些办学较早的特殊教育专业逐渐形成自己的特点。还有一些部属院校把特殊教育专业的重点放在了研究生的培养上。1986年我国高等院校第一个特殊教育专业在北京师范大学诞生并开始招收本科生。作为我国最早开展特殊教育的高校，北京师范大学专业办学体系成熟，设有硕士点、博士点，2008年被教育部定为首批建设的国家特色专业。迄今为止，全系共有8名专业教师，涉及盲、聋、智力落后、自闭症等多个特殊教育领域。长春大学是中国第一所招收聋人的高校，开创了我国视障、听障和肢体残障人接受高等教育的先河。华东师范大学特殊教育（本科类）师范专业成立于1987年，主要培养在特殊教育学校及相关机构从事教学、研究、管理的人才。2000年设立了我国第一个特殊教育学博士点。北京联合大学特殊教育学院是全国第一所相对独立的综合性特殊教育学院，也是全国范围招生的高等特教学院，特殊教育专业主要培养随班就读（就是在普通学校招收特殊学生）和特教学校（盲、聋、培智）九年制义务教育一线教师。

据统计，我国目前有 246 万 6~14 岁的残疾学龄儿童，而《2013 年全国教育事业发展统计公报》显示，特教学校专任教师仅 4.57 万人。这两个数字相差悬殊，特教师资队伍明显不足。但随着国家对特殊人群的关怀越来越多，无论是教育规划纲要、特殊教育提升计划，还是《国务院关于加强特殊教育教师队伍建设的意见》，都对特教师资的支持和投入力度极大，很多地方也在出台特教教师队伍建设的改进方案。2014 年财政部、教育部下拨特殊教育补助经费 4.1 亿元，约是 2013 年 0.55 亿元的 7.5 倍。这项经费重点支持特殊教育学校和招收较多残疾学生随班就读的义务教育阶段学校。具体包括 3 个方面内容：一是建设资源教室和资源中心，二是配备特殊教育学校设备设施，三是"医教结合"区域实验。

整体而言，我国特殊教育已初步形成了从学前教育到高等教育各阶段全覆盖的教育体系，具备了基础教育、职业教育、成人教育等类型。残疾人受教育机会不断提高。从数量上讲，特教学校总数持续增长，从 1978 年的 292 所增加到 2013 年的 1933 所；义务教育普及水平不断提高，残疾学生在校人数从 1949 年的 2000 多人增加到 2013 年的 36.81 万人，约为 1949 年的 184 倍；非义务教育阶段教育稳定发展，2013 年通过特殊学前班或在普通幼儿园就读的方式为近 2 万个残疾幼儿提供服务，开办了特殊教育普通高中班（部）186 个，为 7043 个残疾学生提供高中教育；全国有 8617 个残疾人在接收高等教育，其中 7299 人是在普通高等院校学习。残疾人的职业培训体系也初步形成，在各地有特殊学校职业教育、在职岗位学习、社会职业培训等多种形式。2013 年，全国有 5357 个残疾人职业培训基地，接受职业培训的城镇残疾人有 37.8 万人次。

然而，当前特殊教育还存在中西部残疾人义务教育机会不足，特殊教育资源布局不合理，残疾学生家庭承担的教育负担偏重，特教教师责任重待遇低，残疾儿童随班就读急需扶持等问题。特殊教育的发展、转型、创新需要制订规划推动全纳教育的发展，推行残疾学生全免费教育制度，加大对特教资源空白地区的支持力度，提高特殊教育教师职业吸引力，实施中西部地区新建特殊教育学校办学条件改善项目。

结语
中国儿童福利的挑战与对策

我国儿童福利制度整体框架基本形成，但还存在着总体福利水平和专业化程度较低，地域发展水平不均衡，津贴标准增长缓慢且覆盖范围有限，儿童保护力量薄弱等问题，这与经济社会发展需求存在着较大差距。

需要尽快建立与经济发展水平相适应的儿童福利制度体系：全面建立困境儿童生活津贴，完善重病重残儿童医疗保障和救助，加大对学前教育和特殊教育的投入，出台儿童监护干预操作指南，制定儿童福利人员与服务专业化标准，推广中国儿童福利示范项目区经验，建立基层儿童福利服务网络，加速推进普惠型儿童福利体系建设。

一 儿童福利仍面临多重挑战

（一）儿童生活津贴标准增长缓慢，保障措施力度有限

孤儿基本生活费标准自然增长机制仍未全面落实。2010～2014年，仅天津、江苏、浙江3省市下发文件规范孤儿基本生活费标准及上调指导意见，其中天津以城市低保标准为核算依据，浙江以上年度城市人均可支配收入为核算依据，江苏省提出"各地自行制定提标区间，全省提标时间为每年7月1日"。安徽、福建两省在文件中明确提出鼓励有条件的地方自行上调，建立自然增长机制。12个省份上调了一次孤儿津贴标准，17个省份未对孤儿基本生活费进行调整。

困境儿童津贴受益范围有限，保障水平较低。2014年民政部在30个省（区、市）的50个市（县、区）开展了适度普惠型儿童福利制度试点，

截至2014年底有24个省（区、市）建立了5大类困境儿童生活津贴标准，从覆盖范围来看，受益群体较为有限。津贴标准仅为月人均350元，即使与散居孤儿基本生活费的月人均600元标准相较而言，津贴标准水平仍然较低。

（二）重残重病儿童面临生活与医疗等多重困境

儿童看病难、看病贵问题仍未有效解决。近年来国家政策在儿童大病救助方面做出了诸多努力，但由于各地医疗政策不一致、医疗保险尚未全面实时结算且统筹层次低等政策局限，儿童大病救助仍然面临着实际报销比例有限、自负费用高、医疗资源分配不均、异地结算程序复杂、报销比例低、政府与慈善医疗救助衔接不紧密等问题。按照《关于印发扎实推进农村卫生和计划生育扶贫工作实施方案的通知》（国卫财务发〔2014〕45号）文件精神，要统筹考虑各类跨省异地就医人员需求，逐步推进跨省异地就医直接结算。目前，重点解决跨省异地安置退休人员的住院费用，有条件的地方可以"结合本地户籍和居住证制度改革，探索将其他长期跨省异地居住人员纳入住院医疗费用直接结算范围"。关于医疗费用的结算，"医疗保险统筹基金的起付标准、支付比例和支付限额原则上执行参保地规定的本地就医时的标准，不按照转外就医支付比例执行"。因此，只要医疗资源分配不公、基本医疗保险地区统筹等情况不变，大病患儿的异地就医报销比例低、结算复杂等情况在短期内仍不能得到有效解决。

浙江衢州婴儿安全岛转型再次引发舆论热议。自婴儿安全岛试点以来，其运营现状与发展多次引发社会的广泛关注与讨论。据不完全统计，截至2015年3月31日，全国共有21个省（区、市）的32个地区开展了婴儿安全岛试点工作，其中18地开放运营，仅福建厦门、山东济南、广东广州、浙江衢州4地明确关闭、暂停婴儿安全岛或进行转型（图7-1）。

2015年3月浙江衢州婴儿安全岛转型再次引发舆论热议，争论焦点主要在婴儿安全岛的设立是对弃婴的保护，还是对弃婴行为的纵容。在各地设立的婴儿安全岛接收的弃婴中，99%都是病残儿童，使得原本人手就不足的儿童福利院护理压力剧增，这也是广州、济南等试点关停的

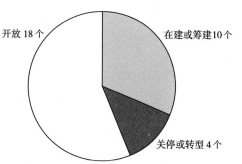

图 7 - 1　婴儿安全岛运行现状及部分关停或转型原因

主要原因。

（三）区域与城乡教育发展不均衡问题仍然突出

由于受地区发展不平衡和政府投入力度不足等因素影响，我国教育事业公平与城乡均衡发展依然面临着巨大挑战。

首先，农村贫困地区学校亟待建设与完善。在近 10 年的城镇化进程中，大规模人口流动、农村学龄人口减少和大规模撤点并校，造成农村地区特别需要关注的有 3 种类型的学校：一是城镇的大班额和大规模学校，二是农村寄宿制学校，三是农村小规模学校。农村小规模学校通常地处偏远，交通不便，学生人数少，教师难以更新补充，办学条件和教育质量差，处于小而差、小而弱的状态。改善、提升农村小规模学校的教育质量，成为农村教育"底部攻坚"最大的挑战和难题。在小规模学校上学的是沉淀在农村底层"后 20%"的学生①。由于地理和贫困等原因，他们难以进城进镇上学，如果学校撤并，他们就将面临失学。

其次，公办学前教育资源仍显不足。近些年来，公办幼儿园发展缓慢、比例偏低等供需问题日益严重。从数量上看，2013 年，全国共有学前教育学校 19.9 万所，其中公办幼儿园仅为 6.5 万所，不到学期教育学校总数的 1/3。从城乡发展速度上看，2013 年，全国县级以上城市、县城和农村分别有公办幼儿园 1.5 万所、2 万所和 3 万所，城市公办幼儿园数量比

①　21 世纪教育研究院：《探索农村小规模学校的建设和改善》，《教育政策研究简报》2014 年第 3 期。

2010 年增加 5521 所，而农村公办幼儿园数量仅增加 3291 所，增量明显低于城市①。

最后，残疾儿童融合教育发展滞后。2007 年以来，我国特殊教育在校学生数量出现较大幅度下降，从 41.9 万人下降到 36.8 万人，在普通学校附设特教班就读和随班就读的残疾学生数量占特殊教育在校残疾学生数量的比例也从 65% 下降到了 52%，残疾学生人数从 27.2 万下降到了 19 万。从其他国家与地区的经验来看，以附设特教班就读和随班就读为表现形式的融合教育都是特殊教育的主要方式。尽管政府提出了以随班就读安置方式为主的目标，但因欠缺对配置资源的明确要求，使得随班就读在实践中难以实现。

（四）儿童受侵害案件多发，暴露儿童保护力量薄弱

儿童受侵害案件增多，是因家庭监护缺失。以儿童性侵为例，研究发现我国性侵儿童案件呈现"两多发"和"两薄弱"的特点，超过一半的性侵儿童案件是在监护缺位前提下、施害者临时起意实施的，监护人缺位给了施害者可乘之机。经媒体报道的儿童伤害事件数量更多，情形更恶劣，其中监护人侵害儿童案件最突出。全国每年 5.5 万未成年人意外死亡，家庭监护缺失造成的拐卖、虐待、性侵案不断增多②。据中华人民共和国最高人民法院网站消息，我国大约有 24.7% 的家庭存在不同程度的家庭暴力。2008 年以来，从媒体报道的未成年人遭受家庭暴力的情况来看，案件数量逐年增长显著，严重程度越来越高，因身体暴力致儿童死亡的案件超过总数的一半，达 52% 左右③。

一些采取极其残忍手段虐待儿童的案件，经媒体报道后，引起了社会的高度关注。2014 年 7 月，四川成都"阳台男孩"离家流浪 53 天，直到

---

① 教育部：《2013 年全国教育事业发展统计公报》，2014 年 7 月。

② 《全国人民代表大会常务委员会执法检查组关于检查〈中华人民共和国未成年人保护法〉实施情况的报告》，2014 年 8 月 25 日，http：//www.npc.gov.cn/npc/xinwen/2014 - 08/26/content_ 1875353. htm。

③ 《未成年人遭受家庭暴力案件调查与研究报告》，北京青少年法律援助与研究中心，http：//www. chinachild. org/b/rd/7041. html。

被记者发现才被送回家中。2014年4月1日经媒体报道，"阳台男孩"阳阳遭家暴引发社会广泛关注，在记者观察的8个小时里，阳阳被父亲及其女友一共殴打17次，手段有脚踹、扇耳光、抓住头发撞墙等。2014年9月，广东汕头男子虐子事件被网友曝光，该男子有吸毒史，与幼童母亲未领取结婚证，幼童母亲年初离家出走后，男子便开始经常殴打幼童泄愤。2015年6月，贵州毕节4名农村留守儿童独自在家服毒死亡。

家庭监护职责在部分人群中没有得到有效履行。对拐卖、遗弃、虐待、性侵等侵害未成年人人身安全的案例进行分析，受害人多为缺乏家庭监护的农村留守儿童、城乡流动儿童、离异家庭子女和暂时失去生活依靠的未成年人。河南省检察机关反映，留守和流动未成年被害人，占全部未成年被害人的60%以上。校园性侵、体罚等安全问题和校车交通事故时有发生，学校保护措施在部分中小学校，特别是乡镇中小学校和幼儿园得不到落实。此外，社会保护责任没有形成，有些未成年人长期受到虐待、家庭暴力等侵害，邻居、基层群众自治组织、政府相关部门干预不够，保护不力。网络上存在大量的不健康信息，对未成年人的成长负面影响很大。

（五）机构设施和专业人员配备方面面临严峻挑战

截至2014年底，全国未成年人保护中心（以前称"未成年人救助保护中心"）有345个，比上年增加71个，增长率约为26%；儿童床位数11584张，比上年增加85张，增长率约为1%；职工2049人，和上年基本持平；专业社会工作人员105人，比上年增长11人，增长率约为11.7%。

然而，未成年人社会保护体系建设方面仍然面临严峻挑战。全国现有345个未成年人保护中心仅有职业社会工作者105人，提供儿童床位1.2万张，难以满足上千万困境儿童的迫切需求（图7-2）[①]。

儿童福利指导文件出台缺乏强制执行力度。民政部发布多个有关儿童福利推荐性行业标准，包括《儿童社会工作服务指南》（MZ/T 058—2014）、《流浪未成年人类家庭服务》（MZ/T 049—2014）等。此类行业标准不具有强制性，任何单位均有权决定是否采用，违犯这类标准，也不构

---

① 数据来自《民政部统计年鉴2014》。

成经济或法律方面的责任。此类标准对儿童福利发展的理论指导意义大于实际操作价值，在实际操作中很难落实。

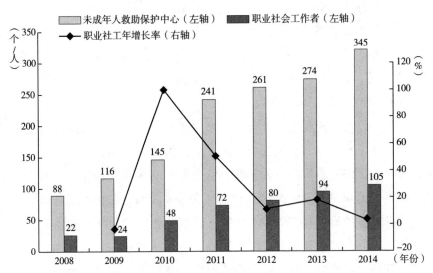

图 7 - 2　未成年人救助保护中心及其职业社会工作者变化趋势（2008～2014 年）

资料来源：历年《中国民政统计年鉴》。

二　加速推进普惠型儿童福利体系建设

（一）提高标准全面建立困境儿童生活津贴制度

提高孤儿基本生活费中央财政补助标准，全面建立自然增长机制。中央和地方孤儿基本生活费补助标准均应建立自然增长机制。参照地方经验，主要有与居民家庭人均消费性支出水平、最低生活保障金额、人均可支配收入或人均纯收入挂钩几种方式。参照我国最低生活保障、五保供养津贴等按年度随经济发展水平调整的经验，孤儿基本生活费也应当建立起动态增长机制，保证孤儿生活质量。

困境儿童生活津贴与营养补贴政策，在全国范围内推广。在现有省（区、市）试点困境儿童津贴制度的基础上，参照将艾滋病病毒感染儿童纳入孤儿基本生活费覆盖范围的实施机制，逐步建立起面向其他各类困境儿童的生活津贴制度。可以先从事实无人抚养儿童着手，逐步向重病重残儿童、流浪儿童、贫困儿童等各类困境儿童扩展，建立起全方位、全类别的各类困境儿童生活津贴，强化对其家庭的支持力度。

经济稳步增长为儿童福利现金给付提供了有力保障。据 2014 年统计公报显示，中国全年国内生产总值达 636463 亿元，人均 GDP 为 46531 元，超过 7500 美元①。与 2010 年中国人均 GDP 的 4382 美元相比，增幅达 70% 以上。以孤儿基本生活费现行最高的月人均标准（天津，2115 元/人）测算，年人均补贴标准约为 4000 美元。儿童作为国家未来的建设者，更应当受益于经济发展的成果，建立面向全体困境儿童的生活津贴制度、适当提高并建立与经济发展水平相适应的津贴标准应当成为未来中国儿童福利事业发展的首要目标。

（二）确立政府支持社会慈善力量参与儿童大病救助的工作机制

建立应救尽救机制，托住儿童大病救助底线。整体而言，医疗费用增长过快、医疗费用分配不均、儿科医疗资源不足，仍是解决儿童大病医疗所面临的难题。据研究测算，我国城乡大病发生率为总人口的 0.3%，大病患者约 408 万人，其中年均医疗支出超过 20 万元的极重病人每年近 4.5 万人，儿童极重病人约 1 万人②。2014 年我国医疗救助资金支出 252.6 亿元，占医疗卫生财政支出比重不足 3%。建议调整财政医疗卫生支出结构，适当提高医疗救助比重，优先安排极重病兜底救助所需资金。

建立面向大病儿童群体的一站式医疗保障政策。从我国现行医保制度来看，新型农村合作医疗与医疗救助两项制度衔接得较为完善，大病儿童政策救助力度最大。针对儿童医疗资源不均、异地报销比例过低等问题，应为儿童大病设立绿色通道，在医疗政策的制定中，体现儿童优先的理念，让儿童的报销标准高于成人的报销标准，建立起跨部门、跨地域的儿童大病救助联动机制，提高儿童大病医疗服务的可及性，减轻大病患儿家庭经济负担。

慈善力量参与儿童大病救助衔接机制亟待建立。由于不同的省、不同的市甚至不同的县，医疗政策都不一样，使得社会慈善组织在寻求与政府

---

① 按 2014 年人民币对美元平均汇率中间价 6.1428 测算，人民币 46531 元折合成美元约 7575 元。

② 根据 2010 年全国第 6 次人口普查数据中 0～18 岁儿童人口占总人口的比例估算。

医疗救助合作时无所适从。如要发挥社会慈善力量，使之参与到医疗救助中，除了营造积极正面的公益慈善氛围，推出一系列鼓励社会力量参与医疗救助的优惠政策外，还需要加强医疗政策的内部梳理，加快医疗政策的制度建设和信息化建设，才能为加强政府医疗救助与社会慈善救助的衔接打下良好的基础。

弃婴的生命权应当受保护，解决弃婴问题应从源头着手。婴儿安全岛是弃婴安全的最后一道保护伞，旨在保障弃婴生命权。弃婴行为屡禁不止，应从法律惩戒与制度规范两方面予以解决。一方面，对于恶意弃婴的违法行为应予以严惩，在弃婴过程中造成婴儿死亡的应当追究刑事责任；另一方面，应当从制度保障上为重残重病儿童及其家庭提供支持与保障，由政府提供津贴或承担部分养育责任，减轻家庭经济负担，提高家庭养育儿童的能力，从源头上解决婴儿被遗弃的问题。除此之外，应当鼓励社会慈善组织积极参与儿童救助，充分发挥部分社会慈善组织在重残重病儿童护理方面的经验与作用，通过开放与合作，缓解儿童福利院护理压力，为重残重病儿童提供更良好的福利环境。

（三）加大制度保障，推进教育均衡发展与特殊教育提升

按照国家贫困地区儿童发展规划目标，可以从实现儿童营养全国覆盖和推进农村早期教育等方面推进儿童教育区域均衡发展。一是全面推广儿童营养津贴项目覆盖范围。儿童营养津贴项目的实施，对儿童就学率有积极影响，该项目受益的儿童的健康状况得到了很大改善，基础教育水平得以提高。未来应继续完善儿童营养计划，由中央和省级财政共同投入，实现儿童营养津贴对全国的覆盖。二是推进农村早期教育和学前教育发展。继续巩固学前教育三年行动计划成果，优化学前教育资源配置，将新增资源重点向农村贫困地区倾斜，通过幼儿园教师培训、营养干预、改善幼儿园硬件设施等手段，提高学前教育质量。同时借鉴社会慈善组织开展乡村早期教育时推进项目的经验，从根本上防止贫困代际传递，普及公共服务，克服城乡差距、地区差距，实现社会公平。

在特殊教育提升方面，也需要从津贴和服务两方面着手。一是推动设立残疾儿童家庭津贴，对残疾儿童的生活、康复、教育等方面予以支持。

在 0～6 岁抢救性康复政策的基础上，探索建立 6 岁及以上学龄儿童的康复和教育支持政策，加快推进残疾儿童义务教育普及。二是推动特殊教育均衡发展，提高农村特殊教育发展水平。以提升特殊教育质量为目标，探索农村义务教育与特殊教育相结合的配套工作机制，可以由省、区、市试点实施的方式，对农村地区特殊教育予以政策、资金和项目支持，鼓励社会力量参与农村特殊教育事业。

（四）加强专业化人才队伍建设，为儿童保护提供实施条件

健全儿童保护机制，需完善配套机构与加强人才队伍建设。完善儿童保护制度需要加强配套机构建设。以监护干预实施为例，当发现处于监护困境中的儿童时，应当设立儿童临时监护设施，经科学评估后，为监护权转移的儿童选择类家庭养育场所，或采取家庭寄养的方式，保障儿童能够在家庭环境中成长。加强儿童保护专业人才培养并鼓励社会力量参与。儿童保护不仅需要为儿童提供免受侵害的场所，同时还需要对受侵害儿童予以心理辅导与专业照料，才能有利于儿童身心的健康成长。建设专业化、职业化的儿童保护社会工作人员队伍，应当成为构建儿童保护社会网络的重要内容。

充分发挥公益组织专业化优势，鼓励公益组织参与儿童福利服务。由于儿童群体的多元化和需求的多样性，专业化是儿童福利服务发展的方向。儿童服务组织必须依照专业化要求确定战略重点，引进专业化的人才和服务标准，并形成系统化的人才培养体系，为特定儿童提供所需要的服务，有针对性地开发项目并确定服务流程和方式。

尽快完善未成年人保护机制与制度体系。一方面，建立未成年人保护措施和工作机制。一是完善未成年人监护制度。建立、完善以家庭监护为基础，以社会监督和国家干预为保障的监护制度，督促、指导家长切实依法履行监护职责，落实家庭保护责任，推动家庭保护、学校保护、社会保护和司法保护的紧密衔接。二是完善未成年人福利制度。拓宽未成年人福利保障对象，完善分类保障措施，制定未成年人重特大疾病医疗救助政策，逐步建立社会化儿童福利服务体系。三是完善未成年人法律援助制度，扩大未成年人法律援助覆盖面，把未成年人受虐待、被遗弃等纳入法

律援助范围。四是鼓励、引导相关社会组织参与未成年人保护工作，加强未成年人保护专业人才队伍建设。五是国务院及有关部门适时研究设立未成年人专门保护机构，统一管理、协调，落实未成年人保护等相关工作。另一方面，修改相关法律规定，健全未成年人保护制度。一是统筹规划，不断完善未成年人保护法律制度，在制定社会救助法、社区矫正法、刑事被害人救助法、反家庭暴力法等法律的立法过程中，对未成年人合法权益予以特殊保护，相关法律规定应与未成年人保护法相衔接，适时研究制定儿童福利法。二是积极研究修改刑法中有关虐待罪、遗弃罪、收买被拐卖儿童罪、嫖宿幼女罪等规定。三是研究制定与未成年人保护法及相关法律相配套的行政法规、司法解释。

（五）全面建立多级合作的基层儿童福利人员队伍

推动专业化基层儿童福利服务人员队伍建设。中国儿童福利示范项目和适度普惠型先行先试工作均采用了多级儿童福利服务体系建设经验，有效解决了资源分散和村级服务断层的问题。建立了省、市、县、乡、村多级儿童福利人员体系，特别是儿童身边的基层儿童福利主任或儿童督导员的设置，在儿童家庭与政府及社会资源之间架起了桥梁，为儿童福利服务完成了最后一公里的递送。同时，该项目中的儿童福利主任还接受了儿童发展、心理和社会工作方面的培训，为儿童提供了较为专业化的指导与服务。

基层儿童福利服务人员队伍的建立，有利于解决家庭在儿童养育中所遭遇的困难，有利于在第一时间发现困境儿童并提供帮助。在我国儿童社会工作体系尚不健全的情况下，中国特色的儿童福利主任将为基层儿童工作的开展提供最有力的支持。

附录

儿童福利相关政策（2014.06~2015.06）

一 教育发展

教育部办公厅关于启动实施中小学校长国家级培训计划的通知

教师厅函〔2014〕9号

各省、自治区、直辖市教育厅（教委），新疆生产建设兵团教育局，6所部属师范大学，国家教育行政学院：

为贯彻党的十八届三中全会精神，落实《教育部关于进一步加强中小学校长培训工作的意见》（教师〔2013〕11号），造就一支高素质专业化中小学校长（含幼儿园园长、特殊教育学校校长，下同）队伍，教育部决定于2014年启动实施中小学校长国家级培训计划（以下简称"校长国培计划"）。

一、实施宗旨

中小学校长培训是加强校长队伍建设的重要举措。教育部实施"校长国培计划"，旨在发挥"雪中送炭"作用，为农村特别是边远贫困地区培养一批实施素质教育、推进基础教育改革发展的带头人；发挥高端引领作用，培养一批能够创新办学治校实践、具有先进教育思想、社会影响较大的优秀校长尤其是教育家型校长；发挥促进改革作用，着力推进中小学校长培训内容、方式、机制等方面改革，不断增强校长培训生机活力，提升校长培训质量；发挥示范带动作用，促进各地不断完善中小学校长培训体系，提高校长培训治理现代化水平，推动中小学校长队伍整体素质全面提升。

二、主要任务

"校长国培计划"包括中小学校长示范性培训项目和中西部农村校长培训项目。

（一）"校长国培计划"——中小学校长示范性培训项目

教育部直接组织实施面向全国中小学校长示范性培训项目，主要包括边远贫困地区农村校长助力工程、特殊教育学校校长能力提升工程、卓越校长领航工程、培训者专业能力提升工程。

1. 边远贫困地区农村校长助力工程。面向中西部地区国家级贫困县、集中连片特殊困难地区乡镇以下农村中小学校长开展培训，主要包括农村幼儿园园长培训班、农村小学校长培训班、农村中学校长培训班。通过培训，进一步提高农村中小学校长解决办学重点难点问题的能力，为各地培养一批实施素质教育、推进农村教育改革发展的带头人。

2. 特殊教育学校校长能力提升工程。面向全国特殊教育学校校长开展培训。通过培训，进一步提升特殊教育学校校长的专业水平，培养一批能够引领特殊教育改革发展的骨干校长。

3. 卓越校长领航工程。面向全国中小学校长开展高端培训，主要包括中小学骨干校长高级研修班、中小学优秀校长高级研究班、中小学名校长领航班。通过举办骨干校长高级研修班，提升校长的办学治校能力，培养一批优秀中小学校长；举办优秀校长高级研究班，帮助校长凝练办学思想、形成办学风格、提升教育研究能力，培养一批教育家型校长后备人才；举办名校长领航班，促进校长创新教育实践，引领区域乃至全国教育发展，提升教育思想引领能力，造就一批在国内外具有较大影响力的教育家型校长。

4. 培训者专业能力提升工程。面向从事中小学校长培训工作的专职培训机构、高等学校、中小学等单位管理者开展培训。通过培训，进一步提高培训者的专业素质，培养一批具有现代培训理念、较强培训能力的高素质专业化培训者。

（二）"校长国培计划"——中西部农村校长培训项目

中央财政专项支持中西部省份按照"国培计划"要求，实施农村中小学校长培训项目，对中西部农村校长开展有针对性的培训，不断提高中西部农村校长自身素质。中西部各省份要按照《教育部办公厅财政部办公厅关于做好 2014 年中小学幼儿园教师国家级培训计划实施工作的通知》（教师厅〔2014〕1 号）中"国培计划（2014）"——中西部项目和幼师国培项目要求，拿出一定比例的经费，认真做好 2014 年农村中小学校长和幼儿园园长培训班实施工作。

三、工作要求

要遵循中小学校长成长发展规律，坚持"学员为本、分类施训、连续培养、注重实效"的理念开展培训，确保取得良好效果。

（一）按需科学施训

要强化需求导向，科学设计项目方案，将按需施训贯穿于项目设计、组织实施、质量评估的全过程。要根据中小学校长不同的专业成长发展阶段，提供具有针对性的内容，满足校长的个性化需求。要积极探索校长自主选学机制，为校长提供多样化的选择机会。

（二）优化培训内容

要围绕创新学校管理、深化课程改革、引领教师成长、落实立德树人根本任务等方面的专业要求，丰富优化培训课程。要以问题解决为导向，提高实践课程比例。要依托优秀中小学建立培训实践基地，促进校长在实践中锻炼成长。

（三）创新培训方式

要以校长为主体，采取多种培训方式，强化校长互动参与。要力求将集中培训和网络研修、理论学习和校本研修、课堂讲授和岗位实践有机结合，优势互补，提高培训的吸引力、感染力。要探索建设网络研修社区，推动校长网上结对帮扶、协同研修。要鼓励优秀校长建设工作室，发挥辐射带动作用。要强化跟踪指导，探索将训后跟踪指导作为项目实施重要环节，促进培训成果及时有效转化。

（四）建设培训团队

要大力建设优秀培训专家团队，拓展专家来源渠道，重点遴选熟悉教育规律、理论水平较高、实践经验丰富的教育管理干部、知名专家学者、优秀一线校长担任兼职培训者。探索邀请符合条件的海外培训者走进培训课堂，为校长带来先进教育理念、成熟办学经验。

四、组织管理

（一）加强组织领导

我部将加强对"校长国培计划"的统筹规划。教育部中小学校长和幼儿园园长国家级培训项目管理办公室要做好组织实施工作。省级教育行政部门要将"校长国培计划"纳入当地校长队伍建设总体任务，做好协调实施工作。项目承担单位主管领导要亲自负责，调配优质资源，做好培训工作。

（二）实行竞争择优

实行项目招投标等机制，择优遴选中小学校长培训机构、高等学校、中小学校承担培训任务。要坚持"公开、公平、公正"的原则，严格按程序做好项目申报、评审工作，确保优质培训单位承担培训项目。

（三）强化评估监管

建立培训效果评估机制。采取专家评估、学员评估等方式，加强对项目的过程评估和绩效评估，并将评估结果作为调整培训任务和经费的重要依据。项目承担单位要积极配合做好项目评估工作。

（四）规范经费使用

项目承担单位要严格按规定使用培训经费，做到专款专用，确保项目经费使用效益最大化。食宿安排厉行勤俭节约，不得安排与培训无关的参观考察活动。

教育部办公厅
2014 年 6 月 6 日

教育部办公厅　国家发展改革委办公厅
财政部办公厅关于印发全面改善贫困地区
义务教育薄弱学校基本办学条件底线要求的通知

教基一厅〔2014〕5 号

各省、自治区、直辖市教育厅（教委）、发展改革委、财政厅（局），新疆生产建设兵团教育局、发展改革委、财务局：

为进一步加强对各地全面改善贫困地区义务教育薄弱学校基本办学条

件工作指导，面向贫困地区，聚焦薄弱学校，确保实现"保基本、补短板"工作目标，经研究，提出《全面改善贫困地区义务教育薄弱学校基本办学条件底线要求》（简称"底线要求"），现予印发，并就有关事宜通知如下。

一、"底线要求"以《中小学校设计规范》（GB50099－2011）、《农村普通中小学校建设标准》（建标109－2008）、《农村寄宿制学校生活卫生设施建设与管理规范》、《国家学校体育卫生条件试行基本标准》等国家标准、教育行业标准及相关政策文件为基本依据，共计20项。

二、各地应将"底线要求"作为全面改善贫困地区义务教育薄弱学校基本办学条件项目优先保障、必须完成的建设内容，并在实施过程中，以学校为单位予以优先落实。教学点可根据实际情况参照执行。各地可在"底线要求"基础上，依照相关标准或文件，结合当地实际，提出要求，既要"保底"，也要"限高"，严禁搞超标准豪华建设。

三、各地要把"底线要求"纳入项目规划和年度实施计划，作为规划编制的重要依据。各地有关部门要把"底线要求"与绩效目标表（见《教育部办公厅　国家发展改革委办公厅　财政部办公厅关于制定全面改善贫困地区义务教育薄弱学校基本办学条件实施方案的通知》附件1）一并作为项目绩效评估依据。各地教育督导部门要将"底线要求"纳入农村义务教育学校基本办学条件专项督导，加强督导检查。

教育部办公厅　国家发展改革委办公厅　财政部办公厅

2014 年 7 月 18 日

教育部关于印发《义务教育学校管理标准（试行）》的通知

教基一〔2014〕10 号

各省、自治区、直辖市教育厅（教委），新疆生产建设兵团教育局：

为适应教育改革发展的新形势和新任务，全面贯彻教育方针，完善义务教育治理体系，深入实施素质教育，促进教育公平，推动学校依法办学、科学管理，根据《教育法》《义务教育法》《教师法》《国家中长期教育改革和发展规划纲要（2010－2020年）》，我部研究制定了《义务教育学校管理标准（试行）》，就义务教育学校管理工作提出了92条要求，现予印发，请结合本地实际遵照执行。

教育部

2014年8月2日

义务教育学校管理标准（试行）

为适应教育改革发展的新形势和新任务，全面贯彻教育方针，完善义务教育治理体系，深入实施素质教育，促进教育公平，推动义务教育阶段学校（以下简称学校）依法办学、科学管理，根据《教育法》《义务教育法》《教师法》《国家中长期教育改革和发展规划纲要（2010－2020年）》，制定本标准。

学校管理水平直接关系到学校的办学质量。学校管理标准既应考虑办学条件的改善，更要强调学校内涵的提升。本标准针对学校的教育教学和管理工作提出具体要求，也是对学校和校长进行考评的重要依据。

本标准的发布与实施，将推动学校不断提高管理水平，实现学校治理的法治化和规范化。

一、基本理念

（一）育人为本　全面发展

坚持育人为本、全面发展的办学宗旨，培育和践行社会主义核心价值观，把立德树人作为教育的根本任务，坚持教育与生产劳动和社会实践活动相结合，全面加强和改进德育、智育、体育、美育，将促进学生健康快乐成长作为学校一切工作的出发点和落脚点，使学生成为德智体美全面发展的社会主义建设者和接班人。

（二）促进公平　提高质量

树立公平的教育观和正确的质量观，提高办学水平，教好每一个学生，切实保障学生平等的受教育权利。加强教师队伍建设，提高教师整体素质；建设适合学生发展的课程，实施以学生发展为本的教学；建立科学合理的评价体系，提高教育教学质量。

（三）安全和谐　充满活力

建设安全卫生的学校基础设施，完善切实可行的安全、健康管理制度，开展以生活技能和自护、自救技能为基础的安全和健康教育。加强校园文化建设，创建平安校园、和谐校园，为师生创造安定有序、和谐融洽、充满活力的工作、学习和生活环境。

（四）依法办学　科学治理

建设依法办学、自主管理、民主监督、社会参与的现代学校制度。提升校长依法科学治理能力，拓宽师生、家长和社会民众参与学校治理的渠道，建立健全学校民主管理制度，构建和谐的家庭、学校、社区合作关系，推动学校可持续发展。

二、基本内容

管理职责	管理任务	管理要求
一、平等对待每位学生	维护学生平等入学权利	1. 根据国家法律法规和教育行政部门的相关规定，落实招生入学方案，公开范围、程序、时间、结果，保障适龄儿童少年平等接受义务教育的权利。 2. 坚持免试就近入学原则，不举办任何形式的入学或升学考试，不以各类竞赛、考级、奖励证书作为学生入学或升学的依据。 3. 实行均衡编班，不分重点班与非重点班。编班过程邀请相关人员参加，接受各方监督。 4. 实行收费公示制度，严格执行国家关于义务教育免费的规定。
	建立"控辍保学"工作机制	5. 执行国家学籍管理相关规定，使用全国中小学生学籍信息管理系统做好学籍管理。 6. 执行学生考勤制度，每天统计学生到校、上课信息，实行缺勤跟踪。 7. 及时将学生辍学情况书面上报主管部门，在义务教育年限内为其保留学籍，在学籍系统中进行标注。 8. 主动联系辍学学生家长，针对辍学原因，积极帮助学生返校。
	满足需要关注学生的需求	9. 制定保障教育公平的制度，通过宣传栏和校园网等多种形式进行宣传，不让一名学生因学习、家庭、身体、性别等因素而受到歧视。 10. 坚持合理便利原则满足适龄残疾儿童随班就读需要，并为其学习、生活提供帮助。 11. 创造条件为有特殊学习需要的学生建立资源教室，配备专兼职教师。 12. 为需要帮助的儿童提供情感关怀，优先满足留守儿童寄宿需求，寄宿制学校可通过购买服务等形式配备服务人员。

续表

管理职责	管理任务	管理要求
	提升学生道德品质	13. 加强爱国主义教育、理想信念教育、优秀传统文化教育、公民意识教育、生态文明教育等，让学生熟记并践行社会主义核心价值观。 14. 贯彻落实《中小学生守则》，让学生内化于心，外化于行。 15. 发挥各学科独特育人功能，统筹课程资源，落实全员责任，体现综合育人。 16. 创新德育形式，开展适合的社会实践和公益活动，增强学生社会责任感。 17. 在学校管理各个环节分层开展养成教育，培养学生良好行为习惯和健康生活方式。 18. 落实《中小学心理健康教育指导纲要》，将心理健康教育贯穿于教育教学全过程。配备专兼职心理健康教育教师，根据学生身心发展特点，科学开展心理辅导。
二、促进学生全面发展	帮助学生学会学习	19. 营造良好的学习环境与氛围，激发和保护学生的学习兴趣，培养学生的学习自信心。 20. 遵循学生认知规律，帮助学生掌握科学的学习方法，养成良好学习习惯。 21. 引导学生独立思考和主动探究，培养学生良好思维品质。 22. 采用灵活多样的教学方法，因材施教，培养学生终身学习的能力。
	增强学生身体素质	23. 确保学生每天锻炼1小时，开足并上好体育课，使每个学生掌握两项体育运动技能，养成体育锻炼习惯。 24. 制订并实施阳光体育运动方案，积极开展体育活动。每年举办全员参与的运动会。 25. 落实《国家学生体质健康标准》，定期开展学生体检或体质健康监测，重点监测学生的视力和营养状况，及时向家长反馈。建立学生健康档案，将学生参加体育活动及体质体能健康状况等纳入学生综合素质评价。 26. 配齐体育教师，加强科学锻炼指导和体育安全管理。有效利用体育场地和设施器材，满足学生体育锻炼需要。 27. 科学合理安排学校作息时间，家校配合指导好学生课外活动，保证每天小学生10小时、初中生9小时睡眠。 28. 保障室内采光、照明、通风、课桌椅、黑板等设施达到规定标准，端正学生坐姿，做好眼保健操，降低学生近视率。

续表

管理职责	管理任务	管理要求
二、促进学生全面发展	提高学生艺术素养	29. 按照国家要求开设音乐、美术、书法课。利用当地教育资源，开发具有民族、地域特色的艺术教育课程，培养学生艺术爱好。 30. 按照国家课程方案规定的课时数和学校班级数配备艺术教师，设置艺术教室和艺术活动室，并按照国家标准配备艺术课程教学和艺术活动器材，满足艺术教育基本需求。 31. 面向全体学生组织开展艺术活动，因地制宜建立学生艺术社团或兴趣小组。 32. 充分利用社会艺术教育资源，利用当地文化艺术场地资源开展艺术教学和实践活动，有条件的学校可与社会艺术团体及社区建立合作关系。
	培养学生生活本领	33. 增加学生劳动和社会实践的机会，适当布置学生家务劳动，培养劳动观念，掌握初步劳动技能。 34. 为学生在校园内参加劳动创造机会，采用"校园加农户"等方式积极组织学生参与卫生保洁、绿植养护、种植养殖等与学生年龄相适应的劳动。 35. 充分利用各类综合实践基地，组织学生到基地开展学工、学农等综合实践教育活动。寒暑假布置与劳动或社会实践相关的作业。 36. 指导学生利用学校资源、社区资源完成个性化作业和实践性作业。
三、引领教师专业发展	加强教师管理和职业道德建设	37. 要求教师熟知和践行社会主义核心价值观。经常开展师德教育和法制教育，增强教师立德树人的荣誉感和责任感。 38. 引导教师加强学习，阅读经典，提高修养。要求教师衣着整洁得体，语言规范健康，举止文明礼貌。 39. 要求教师尊重学生人格，不讽刺、挖苦、歧视学生，不体罚或变相体罚学生，不收受学生或家长礼品，不从事有偿补课。 40. 健全教师管理制度，保障教师合法权益，完善教师考核评价机制，激发教师的积极性和创造性。 41. 关心教师生活状况和身心健康，经常组织形式多样的活动，定期安排教师体检。
	提高教师教育教学能力	42. 组织教师认真学习课程标准，熟练掌握学科教学的基本要求。 43. 定期开展集体备课、听课、说课、评课等校本研修，研究教材、研究学生、研究教法，提高教师专业水平和教学能力。 44. 落实《中小学班主任工作规定》，制订班主任队伍培训计划，定期组织班主任学习、交流和培训，提高班主任组织管理和教育能力。落实班主任工作量计算、津贴、奖励、表彰等待遇和保障。 45. 加强教师教学基本功考核，提升教师普通话水平，规范汉字书写，增强学科教学能力和信息技术应用能力，促进信息技术与教育教学的深度融合。

管理职责	管理任务	管理要求
三、引领教师专业发展	建立教师专业发展支持体系	46. 完善教师培训制度，制订教师培训规划，指导教师制订专业发展计划，建立教师专业发展档案。 47. 按规定将培训经费列入学校预算，支持教师参加必要的培训，落实每位教师五年不少于 360 学时的培训要求。 48. 引进优质培训资源，定期开展专题培训，促进教研与培训有机结合，发挥校本研修基础作用。 49. 鼓励教师利用网络学习平台开展教研活动，建设教师学习共同体。
四、提升教育教学质量	建设适合学生发展的课程	50. 落实国家义务教育课程方案和课程标准，严格遵守国家关于教材、教辅管理的相关规定，确保国家课程全面实施。不拔高教学要求，不加快教学进度。 51. 落实综合实践活动课程要求，组织学生开展研究性学习、社区服务与社会实践以及劳动技术教育，培养学生的创新精神和实践能力，提高学生综合解决实际问题能力。每学期组织一次综合实践交流活动。 52. 根据学生发展需要和学校、社区的资源条件，组织开发校本课程。 53. 引导教师创新课程实施方式，加强实践教学环节，提高课堂效率。
	实施以学生发展为本的教学	54. 定期开展教学质量分析，研究学生的学习兴趣、动机和个别化学习需要，采取有针对性的措施，提高教学有效性。 55. 建立基于过程的学校教学质量保障机制，统筹课程、教材、教学、评价等环节，主动收集学生反馈意见，及时改进教学。 56. 采取启发式、讨论式、合作式等多种教学方式，提高学生参与课堂学习的主动性和积极性。 57. 合理控制作业量，布置分层作业，创新作业方式。
	建立促进学生发展的评价体系	58. 实施综合素质评价，重点考察学生的品德发展、学业水平、身心健康、兴趣特长、实践能力等方面的发展情况。对照中小学教育质量综合评价改革指标体系，开展检查，改进教育教学。 59. 建立学生综合素质档案，做好学生成长记录，真实反映学生发展状况。 60. 减少考试次数，实行等级加评语的评价方式。考试内容不超出课程标准，考试成绩不进行公开排名，不以分数为评价学生的唯一标准。
	提供便利实用的教学资源	61. 按照规定配置教学资源和设施设备，指定专人负责，建立资产台账，定期维护保养。 62. 建立图书馆（室）、实验室、功能教室等的使用管理制度，面向学生充分开放，提高使用效益。

续表

管理职责	管理任务	管理要求
五、营造和谐安全环境	建立切实可行的安全与健康管理制度	63. 积极借助政府部门、社会力量、专业组织，构建学校安全风险管理体系。组织教职工学习有关安全工作的法律法规，落实《中小学校岗位安全工作指南》。 64. 建立健全学校安全卫生管理制度和工作机制，采取切实措施，确保学校师生人身安全、食品饮水安全、设施安全和活动安全。有校车的学校严格执行国家校车安全管理制度。 65. 制订突发事件应急预案，预防和应对溺水、交通事故、不法分子入侵、校园暴力、自然灾害和公共卫生事件。
	建设安全卫生的学校基础设施	66. 配备保障学生安全与健康的基本设施和设备，落实人防、物防和技防等相关要求。 67. 将校舍安全信息等录入国家教育信息管理系统并及时更新，定期对校舍、食堂、厕所、体育场地和器材、消防设施、饮用水设施等进行检查，及时消除安全卫生隐患。校舍安全隐患要向主管部门及时书面报告。 68. 设立卫生室或保健室，按要求配备专兼职医务人员，落实日常卫生保健制度。 69. 设置安全警示标识和安全、卫生教育宣传橱窗，定期更换宣传内容。
	开展以生活技能为基础的安全健康教育	70. 有计划地开展生命教育、防灾减灾教育、禁毒和预防艾滋病教育。 71. 普及疾病预防、饮食卫生常识以及生长发育和青春期保健知识。 72. 落实《中小学幼儿园应急疏散演练指南》，提高师生应对突发事件和自救自护能力。
	营造尊重包容的学校文化	73. 树立尊重差异的意识，尊重不同民族文化和地域文化，营造多元包容、和睦相处的环境。 74. 培养学生法律意识和规则意识，营造体现法治精神的校园文化氛围。教育引导学生依法上网、文明上网、健康上网、安全上网。 75. 做好校园绿化、美化、净化工作，合理布置和设计校园，有效利用空间和墙面，建设生态校园、文化校园，发挥环境育人功能。 76. 每年通过科技节、艺术节等形式，因地制宜组织丰富多彩的学校活动。

续表

管理职责	管理任务	管理要求
六、建设现代学校制度	提升依法科学管理能力	77. 每年组织学习《教育法》《义务教育法》《教师法》和《未成年人保护法》等法律，增强法治观念，提升依法治校能力。 78. 依法制定学校章程，规范学校治理行为，提升学校治理水平。 79. 制订学校发展规划，确定年度实施方案，客观评估办学绩效。 80. 健全管理制度，建立便捷规范的办事程序，完善内部机构组织规则、议事规则等。 81. 指定专人负责学校法制事务，或聘请专业机构、人员作为法律顾问协助学校处理法制事务。
	建立健全民主管理制度	82. 定期召开校务会议，民主决策学校重大事项。 83. 发挥学校党组织的战斗堡垒作用和党员教师的先锋模范作用。 84. 健全教职工代表大会制度，涉及教职工切身利益及学校发展的重要事项，提交教代会讨论通过。 85. 设置信息公告栏，公开校务信息，保证教职工、学生、相关社会公众对学校重大事项、重要制度的知情权。 86. 落实学校领导接待日制度，设立校长信箱，搭建信息沟通平台，听取学生、教职工和家长的意见和建议。 87. 发挥少先队、共青团、学生会、学生社团的作用，引导学生自我管理或参与学校治理。 88. 建立师生申诉调解机制，畅通师生权利的救助渠道。
	构建和谐的家庭、学校、社区合作关系	89. 完善家长委员会，设立学校开放日，邀请家长参与学校治理，形成育人合力。 90. 引入社会和利益相关者的监督，密切学校与社区联系，促进社区代表参与学校治理。 91. 主动争取社会资源和社会力量支持学校改革发展。 92. 有序开放学校体育文化设施，服务社区居民。

三、实施要求

（一）本标准是对学校管理的基本要求，适用于全国所有义务教育阶段的学校。鉴于全国各地区的差异，各省、自治区、直辖市教育行政部门可以依据本标准和本地实际提出实施意见，细化标准要求。在实施过程中要因地制宜，分类指导，分步实施，逐步完善，促进当地学校治理水平的提升。

（二）本标准对学校治理工作提出具体要求，是学校工作的重要依据。

各级教育行政部门和教师培训机构要将本标准作为校长和教师培训的重要内容，结合当地情况，开展有针对性的培训，使广大校长和教师充分了解基本要求，掌握精神实质，指导具体工作。

（三）学校要将本标准作为学校治理的基本依据，树立先进的学校治理理念，建立健全各项管理制度，完善工作机制。校长和教师要按照本标准的要求规范自身的管理和教育、教学行为，把标准的各项要求落到实处。

（四）教育督导部门应按照本标准修订完善义务教育学校督导评估指标体系和标准，开展督导评估工作，促进学校规范办学、科学管理，提高教育质量和办学水平。

教育部关于印发《严禁教师违规收受学生及家长礼品礼金等行为的规定》的通知

教监〔2014〕4号

各省、自治区、直辖市教育厅（教委），新疆生产建设兵团教育局，部属各高等学校：

当前，有些学校存在着教师违规收受学生及家长礼品礼金等不正之风，人民群众对此反映强烈。问题虽然发生在少数学校、教师身上，但严重损害人民教师形象，危害不可小视，必须坚决纠正。为进一步加强师德师风建设，努力办好人民满意教育，现将《严禁教师违规收受学生及家长礼品礼金等行为的规定》印发给你们，请认真贯彻执行。

1. 加强组织领导。严禁教师违规收受礼品礼金等行为是教育系统深入解决"四风"问题重要举措之一，各地教育部门和学校务必高度重视，加强领导，精心部署。要与培育和践行社会主义核心价值观相结合，与深入开展党的群众路线教育实践活动相结合，与建立健全师德建设长效机制相结合，研究制定具体的实施方案和配套措施，建立健全领导责任制和工作机制，做到常抓不懈、警钟长鸣，深入持久地开展师德师风建设。

2. 加大宣传教育。各地教育部门和学校要迅速将《规定》要求传达到教职员工、学生及家长。要加大师德先进典型的宣传力度，充分展现当代教师的良好形象和精神风貌。要大力推进廉政文化进校园活动，提高广大教师廉洁从教的意识，自觉把清正廉洁的要求内化于心、外化于行。要主动做好宣传引导工作，争取社会的支持，接受群众的监督，积极倡导学生及家长通过文明健康的方式向教师表达感恩、感谢之情，引领社会新风尚。

3. 强化监督检查。各地教育部门和学校要针对《规定》禁止的 6 种行为开展监督检查，要抓住重要节假日和时间段，特别是教师节及学校开学、学生毕业等重要节点有针对性地开展专项治理。各级教育纪检监察部门要加强对《规定》落实的监督检查，做到有诉必查，有错必纠，坚决查处顶风违纪的行为，对典型案件及时通报曝光。要畅通和公开举报渠道，自觉接受社会监督。教育部统一监督举报电话：010－66092315、66093315。

各地教育部门和部属高校请于秋季开学前将《规定》的贯彻落实情况报送我部教师工作司和驻部监察局。

教育部

2014 年 7 月 8 日

严禁教师违规收受学生及家长礼品礼金等行为的规定

为纠正教师利用职务便利违规收受学生及家长礼品礼金等不正之风，特作如下规定：

一、严禁以任何方式索要或接受学生及家长赠送的礼品礼金、有价证券和支付凭证等财物。

二、严禁参加由学生及家长安排的可能影响考试、考核评价的宴请。

三、严禁参加由学生及家长安排支付费用的旅游、健身休闲等娱乐活动。

四、严禁让学生及家长支付或报销应由教师个人或亲属承担的费用。

五、严禁通过向学生推销图书、报刊、生活用品、社会保险等商业服务获取回扣。

六、严禁利用职务之便谋取不正当利益的其他行为。

学校领导干部要严于律己，带头执行规定，切实负起管理和监督职责。广大教师要大力弘扬高尚师德师风，自觉抵制收受学生及家长礼品礼金等不正之风。对违规违纪的，发现一起、查处一起，对典型案件要点名道姓公开通报曝光。情节严重的，依法依规给予开除处分，并撤销其教师资格；涉嫌犯罪的，依法移送司法机关处理。

教育部关于印发《国家学生体质健康标准（2014 年修订）》的通知

教体艺〔2014〕5 号

各省、自治区、直辖市教育厅（教委），新疆生产建设兵团教育局，部属各高等学校：

　　为建立健全国家学生体质健康监测评价机制，激励学生积极参加身体锻炼，引导学校深化体育教学改革，推动各地加强学校体育工作，促进青少年身心健康、体魄强健、全面发展，在认真总结各地实施现行《国家学生体质健康标准》的基础上，结合新时期青少年体质健康状况和学校体育工作实际，教育部组织对现行《国家学生体质健康标准》进行了修订。现将《国家学生体质健康标准（2014 年修订）》印发给你们，请认真贯彻执行。

教育部

2014 年 7 月 7 日

教育部等六部门关于印发《现代职业教育体系建设规划（2014 - 2020 年）》的通知

教发〔2014〕6 号

各省、自治区、直辖市教育厅（教委）、发展改革委、财政厅（局）、人力资源和社会保障厅（局）、农业（农牧、农村经济）厅（委、局）、扶贫办（局），新疆生产建设兵团教育局、发展改革委、财务局、人力资源和社会保障局、农业局，有关部门（单位）教育司（局）：

为贯彻落实党的十八大和十八届三中全会精神，贯彻落实《国家中长期教育改革和发展规划纲要（2010－2020 年）》《国务院关于加快发展现代职业教育的决定》，加快发展现代职业教育，建设现代职业教育体系，服务实现全面建成小康社会目标，教育部、国家发展改革委、财政部、人力资源和社会保障部、农业部、国务院扶贫办组织编制了《现代职业教育体系建设规划（2014－2020 年)》。现印发给你们，请结合本地区、本部门的实际情况，认真组织实施。

教育部　国家发展改革委　财政部

人力资源和社会保障部　农业部　国务院扶贫办

2014 年 6 月 16 日

二　生活保障

民政部关于发布《中国康复辅助器具目录》的公告

民政部公告第 317 号

为推动康复辅助器具行业发展和科学管理，加强康复辅助器具产品服务规范化引导，民政部参照国际标准 ISO 9999：2011，并结合我国康复辅助器具行业实际，组织编写了《中国康复辅助器具目录》，现予以发布。

民政部

2014 年 6 月 4 日

民政部关于印发《开展社会救助专项整治　提高为民服务水平活动方案》的通知

民函〔2014〕161 号

各省、自治区、直辖市民政厅（局），新疆生产建设兵团民政局：

《开展社会救助专项整治　提高为民服务水平活动方案》已经 2014 年 6 月 9 日部党组会议讨论通过。现印发你们，请遵照执行。

附件：

1.“人情保”“错保”专项整治情况统计表

2.“一门受理、协同办理”机制建设情况统计表

民政部

2014 年 6 月 10 日

开展社会救助专项整治　提高为民服务水平活动方案

为深入贯彻落实《中共中央关于在全党深入开展党的群众路线教育实践活动的指导意见》（中发〔2013〕4 号）和中共中央办公厅《关于开展第二批党的群众路线教育实践活动的指导意见》（中办发〔2014〕4 号）精神，指导全国民政系统开展党的群众路线教育实践活动，巩固和深化前一阶段教育实践活动成果，推动第一批教育实践活动整改措施有效落实，进一步解决群众反映强烈的突出问题，提高为民服务能力和水平，根据“中央各部门各单位党的群众路线教育实践活动专项推进会议”统一部署，民政部决定从即日起至 2014 年 9 月 30 日开展“人情保”“错保”专项整治活动，加快推进社会救助“一门受理、协同办理”机制建设。具体安排如下：

一、工作目标

以回应群众关切、维护群众利益、改进工作作风、提升服务水平为出发点和落脚点，以为民务实清廉为主题，通过开展专项整治工作，推动最低生活保障等社会救助政策规范实施，推动基层社会救助服务水平全面提升，促进民政系统党员、干部思想认识明显提高，工作作风明显转变。

二、重点任务

（一）以解决群众反映强烈的“人情保”“错保”问题和推行“阳光低保”为重点，对最低生活保障对象开展全面排查，有效促进低保政策公平公正实施。

（二）以建立完善"一门受理、协同办理"机制为重点，创新社会救助工作方式，完善社会救助窗口服务功能，全面提升基层为民服务水平，真正做到让困难群众"求助有门、受助及时"，社会救助利民便民。

三、具体措施

（一）集中开展"人情保""错保"专项整治活动

1. 全面复核低保对象。按照《国务院关于加强和改进最低生活保障工作的意见》（国发〔2012〕45号）和《社会救助暂行办法》要求，对本地区的困难群众和低保对象进行全面摸底调查和集中复核，切实做到"应保尽保、应退尽退"；对照《最低生活保障审核审批办法》（民发〔2012〕220号）的有关规定，认真检查在低保申请受理、审核审批、民主评议、公开公示及动态管理等关键环节的政策执行情况，坚决纠正违反国家有关规定的做法。

2. 严肃查处"人情保"。以促进建立低保经办人员和近亲属享受最低生活保障备案制度为基础，重点对本地区群众反映强烈的"人情保""关系保"以及媒体曝光的案件进行集中查处；建立社会救助监督举报热线，畅通投诉举报渠道，对群众反映和媒体披露的问题，做到件件有核实，对发现的问题，做到发现一起，查处一起。凡媒体披露的重大违规违纪案件，民政部将直接督办并向社会公布调查处理结果。

3. 有效遏制"错保"。以建立社会救助申请家庭经济状况核对信息系统平台为核心，改进经济状况核查手段。在城市低保审核审批中，加强核对机制的运用，通过救助申请家庭经济状况信息核对，提高低保等社会救助对象认定手段；在农村低保审核审批中，进一步明晰家庭经济状况核查的内容和方法，坚决纠正和杜绝不经家庭经济状况调查纳入低保的做法，有效减少和遏制"错保"发生。鼓励各地改进完善低保对象认定办法，切实建立符合当地实情、群众满意认可的低保对象认定政策体系。

4. 加强政策宣传和信息披露。集中开展《社会救助暂行办法》宣传普及活动，采取群众喜闻乐见的途径和形式将政策送村入户，做到家喻户晓、人人皆知。加强社会救助管理信息系统建设，在县一级加强社会救助信息化管理，利用信息化手段提高社会救助对象管理服务水平，加强对象动态管理。严格执行社会救助对象公示制度，坚决杜绝选择性公示行为。

审核审批过程中，要坚持在申请人所在村（社区）两榜公示，获得救助后要进行长期公示，广泛接受社会和群众监督。

（二）加快建立完善"一门受理、协同办理"机制

1. 全面建立统一的"社会救助服务窗口"。依托乡镇（街道）政务大厅、办事大厅等，设立统一的救助申请受理窗口，在做好最低生活保障、特困人员供养、医疗救助、临时救助等申请受理的基础上，拓展窗口服务功能，对申请人难以确定社会救助管理部门的，敞开求助之门，积极帮助办理或者转介其他社会救助管理部门办理。进一步明确部门职责和分工，制定社会救助申请分办、转办流程，规范办理时限，加强结果跟踪，为解决困难群众"求助有门、受助及时"打造"绿色通道"。

2. 统一规范社会救助窗口服务标准。以方便服务群众为根本点，结合本地实际制订统一规范的窗口服务标准，在统一窗口标识基础上，进一步规范窗口服务内容、服务流程等，做到"一明显三上墙"，即窗口标识明显，救助政策上墙、工作职责上墙、监督投诉电话上墙。

3. 积极开展救助对象主动发现工作。统筹各类资源，拓展生活无着流浪乞讨救助管理机构在困难对象主动发现和快速响应等方面的服务功能和作用，充分发挥村（居）委会、驻村干部、社区网格员、社会工作者、志愿者等贴近群众、熟悉民情的特点，协助开展困难排查、信息报送、公示监督等工作，对陷入生活困境的困难群众做到早发现、早干预、早救助。通过"一门受理"和"主动发现"，力求救助无盲区；通过"协同办理"和"快速响应"，真正做到救群众之所急，解群众之所难。

4. 协同解决群众突出困难。依托已经建立的政府领导、民政牵头、部门配合、社会力量参与的社会救助工作协调机制，加强与有关部门的协调配合。在县一级，通过建立部门定期会商制度、召开联席会议或办公室会议，及时沟通交流工作情况，分析工作中存在的问题，针对基层和群众普遍反映的问题，以及群众反响强烈、社会影响较大的个案共同研究解决措施。

四、实施步骤

专项整治活动和建立完善机制分四个阶段进行：

第一阶段：部署启动阶段（2014年6月12日至6月底）。

省级民政部门结合党的群众路线教育实践活动开展和《社会救助暂行办法》贯彻落实工作安排，针对本地区特点，围绕专项整治工作重点，研究制订具有针对性和可操作性的专项整治方案，部署有关工作。

第二阶段：全面排查阶段（2014年7月上旬至8月中旬）。

一是组织开展自查。包括对各项社会救助制度相关配套政策的制定情况、救助程序的执行情况、社会救助经办机构设立和经办人员配备情况、乡镇（街道）社会救助服务窗口建设情况等开展自查，对存在的问题进行梳理、分析。二是开展低保重点核查。集中力量对已纳入低保范围的对象进行全面动态复核，对于收入来源不固定、成员有劳动能力和劳动条件或群众有异议的最低生活保障家庭，实施重点核查。有条件的地方，可以委托相关社会组织，充分利用社会力量参与低保重点核查工作。

第三阶段：检查督导阶段（2014年8月下旬至9月上旬）。

省级民政部门在指导基层民政部门开展教育实践活动中，围绕专项整治工作和建立完善工作机制的重点任务，采取自查与实地检查、督查与社会评价相结合的方式，及时掌握地方民政部门工作动态，协助研究解决有关问题，对工作流于形式、走过场的，要责令整改并严肃处理；对于最低生活保障重大信访事项或社会影响恶劣的违规违纪事件，要派专人现场督办解决。为确保此项工作的进度和质量，民政部将适时派出督导组，对部分地区进行抽查，并加强对重点案件的督办。

第四阶段：总结整改阶段（2014年9月上旬至9月底）。

各级民政部门结合群众路线教育实践活动总体安排，同步搞好专项整治暨完善机制工作总结，省级民政部门要帮助基层民政部门和单位分析解决存在的突出问题，提出进一步加强和改进工作的指导意见。民政部将结合部领导定点联系指导、业务司局分类指导等工作安排，针对各地在教育实践中反映出来的突出问题，深入查找原因，研究制定行得通、指导力强、能长期管用的制度规定，解决好"问题在基层、根子在上层"的问题。

五、工作要求

（一）统筹联动，形成合力。开展"人情保""错保"专项整治，建立完善"一门受理、协同办理"机制是确保民政系统教育实践活动取得实

效的重要举措。民政部教育实践活动领导小组负责社会救助专项整治工作
的整体部署和组织领导，部教育实践活动领导小组办公室、社会救助司具
体负责各阶段的工作安排、检查和总结。各省级民政部门要高度重视，精
心安排，周密部署，强化工作责任落实。特别要注重加强上下统筹联动，
以上带下，以下促上，形成工作合力。

（二）重点突破，敢于碰硬。要不折不扣地落实民政部教育实践活动
领导小组确定的专项整治和完善机制工作任务，对于人民群众反映强烈的
"人情保""关系保"，要敢于啃硬骨头，不怕捅"马蜂窝"，强化正风肃
纪，下决心整改本地区在社会救助领域长期存在的突出问题；要抓紧建立
健全社会救助服务窗口，提升服务困难群众的功能和水平，保证困难群众
话有地方说、事有地方办、困难有人帮。

（三）强化整改，力求实效。对于专项整治和完善机制工作中发现的
问题，要认真梳理，限期整改。对政策规定不切合实际的，要及时调整相
关制度；对政策落实不到位的，要追究相关部门或责任人责任；对基层能
力保障不足的，要积极争取党委政府和相关部门支持，力求得到较好解
决，确保"阳光低保"全面推行，基层服务窗口普遍达标，整改成效让群
众看得见、感受得到，大多数人满意。

（四）做好信息报送。要建立专项整治和完善机制工作信息报送制度，
各省级民政部门要及时收集汇总专项整治工作情况，做好上传下达和工作
指导；定期向民政部及当地党委、政府报告和反映工作进展、经验做法、
困难问题、意见建议，每月15日前报送前一阶段专项整治和完善机制工作
进展情况和统计信息。民政部群众路线教育实践活动领导小组办公室将对
各地工作开展情况及时进行通报，并定期向中央教育实践活动领导小组办
公室报告。

财政部　教育部关于印发《生源地信用助学贷款风险补偿金管理办法》的通知

财教〔2014〕16号

各省、自治区、直辖市、计划单列市财政厅（局）、教育厅（局、教委），

有关金融机构：

为进一步落实生源地信用助学贷款风险补偿机制，充分发挥风险补偿金的风险防控和奖励引导作用，促进生源地信用助学贷款工作健康持续发展，财政部、教育部制定了《生源地信用助学贷款风险补偿金管理办法》。现印发给你们，请遵照执行。

生源地信用助学贷款风险补偿金管理办法

第一条 为进一步落实生源地信用助学贷款风险补偿机制，充分发挥风险补偿金的风险防控和奖励引导作用，促进生源地信用助学贷款工作健康持续开展，制定本办法。

第二条 国家开发银行办理生源地信用助学贷款的风险补偿金管理适用本办法。

第三条 生源地信用助学贷款风险补偿金实行结余奖励和亏空分担。风险补偿金若超出生源地信用助学贷款损失，超出部分由国家开发银行奖励给县级学生资助管理中心；若低于生源地信用助学贷款损失，不足部分由国家开发银行和县级财政部门各分担50%。

第四条 国家开发银行收到风险补偿金，应确认为递延收益，待确认生源地信用助学贷款损失时，计入当期损益。已确认的生源地信用助学贷款损失，以后又收回的，相应回拨递延收益。

第五条 生源地信用助学贷款风险补偿金结余奖励和亏空分担工作每年开展一次，以省（自治区、直辖市、计划单列市）为单位进行计算。

第六条 可用于结余奖励的风险补偿金包括：

（一）已结清的生源地信用助学贷款合同对应的风险补偿金。为防范生源地信用助学贷款整体风险，这部分资金应分年提取。

（二）按一定比例预先动用未结清的生源地信用助学贷款合同对应的风险补偿金。这部分资金应在最终清算结余奖励和亏空分担金额时予以扣减。

第七条 已结清的生源地信用助学贷款合同对应的风险补偿金分年提取办法，以及未结清的生源地信用助学贷款合同对应的风险补偿金预先动用比例，由国家开发银行总行商全国学生资助管理中心确定。

第八条　生源地信用助学贷款风险补偿金结余奖励资金（以下简称结余奖励资金）年度总额和分配方案，由国家开发银行省级分行商省级学生资助管理中心审核制定，并报省级财政部门、教育部门备案。

第九条　结余奖励资金年度总额和分配方案的研究制定，应综合考虑已结清的生源地信用助学贷款合同金额、逾期本息、未结清的生源地信用助学贷款预期风险、县级学生资助管理中心贷款管理情况等因素。

第十条　结余奖励资金由国家开发银行省级分行根据备案后的分配方案，支付县级教育行政部门。地方应承担的风险补偿金亏空分担资金，由省级学生资助管理中心负责归集，及时足额划拨国家开发银行。

第十一条　结余奖励资金用于县级学生资助管理中心生源地信用助学贷款管理工作，专账核算、专款专用，用途包括：

（一）与生源地信用助学贷款管理工作相关的直接支出，包括宣传教育、业务培训、交通通信、办公设备购置等日常业务支出；

（二）弥补学生因死亡、失踪和丧失劳动能力确实无力归还生源地信用助学贷款所形成的风险。

第十二条　结余奖励资金用于弥补学生因死亡、失踪和丧失劳动能力确实无力归还生源地信用助学贷款所形成风险的，应由共同借款人（学生家长或其他法定监护人）或学生本人提出申请，经县级学生资助管理中心审核后，报省级学生资助管理中心核准。

第十三条　结余奖励资金不得用于工资、奖金、津补贴和福利支出，以及其他与国家助学贷款管理工作无直接关系的支出。

第十四条　国家开发银行和相关县级学生资助管理中心要严格按照国家相关法规和本办法规定使用和管理生源地信用助学贷款风险补偿金，并自觉接受财政、审计、纪检监察等部门的监督和检查。

第十五条　年度终了，国家开发银行总行应会同全国学生资助管理中心汇总分析风险补偿金使用管理情况，包括结余奖励和亏空分担情况、风险补偿金预拨情况、县级学生资助管理中心结余奖励资金使用管理情况等，形成报告报送财政部、教育部。财政部、教育部将适时对风险补偿金使用管理情况开展专项检查或抽查。

第十六条　本办法未规定事项，按照《财政部　教育部　银监会关于大力开展生源地信用助学贷款的通知》（财教〔2008〕196号）相关规定执行。

第十七条 国家开发银行总行应依据本办法，制定本行办理的生源地信用助学贷款业务的风险补偿金具体使用管理办法，包括已结清贷款合同对应的风险补偿金分年提取办法、未结清贷款合同对应的风险补偿金预先动用比例、结余奖励具体实施办法等，并报财政部、教育部备案。

第十八条 国家开发银行以外的其他金融机构办理的生源地信用助学贷款，实行风险补偿金结余奖励和亏空分担的，风险补偿金管理参照本办法执行。

第十九条 本办法由财政部、教育部负责解释。

第二十条 本办法自2014年6月1日起施行。

国务院关于进一步推进户籍制度改革的意见

国发〔2014〕25号

各省、自治区、直辖市人民政府，国务院各部委、各直属机构：

为深入贯彻落实党的十八大、十八届三中全会和中央城镇化工作会议关于进一步推进户籍制度改革的要求，促进有能力在城镇稳定就业和生活的常住人口有序实现市民化，稳步推进城镇基本公共服务常住人口全覆盖，现提出以下意见。

一、总体要求

（一）指导思想。以邓小平理论、"三个代表"重要思想、科学发展观为指导，适应推进新型城镇化需要，进一步推进户籍制度改革，落实放宽户口迁移政策。统筹推进工业化、信息化、城镇化和农业现代化同步发展，推动大中小城市和小城镇协调发展、产业和城镇融合发展。统筹户籍制度改革和相关经济社会领域改革，合理引导农业人口有序向城镇转移，有序推进农业转移人口市民化。

（二）基本原则。

——坚持积极稳妥、规范有序。立足基本国情，积极稳妥推进，优先解决存量，有序引导增量，合理引导农业转移人口落户城镇的预期和选择。

——坚持以人为本、尊重群众意愿。尊重城乡居民自主定居意愿，依法保障农业转移人口及其他常住人口合法权益，不得采取强迫做法办理落户。

　　——坚持因地制宜、区别对待。充分考虑当地经济社会发展水平、城市综合承载能力和提供基本公共服务的能力，实施差别化落户政策。

　　——坚持统筹配套、提供基本保障。统筹推进户籍制度改革和基本公共服务均等化，不断扩大教育、就业、医疗、养老、住房保障等城镇基本公共服务覆盖面。

　　（三）发展目标。进一步调整户口迁移政策，统一城乡户口登记制度，全面实施居住证制度，加快建设和共享国家人口基础信息库，稳步推进义务教育、就业服务、基本养老、基本医疗卫生、住房保障等城镇基本公共服务覆盖全部常住人口。到2020年，基本建立与全面建成小康社会相适应，有效支撑社会管理和公共服务，依法保障公民权利，以人为本、科学高效、规范有序的新型户籍制度，努力实现1亿左右农业转移人口和其他常住人口在城镇落户。

　　二、进一步调整户口迁移政策

　　（四）全面放开建制镇和小城市落户限制。在县级市市区、县人民政府驻地镇和其他建制镇有合法稳定住所（含租赁）的人员，本人及其共同居住生活的配偶、未成年子女、父母等，可以在当地申请登记常住户口。

　　（五）有序放开中等城市落户限制。在城区人口50万至100万的城市合法稳定就业并有合法稳定住所（含租赁），同时按照国家规定参加城镇社会保险达到一定年限的人员，本人及其共同居住生活的配偶、未成年子女、父母等，可以在当地申请登记常住户口。城市综合承载能力压力小的地方，可以参照建制镇和小城市标准，全面放开落户限制；城市综合承载能力压力大的地方，可以对合法稳定就业的范围、年限和合法稳定住所（含租赁）的范围、条件等作出具体规定，但对合法稳定住所（含租赁）不得设置住房面积、金额等要求，对参加城镇社会保险年限的要求不得超过3年。

　　（六）合理确定大城市落户条件。在城区人口100万至300万的城市合法稳定就业达到一定年限并有合法稳定住所（含租赁），同时按照国家规定参加城镇社会保险达到一定年限的人员，本人及其共同居住生活的配偶、未成年子女、父母等，可以在当地申请登记常住户口。城区人口 300 万至 500 万的城市，要适度控制落户规模和节奏，可以对合法稳定就业的范围、年限和合法稳定住所（含租赁）的范围、条件等作出较严格的规定，也可结合本地实际，建立积分落户制度。大城市对参加城镇社会保险年限的要求不得超过 5 年。

（七）严格控制特大城市人口规模。改进城区人口 500 万以上的城市现行落户政策，建立完善积分落户制度。根据综合承载能力和经济社会发展需要，以具有合法稳定就业和合法稳定住所（含租赁）、参加城镇社会保险年限、连续居住年限等为主要指标，合理设置积分分值。按照总量控制、公开透明、有序办理、公平公正的原则，达到规定分值的流动人口本人及其共同居住生活的配偶、未成年子女、父母等，可以在当地申请登记常住户口。

（八）有效解决户口迁移中的重点问题。认真落实优先解决存量的要求，重点解决进城时间长、就业能力强、可以适应城镇产业转型升级和市场竞争环境的人员落户问题。不断提高高校毕业生、技术工人、职业院校毕业生、留学回国人员等常住人口的城镇落户率。

三、创新人口管理

（九）建立城乡统一的户口登记制度。取消农业户口与非农业户口性质区分和由此衍生的蓝印户口等户口类型，统一登记为居民户口，体现户籍制度的人口登记管理功能。建立与统一城乡户口登记制度相适应的教育、卫生计生、就业、社保、住房、土地及人口统计制度。

（十）建立居住证制度。公民离开常住户口所在地到其他设区的市级以上城市居住半年以上的，在居住地申领居住证。符合条件的居住证持有人，可以在居住地申请登记常住户口。以居住证为载体，建立健全与居住年限等条件相挂钩的基本公共服务提供机制。居住证持有人享有与当地户籍人口同等的劳动就业、基本公共教育、基本医疗卫生服务、计划生育服务、公共文化服务、证照办理服务等权利；以连续居住年限和参加社会保险年限等为条件，逐步享有与当地户籍人口同等的中等职业教育资助、就业扶持、住房保障、养老服务、社会福利、社会救助等权利，同时结合随迁子女在当地连续就学年限等情况，逐步享有随迁子女在当地参加中考和高考的资格。各地要积极创造条件，不断扩大向居住证持有人提供公共服务的范围。按照权责对等的原则，居住证持有人应当履行服兵役和参加民兵组织等国家和地方规定的公民义务。

（十一）健全人口信息管理制度。建立健全实际居住人口登记制度，加强和完善人口统计调查，全面、准确掌握人口规模、人员结构、地区分布等情况。建设和完善覆盖全国人口、以公民身份号码为唯一标识、以人口基础信息为基准的国家人口基础信息库，分类完善劳动就业、教育、收入、社保、房产、信用、卫生计生、税务、婚姻、民族等信息系统，逐步实现跨部门、跨地区信息整合和共享，为制定人口发展战略和政策提供信息支持，为人口服务和管理提供支撑。

四、切实保障农业转移人口及其他常住人口合法权益

（十二）完善农村产权制度。土地承包经营权和宅基地使用权是法律赋予农户的用益物权，集体收益分配权是农民作为集体经济组织成员应当享有的合法财产权利。加快推进农村土地确权、登记、颁证，依法保障农民的土地承包经营权、宅基地使用权。推进农村集体经济组织产权制度改革，探索集体经济组织成员资格认定办法和集体经济有效实现形式，保护成员的集体财产权和收益分配权。建立农村产权流转交易市场，推动农村产权流转交易公开、公正、规范运行。坚持依法、自愿、有偿的原则，引导农业转移人口有序流转土地承包经营权。进城落户农民是否有偿退出"三权"，应根据党的十八届三中全会精神，在尊重农民意愿前提下开展试点。现阶段，不得以退出土地承包经营权、宅基地使用权、集体收益分配权作为农民进城落户的条件。

（十三）扩大基本公共服务覆盖面。保障农业转移人口及其他常住人口随迁子女平等享有受教育权利；将随迁子女义务教育纳入各级政府教育发展规划和财政保障范畴；逐步完善并落实随迁子女在流入地接受中等职业教育免学费和普惠型学前教育的政策以及接受义务教育后参加升学考试的实施办法。完善就业失业登记管理制度，面向农业转移人口全面提供政府补贴职业技能培训服务，加大创业扶持力度，促进农村转移劳动力就业。将农业转移人口及其他常住人口纳入社区卫生和计划生育服务体系，提供基本医疗卫生服务。把进城落户农民完全纳入城镇社会保障体系，在农村参加的养老保险和医疗保险规范接入城镇社会保障体系，完善并落实医疗保险关系转移接续办法和异地就医结算办法，整合城乡居民基本医疗保险制度，加快实施统一的城乡医疗救助制度。提高统筹层次，实现基础养老金全国统筹，加快实施统一的城乡居民基本养老保险制度，落实城镇职工基本养老保险关系转移接续政策。加快建立覆盖城乡的社会养老服务体系，促进基本养老服务均等化。完善以低保制度为核心的社会救助体系，实现城乡社会救助统筹发展。把进城落户农民完全纳入城镇住房保障体系，采取多种方式保障农业转移人口基本住房需求。

（十四）加强基本公共服务财力保障。建立财政转移支付同农业转移人口市民化挂钩机制。完善促进基本公共服务均等化的公共财政体系，逐步理顺事权关系，建立事权和支出责任相适应的制度，中央和地方按照事权划分相应承担和分担支出责任。深化税收制度改革，完善地方税体系。完善转移支付制度，加大财力均衡力度，保障地方政府提供基本公共服务的财力。

五、切实加强组织领导

（十五）抓紧落实政策措施。进一步推进户籍制度改革，是涉及亿万农业转移人口的一项重大举措。各地区、各有关部门要充分认识户籍制度改革的重大意义，深刻把握城镇化进程的客观规律，进一步统一思想，加强领导，周密部署，敢于担当，按照走中国特色新型城镇化道路、全面提高城镇化质量的新要求，切实落实户籍制度改革的各项政策措施，防止急于求成、运动式推进。各省、自治区、直辖市人民政府要根据本意见，统筹考虑，因地制宜，抓紧出台本地区具体可操作的户籍制度改革措施，并向社会公布，加强社会监督。公安部、国家发展改革委、教育部、民政部、财政部、人力资源和社会保障部、国土资源部、住房和城乡建设部、农业部、国家卫生计生委、法制办等部门要按照职能分工，抓紧制定教育、就业、医疗、养老、住房保障等方面的配套政策，完善法规，落实经费保障。公安部和国家发展改革委、人力资源和社会保障部要会同有关部门对各地区实施户籍制度改革工作加强跟踪评估、督查指导。公安部和各地公安机关要加强户籍管理和居民身份证管理，严肃法纪，做好户籍制度改革的基础工作。

（十六）积极做好宣传引导。全面阐释适应中国特色新型城镇化发展、进一步推进户籍制度改革的重大意义，准确解读户籍制度改革及相关配套政策。大力宣传各地在解决农业转移人口及其他常住人口落户城镇、保障合法权益、提供基本公共服务等方面的好经验、好做法，合理引导社会预期，回应群众关切，凝聚各方共识，形成改革合力，为进一步推进户籍制度改革营造良好的社会环境。

国务院

2014 年 7 月 24 日

三　医疗健康

国家卫生计生委办公厅关于开展中国计划生育家庭发展追踪调查工作的通知

国卫办家庭函〔2014〕752 号

各省、自治区、直辖市卫生计生委（人口计生委）：

为全面、系统地了解我国家庭尤其是计划生育家庭的基本情况，构建国家级家庭信息数据库，为制定家庭发展政策提供科学依据，我委决定在全国组织开展"中国家庭发展追踪调查"（以下简称追踪调查）工作。现将有关事项通知如下：

一、主要任务

（一）组织实施现场调查工作。追踪调查在全国 31 个省（区、市）中随机抽取 1500 个村（居），30000 户家庭。调查内容涉及家庭及其成员在婚姻状况、收入消费、住房、医疗、健康水平、育儿、养老等方面，共有 3 大类 7 份调查问卷。调查采用入户面访的方式，各地要按要求组建调查员队伍，做好培训，组织好现场调查。各地要为调查提供所需的各项支持，包括提供调查所需的基础信息和数据，按照统一标准配备专业设备，配合做好质量督导工作等。

（二）做好调查数据的分析开发和转化应用。各地要结合本地样本情况及相关部门的统计数据，做好本地调查数据的分析工作。对调查数据进行深度开发，进行横向和纵向比较，研究家庭数量、规模、结构、类型以及家庭成员的生产生活、社会保障、健康水平、计划生育等方面的实际情况和变化趋势，组织开展家庭发展政策研究，并加强研究成果的转化应用和宣传推广。

（三）建立追踪调查组织管理机制。各地要认真总结调查工作中的好经验、好做法，探索建立一套符合本地实际的追踪调查工作机制。建立与工作要求相配套的组织协调、人员培训、现场调查、质量监督、经费管理、设备维护、研究开发、奖惩激励等各项制度，规范工作流程。

二、时间安排

追踪调查每2年组织一次，逢偶数年进行现场调查，奇数年进行调查结果分析研究工作。2014年将在全国开展首轮调查。

（一）调查实施阶段：2014年7月至12月

1.2014年7月~8月，召开启动会，印发通知，正式启动追踪调查工作。

2.2014年9月，举办县级地图绘制员培训班（培训班通知另发）。选取1个省（区、市）提前开展入户调查。专家组分赴各地培训调查员。

3.2014年10月~11月中旬，进行现场调查，完成数据上报工作。

4.2014年12月，进行数据初步清理、汇总，形成简要报告。

（二）数据分析研究阶段：2015年1月至12月

1.2015年1月~2月，完成数据清理，向样本量较大省份下发调查数据。

2.2015年3月~8月，数据制表和分析，完成综合研究，发布总报告及分报告。

3.2015年9月~12月，样本维护和更新，选取省份进行首轮追踪调查测试。

三、工作要求

（一）各地要高度重视，将追踪调查工作纳入年度工作计划，作为基础性工作内容。按照统一要求，组织制订实施方案，明确工作职责，落实好追踪调查的各项工作任务。

（二）各地要采取措施严把质量关，组建精干的调查员队伍，做好调查员培训工作，加强对调查过程的督导、审核和质量监控。我委家庭司将制定质量检查和管理评估指标，对各地调查质量进行监督检查。

（三）各地要加强经费的使用管理，按照财务有关规定支付各项费用，切实做到专款专用，严禁挪作他用。我委下拨的追踪调查专项经费，仅用于调查人员的劳务费和调查对象的调查费。各省卫生计生委（人口计生委）要根据调查实际需要，配套相关经费，并负责对追踪调查工作经费的使用和管理，自觉接受有关部门的监督和检查，对经费使用的真实性、有效性和合理性承担责任。

（四）根据调查方案设计，样本分配不足 1500 户的省份（见附件），本次调查结果对省级不具有代表性。如工作需要，可在统一指导下，适当扩大调查样本量，需本地配套经费和人员，统筹安排调查培训及现场调查进度工作。

附件

中国计划生育家庭发展追踪调查样本量分配表

地　区	县（区、市）数	村（居）数	家庭户数
全　国	296	1500	30000
北　京	12	60	1200
天　津	6	30	600
河　北	15	75	1500
山　西	8	40	800
内蒙古	6	30	600
辽　宁	15	75	1500
吉　林	6	30	600
黑龙江	10	50	1000
上　海	12	60	1200
江　苏	15	75	1500
浙　江	10	50	1000
安　徽	10	50	1000
福　建	8	40	800

续表

地 区	县（区、市）数	村（居）数	家庭户数
江 西	8	40	800
山 东	20	100	2000
河 南	20	100	2000
湖 北	10	50	1000
湖 南	10	50	1000
广 东	20	100	2000
广 西	10	50	1000
海 南	5	25	500
重 庆	6	30	600
四 川	15	75	1500
贵 州	8	40	800
云 南	10	50	1000
西 藏	1	5	100
陕 西	8	40	800
甘 肃	5	25	500
青 海	3	15	300
宁 夏	3	15	300
新 疆	5	25	500

注：北京、上海均有 2 个区被重复抽中，全国实际涉及的县（区、市）数为 296 个。

国家卫生计生委办公厅

2014 年 8 月 15 日

民政部　教育部　财政部　人力资源和社会保障部 住房和城乡建设部　国家卫生计生委关于贯彻落实 《社会救助暂行办法》的通知

民发〔2014〕135 号

各省、自治区、直辖市民政厅（局）、教育厅（教委）、财政厅（局）、人力资源和社会保障厅（局）、住房和城乡建设厅（局）、卫生计生委（卫生厅局），新疆生产建设兵团民政局、教育局、财务局、人力资源和社会保障局、建设局、卫生局：

《社会救助暂行办法》（以下简称《办法》）已于 2014 年 2 月 21 日以国务院 649 号令颁布，自 5 月 1 日起施行。为做好《办法》的贯彻落实工作，现就有关事项通知如下：

一、充分认识《办法》颁布实施的重大意义

社会救助是国家和社会对依靠自身能力难以维持基本生活的公民提供的物质帮助和服务，是保民生、托底线、救急难、促公平的基础性制度安排，关系到困难群众切身利益的维护和保障，关系到党和政府执政理念的实现和执政根基的稳固，关系到我国社会主义制度优越性的体现。《办法》的颁布施行，从法律上确立了社会救助的地位作用、基本原则、主体责任、制度安排、基本程序等，既为保障公民基本生活、维护公民基本生存权益提供了法制保障，也为政府各部门依法救助和社会力量有序参与社会救助提供了法规依据，明确了行为规范，是社会救助事业发展新的里程碑，标志着新形势下社会救助事业迈上了法制化、体系化、规范化统筹发展的新阶段。

各地各有关部门要结合贯彻落实党的十八大和十八届二中、三中全会精神，全面理解、准确把握《办法》的精神实质和主要内容，充分认识新形势下《办法》颁布实施的重大意义，切实增强贯彻落实的自觉性、积极性和主动性。要将贯彻落实《办法》作为当前保障困难群众基本生活、维护困难群众生存权益和人格尊严的重要举措抓紧抓好，努力让困难群众不为饥寒所迫、不为灾害所急、不为大病所困、不为住房所难、不为失业所忧，真正感受到党和政府的关怀和温暖。

二、依法完善落实各项配套政策措施

《办法》以社会救助体系为统领，对各项社会救助制度进行了全面系统规定，确立了以最低生活保障、特困人员供养、受灾人员救助以及医疗救助（含疾病应急救助）、教育救助、住房救助、就业救助和临时救助为主体，以社会力量参与为补充的社会救助制度体系框架。各地各有关部门要根据《办法》要求，结合实际，突出重点，抓紧完善相关配套政策，确保《办法》的有关规定落到实处。

（一）完善最低生活保障和特困人员供养制度。要研究制定最低生活保障家庭收入状况、财产状况的认定办法，健全最低生活保障对象认定标准体系。完善最低生活保障标准制定办法，健全社会救助和保障标准与物价上涨挂钩的联动机制，保障好困难群众基本生活。要制定健全完善特困人员供养制度的具体措施，城乡统筹实施；加强最低生活保障和特困人员供养工作管理，建立责任追究制度，畅通投诉举报渠道，适时开展绩效评估，从制度机制上杜绝关系保、人情保和骗保等违规现象。

（二）完善受灾人员救助制度。要按照属地管理，分级负责的原则，完善自然灾害救助应急预案，做好上下级预案响应标准的衔接，强化预案的科学性和可操作性。编制实施自然灾害救助物资储备规划，明确物资储备布局和规模，建立适应本地救灾需要的物资储备机制。严格按照有关规定，及时准确统计报送自然灾害损失情况，建立健全灾情核查评估机制和统一发布机制。编制和落实各级自然灾害救助资金预算，研究制定出台灾害救助标准，切实有效做好灾害紧急救助、过渡性生活救助、冬春救助和倒损农房恢复重建等工作，保障受灾人员得到及时、公平、合理的救助。

（三）完善医疗救助制度。以最低生活保障对象、特困供养人员为重点，进一步健全完善医疗救助制度。逐步将低收入家庭重病患者及县级以上人民政府规定的其他特殊困难群众纳入救助范围，逐步提高救助水平，使之真正起到托底保障、救急解难的作用。建立健全疾病应急救助制度，落实《疾病应急救助基金管理暂行办法》，为急危重伤病需要急救但身份不明或无力支付相关费用的患者提供应急医疗救治。加快建立医疗救助与基本医疗保险、大病保险相衔接的医疗费用结算机制。加快疾病应急救助制度与其他医疗保障制度的衔接。

（四）完善教育救助制度。进一步健全从学前教育到研究生教育、覆盖各教育阶段的家庭经济困难学生资助政策体系，从制度上保证"不让一个学生因家庭经济困难而失学"。完善实施教育救助的具体措施和救助体系，优先将在各级各类学校就读的最低生活保障家庭成员、特困供养人员纳入现有的学生资助体系，并动态调整资助标准和覆盖范围，努力做到应助尽助。

（五）完善住房救助制度。要根据当地经济社会发展水平、房地产市场状况以及财力可能，制定并及时调整住房困难标准和救助标准，形成科学规范、可持续的住房救助长效机制。完善实施住房救助的具体措施，规范救助程序，确保符合条件的最低生活保障家庭、分散供养的特困人员全部纳入住房保障体系，优先安排解决。

（六）完善就业救助制度。要健全完善实施就业救助的具体政策措施，依托基层公共就业服务机构，摸清就业救助对象底数和就业需求，提供政策咨询、岗位信息、职业指导、职业介绍等精细化、个性化的就业服务，通过鼓励企业吸纳、鼓励自谋职业和自主创业、公益性岗位安置等途径，对就业救助对象实行优先扶持和重点帮助，确保最低生活保障家庭中有劳动能力的成员至少有一人实现就业。

（七）建立临时救助制度。要全面建立临时救助制度，突出其"救急难"的制度特点，对遭遇突发事件、意外伤害、重大疾病或其他特殊原因导致生活陷入困境，其他社会救助制度暂时无法覆盖或救助之后基本生活仍有严重困难的家庭及时给予救助。要根据当地实际，制定具体的临时救助对象认定办法，明确救助类型、范围和标准。要加强救助管理机构建设，及时救助生活无着的流浪、乞讨人员。加强临时救助与其他社会救助制度之间的衔接，形成制度合力，消除救助盲区。

（八）加强社会力量参与。各地要细化政策措施，研究制定向社会力量购买社会救助中的具体服务事项的办法。要全面了解、掌握本地区社会组织、企事业单位等设立慈善项目的情况，搭建政府部门救助资源、社会组织救助项目与困难群众救助需求对接的信息平台，充分发挥慈善救助方法灵活、形式多样、一案一策的特点，鼓励、引导、支持社会组织、企事业单位和爱心人士等针对急难个案开展慈善救助。要广泛动员社会力量参与社会救助，充分发挥社会组织、社会工作者和志愿者队伍等社会力量参与社会救助的专业优势和服务特长，针对不同救助对象开展生活帮扶、心理疏导、精神慰藉、资源链接、能力提升、社会融入等多样化、个性化服务。要加快推进政府购买服务，健全完善促进社会力量参与社会救助的各项财政支持政策，落实好财政补贴、税收优惠、费用减免等政策，引导有影响力的慈善组织和企业设立社会救助公益基金，多渠道、多形式参与社会救助。

三、建立健全社会救助工作机制

（一）建立健全社会救助工作协调机制。各地要进一步建立健全政府领导、民政部门牵头、有关部门配合、社会力量参与的社会救助工作协调机制，加强协调配合和制度衔接，不断提高社会救助的整体效益。民政部门要发挥好牵头协调的作用，教育、财政、人力资源和社会保障、住房和城乡建设、卫生计生等部门要积极配合、密切协作，共同促进政府各部门之间、政府与社会力量之间救助资源的统筹使用、信息共享，以及救助资源与救助需求之间的合理配置，切实落实好各项社会救助制度。

（二）加快建立社会救助申请家庭经济状况核对机制。各地民政部门要加强与相关部门的沟通协调，会同有关部门、机构研究制定社会救助申请家庭经济状况信息核对办法，加快建立跨部门、多层次、能共享的信息核对平台，不断提高最低生活保障对象、医疗救助对象、住房救助对象、教育救助对象等社会救助对象认定的准确性。2014 年底前全国70% 的地区要建立社会救助家庭经济状况核对机制，"十二五"末实现全覆盖。

（三）建立健全"一门受理、协同办理"机制。各地社会救助管理部门要加强配合，密切协作，依托乡镇人民政府（街道办事处）政务大厅、办事大厅等，设立统一的社会救助申请受理窗口（疾病应急救助除外）。要根据部门职责，制定并不断优化受理、分办、转办、反馈等工作流程，明确办理时限和要求，跟踪办理结果，并将办理情况及时告知求助对象，真正做到让困难群众"求助有门"、受助及时。

（四）建立健全社会救助信息共享机制。各地社会救助管理部门要在积极推进信息化建设、提高社会救助管理服务水平的基础上，加快建立民政、教育、人力资源和社会保障、住房和城乡建设、卫生计生等部门救助信息共享机制。民政部门要及时为其他社会救助管理部门提供最低生活保障对象、特困供养人员及其他困难群众基本信息，为教育、住房、就业、疾病应急等救助工作的开展提供支持；教育、人力资源和社会保障、住房和城乡建设、卫生计生等部门要及时将教育救助对象、就业救助对象、住房救助对象和疾病应急救助对象获取相关救助的基本信息反馈民政部门，为民政部门对各项救助之后仍有困难的家庭给予临时救助提供依据。

（五）建立健全社会救助资金保障机制。各地要按照《办法》的相关规定，将社会救助资金纳入财政预算，建立与当地经济社会发展水平相适应的资金保障机制，进一步加大社会救助资金投入，确保最低生活保障、特困人员供养、受灾人员救助、医疗救助、教育救助、住房救助、就业救助、临时救助等各项社会救助制度有效落实。要严格资金管理，坚持专款专用，规范预算编制、预算下达、资金支付等环节，确保救助资金及时足额发放到困难群众手中。

（六）全面建立社会救助监督检查长效机制。各地各相关部门要依照《办法》的有关规定，加快研究制定本地区、本部门加强社会救助监督管理、责任追究、绩效评价的具体办法。加大社会救助信息披露力度，严格执行社会救助对象公示制度，在申请人居住的村民委员会或社区居民委员会，对社会救助家庭获得救助前进行审核公示和审批公示，获得救助后进行长期公示，广泛接受社会和群众监督。

四、加强贯彻落实《办法》的组织领导

（一）加强组织领导。各地要将贯彻实施《办法》列入重要议事日程，明确责任，精心组织，认真研究解决工作中存在的困难和问题；统筹安排，全面部署，切实把贯彻实施《办法》工作与贯彻落实党的十八届二中、三中全会精神，与党的群众路线教育实践活动紧密结合起来，抓出实效。要以贯彻落实《办法》为契机，将社会救助工作纳入国民经济和社会发展总体规划，纳入政府工作目标考核体系。

（二）强化能力建设。各地要加强社会救助经办机构建设，科学整合基层社会救助管理资源，确保事有人管、责有人负。加强经费保障，按照《办法》"将政府安排的社会救助工作经费纳入财政预算"的有关规定，落实好社会救助工作经费。积极探索创新社会救助经办服务方式，加大政府购买服务力度，通过设置公益岗位、聘用专业社工、吸纳志愿者、灵活用工等途径，充实基层工作力量，协助做好困难排查、信息报送、宣传引导、公示监督等工作。

（三）加强监督检查。各地要加强《办法》落实情况的督促检查和考核奖惩，定期、不定期开展督促检查，针对存在问题，提出整改措施，狠抓政策落实。对落实政策不力，在实施救助审核审批过程中滥用职权、徇私舞弊、失职渎职的责任人员，要依纪依法追究责任。民政部将会同有关部门加强《办法》贯彻落实情况监测和信息通报，及时了解掌握各地《办法》执行情况，按季度进行通报；并会同有关部门组成联合检查组，对各地贯彻落实情况适时进行专项督查。

（四）加强政策宣传。各地要结合实际，组织好《办法》的学习宣传工作，做到领导干部熟悉《办法》、工作人员精通《办法》、广大群众了解《办法》。要多渠道、多形式做好《办法》宣传工作，各级民政部门要结合社会救助宣传周等活动建立社会救助宣传长效机制；教育、人力资源和社会保障、住房和城乡建设、卫生计生等部门要在各自职责范围内做好相关救助政策的宣传工作。要加强与媒体的合作，充分发挥报刊、广播、电视以及互联网、微博等新媒体传播速度快、覆盖面广的优势，广泛、深入地宣传《办法》，确保困难群众知晓政策规定，营造全社会关心支持社会救助工作的良好氛围。

各地贯彻落实《办法》有关情况请及时上报。

民政部　教育部

财政部　人力资源和社会保障部

住房和城乡建设部　国家卫生计生委

2014 年 6 月 20 日

民政部关于印发《生活无着的流浪乞讨人员救助管理机构 工作规程》的通知

民发〔2014〕132 号

各省、自治区、直辖市民政厅（局），各计划单列市民政局，新疆生产建设兵团民政局：

为进一步规范生活无着的流浪、乞讨人员救助管理工作，维护受助人员合法权益，根据有关政策法规，我部制定了《生活无着的流浪乞讨人员救助管理机构工作规程》。现印发给你们，请加强学习培训，认真贯彻执行。

附件：

1. 求助登记表

2. 不予救助通知书

3. 自行离站声明书

4. 在站服务及离站登记表

5. 终止救助通知书

6. 有关法律法规、政策文件规定

民政部

2014 年 6 月 22 日

生活无着的流浪乞讨人员救助管理机构工作规程

第一章 总则

第一条 为规范生活无着的流浪、乞讨人员救助管理工作，维护受助人员合法权益，保障生活无着的流浪、乞讨人员救助管理机构（以下简称救助管理机构）工作秩序，根据《城市生活无着的流浪乞讨人员救助管理办法》《社会救助暂行办法》等规定，制定本规程。

第二条 本规程所称的生活无着的流浪、乞讨人员是指离家在外、自身无力解决食宿、正在或即将处于流浪或乞讨状态的人员，包括生活无着的流浪人员和生活无着的乞讨人员（以下简称流浪乞讨人员）。

第三条 本规程所称的救助管理机构包括县级以上人民政府设立的救助管理站、未成年人救助保护中心等专门机构。救助管理机构应当为流浪乞讨人员提供临时性救助服务。

第二章 接待服务

第一节 求助接待

第四条 救助管理机构实行 24 小时接待服务，工作人员应当言语文

143

明，态度友善，并告知救助政策及入站须知。

第五条 救助管理机构应当开通救助热线，救助热线实行24小时服务，热线号码应当向社会公开并在当地114查询台登记。救助热线电话录音保存时间不少于3个月。

第六条 救助管理机构的引导标志应当醒目、容易识别，设置在人流量较大的交通要道、繁华地段。救助管理机构应当将机构名称牌匾等标志悬挂在楼院门外醒目位置。

第七条 救助管理机构应当对来站求助人员身体状况和精神状况进行初步检视。

第八条 求助人员为疑似精神障碍患者、疑似传染病人、危重病人或有明显外伤人员的，救助管理机构应当联系医疗急救机构或安排工作人员将其送医救治、诊断。

第九条 求助人员在醉酒状态中，对本人有危险或者对他人的人身、财产或者公共安全有威胁的，救助管理机构应当报警，由公安机关依法处置。

第十条 求助人员为疑似吸毒人员或疑似在逃人员的，救助管理机构应当报请公安机关处置。

第十一条 救助管理机构应当对公安机关护送来站的被拐卖受害人实施救助。

第二节 安检登记

第十二条 求助人员应当按照救助管理机构要求，接受安全检查。女性求助人员应当由女性工作人员检查。安全检查发现有异常的，求助人员应当出示随身物品或开包接受检查。

第十三条 动物或可能造成人员伤害或财产安全的物品不得被携带进入站内。对在安全检查中发现的易爆、腐蚀、管制刀具等危险物品，救助管理机构应当及时报请公安机关处置；对在安全检查中发现的锐（利）器、打火器具等物品，求助人员应当自行丢弃或交由救助管理机构代为保管。

第十四条 求助人员应当配合救助管理机构开展安全检查，并遵守物品管理规定。

第十五条　求助人员应当向救助管理机构说明求助原因和需求，出示本人身份证件；无法出示身份证件的，应当如实提供本人姓名、身份证件号、户籍地等基本信息。有条件的救助管理机构可以通过公安机关核实求助人员身份信息。

第十六条　求助人员因年老、年幼、残疾等原因不能提供个人信息的，救助管理机构应当先行救助。

第十七条　救助管理机构应当留存求助人员指纹和电子照片，将安全检查、证件材料、检视询问等情况录入全国救助管理信息系统，生成《求助登记表》（附件1）。

第十八条　求助人员有携带未成年人流浪乞讨行为，或疑似胁迫、诱骗、利用未成年人乞讨或者组织未成年人进行有害身心健康的表演等活动的，救助管理机构应当及时报请公安机关调查、甄别。

第十九条　求助人员为疑似境外人员的，救助管理机构应当及时报请公安机关确认求助人员身份。属于非法入境、居留的，应当将其交由公安机关处置。属于合法入境、居留的，应当及时向当地外办、港澳办或台办通报，并可受当地外办、港澳办或台办的委托提供临时服务。

第二十条　在安全检查登记中发现求助人员有以下情形之一的，救助管理机构应当向求助人员解释不予救助的原因，并出具《不予救助通知书》（附件2，一式两份）：

（一）拒不配合安全检查；

（二）拒不遵守物品管理规定；

（三）自身有能力解决食宿；

（四）索要现金，拒不接受其他救助方式；

（五）拒不提供或拒不如实提供个人信息；

（六）其他不符合救助条件的情形。

第三章　在站服务

第一节　生活服务

第二十一条　求助人员应当将随身携带的物品进行寄存，救助管理机构应当妥善保管。

第二十二条　救助管理机构应当按照受助人员性别、年龄、身心状况安排分区居住、单人单床，并为受助人员发放必要的生活用品。

女性受助人员应当安排女性工作人员管理。

第二十三条　成年女性携带 6 周岁以下未成年人的，救助管理机构应当为其共同在成人区生活提供便利。

第二十四条　救助管理机构应当对受助人员进行安全教育，告知其生活起居、注意事项及站内管理要求。

第二十五条　救助管理机构应当及时清洗、消毒餐具、炊具，提供符合卫生要求的饮食并实行分餐制。对于未成年人、老年人、少数民族人员和患病人员，应当照顾其特殊饮食需求。

第二十六条　救助管理机构应当对受助人员居室及活动区域经常清理、消毒，对受助人员床上用品每周至少清洗、消毒一次。受助人员离站后，应当对其床上用品及时更换、清洗、消毒。

第二十七条　救助管理机构应当为生活不能自理的受助人员用餐、住宿、穿衣、入厕、洗浴等提供相应的生活照顾和便利条件。

第二十八条　受助人员应当遵守救助管理机构各项内部管理规定，配合救助管理机构保持环境卫生和个人卫生，参加有益于身心健康的文体活动和教育辅导等活动。救助管理机构可以视情况为受助人员提供心理辅导、行为矫治等服务。

第二十九条　受助人员因年老、残疾等原因暂时无法查明家庭情况或暂时无法离站的，救助管理机构可以委托相关机构托养。办理机构托养服务手续，应当符合相关规定。

第二节　寻亲服务

第三十条　受助人员有疑似走失、被遗弃或被拐卖情形的，救助管理机构应当及时向公安机关报案。

第三十一条　受助人员因年老、年幼、残疾等原因不能提供个人信息的，救助管理机构应当及时报请公安机关协助核查求助人员身份，并在其入站后 24 小时内以适当形式发布寻亲公告。

第三十二条　救助管理机构应当充分利用现有工作信息和工作渠道，为前来寻亲人员提供便利和帮助。

第三节　医疗服务

第三十三条　救助管理机构应当做好卫生保健、防疫工作，配备体温计、血压计等基本设备。有条件的救助管理机构可以依法内设医务室或与专业医疗机构合作开展医疗服务。

第三十四条　救助管理机构应当严格按照医嘱，对患病受助人员按时按量发放药品，做好服药情况记录。

第三十五条　救助管理机构发现受助人员突发急病、精神异常或有疑似传染病的，应当及时送往医疗机构或联系医疗急救机构救治、诊断；对有疑似传染病的，还应当及时向疾病预防控制机构报告，建议采取必要的卫生处理措施；发现有疑似吸毒情形的，应当报请公安机关处置。

第三十六条　由公安、城管等单位公务人员直接护送疑似精神障碍患者、危重病人或有明显外伤人员到医疗机构救治的，救助管理机构应当在接到通知后及时到医疗机构甄别和确认病人身份。经甄别符合生活无着的流浪、乞讨人员救助条件的，救助管理机构应当及时为其办理救助登记手续。

第三十七条　因抢救生命垂危的受助人员等紧急情况，不能取得受助人员或者与其一同受助的近亲属意见，医疗机构征求救助管理机构意见的，救助管理机构应当建议医疗机构按照《中华人民共和国侵权责任法》规定处置。

需要对受助人员施行手术、特殊检查或者特殊治疗时，受助人员可以表达意见的，应当由受助人员自行决定；受助人员不同意的，救助管理机构可以做好记录并妥善保存。

在对受助未成年人实施医疗措施过程中，救助管理机构应当尊重医疗机构意见。

第三十八条　受助人员属于诊断结论表明需要住院治疗的精神障碍患者的，由送诊的有关部门办理住院治疗手续。

第三十九条　救助管理机构应当根据医疗机构出具的可以出院的证明

材料为受助人员办理出院手续。受助人员无故拒不出院的，救助管理机构应当终止对其救助。

第四十条 救助管理机构应当按照当地物价和卫生计生部门制定的医疗服务收费标准、国家基本药物目录与医疗机构核定受助人员医疗收费和用药范围。受助人员需要超范围用药或进行大型器械检查的，须经救助管理机构审查同意后方可实施。

第四节 未成年人教育服务

第四十一条 救助管理机构应当为受助未成年人提供关爱型服务和保护性措施，及时与受助未成年人沟通，了解其思想状况和遇困原因，经常组织受助未成年人参加有益于身心健康的文体活动、公益活动和社会实践活动，帮助受助未成年人树立正确的价值观、人生观。

第四十二条 救助管理机构应当对受助未成年人开展心理咨询和需求评估。受助未成年人存在心理和行为偏差的，救助管理机构应当进行有针对性的心理辅导和行为矫治。对于重复流浪或经评估发现不宜返回家庭的受助未成年人，救助管理机构可以延长救助期限。

第四十三条 流出地救助管理机构应当对受助未成年人的家庭监护情况进行调查评估；对确无监护能力的，由救助管理机构协助监护人及时委托其他人员代为监护；对拒不履行监护责任、经反复教育不改的，由救助管理机构向人民法院提出申请撤销其监护人资格，依法另行指定监护人。

第四十四条 救助管理机构应当区分受助未成年人年龄、文化程度、身体、精神状况和智力发展水平、滞留时间等不同情况，协助提供义务教育、替代教育等服务。

第四十五条 救助管理机构应当主动联系当地人力资源和社会保障等部门，协助年满14周岁、不宜接受义务教育且有职业技能培训意愿的受助未成年人接受免费职业技能培训。

第四十六条 受助未成年人在机构内接受教育培训的，救助管理机构应当制订适宜的教学计划，并对日常教学培训做好监督、检查工作。

第四十七条 受助未成年人有严重不良行为的，救助管理机构可以依法送其到专门学校进行矫治和接受教育。

第四十八条 受助未成年人暂时无法查明家庭情况或暂时无法离站的，救助管理机构可以为其办理家庭寄养、类家庭养育、机构托养等服务。安排具有意思表达能力的受助未成年人寄养托养的，应当征得其本人同意。办理寄养托养手续，应当符合相关标准要求。

第四章 离站服务

第一节 离站准备

第四十九条 救助管理机构应当根据受助人员需求，帮助其联系亲友，并为受助人员提取亲友汇款提供帮助。

第五十条 对年满16周岁、无精神障碍或智力残疾迹象的受助人员，救助管理机构救助期限一般不超过10天。受助人员临时生活困难已经解决的，救助管理机构应当协助其做好离站前准备并适时安排离站。

第五十一条 受助人员在医疗机构接受救治的，救助管理机构应当根据医疗机构出具的出院证明适时安排离站。

第二节 自行离站

第五十二条 年满16周岁、无精神障碍或智力残疾迹象的受助人员主动要求自行离站的，应当填写《自行离站声明书》（附件3）。救助管理机构应当为其办理离站手续，清点交接寄存物品，完成《在站服务及离站登记表》（附件4）。

第五十三条 自行离站人员没有交通费的，救助管理机构应当根据其实际需求提供乘车凭证和必要的饮食。

第五十四条 救助管理机构应当与当地（火）车站、港口协商购买、印制、查验及退返乘车凭证的具体方式，加强对受助人员乘车凭证的管理。

乘车凭证应当方便受助人员到达目的地，流入地到流出地有直达车、船交通工具的，应当提供直达乘车凭证。确需中转的，应当告知受助人员中转地站名、中转地救助管理机构地址及联系方式。

第五十五条 救助管理机构原则上不得为受助人员提供现金。因特殊情况需要提供短途公共交通费的，一般不超过 20 元，救助管理机构应当留存受助人员签收字据。

第五十六条 受助人员未办理离站手续、擅自离开救助管理机构或医疗机构的，视为主动放弃救助，救助管理机构应当做好文字记录并保存相关资料。

第三节 接送返回

第五十七条 不满 16 周岁的未成年人、行动不便的残疾人和其他特殊困难受助人员（以下简称"特殊困难受助人员"），应当由其亲属接领返回。

第五十八条 救助管理机构应当查验接领人身份证件，保留其身份证件复印件及有关证明材料，同时清点交接寄存物品，完成《在站服务及离站登记表》，办理交接手续。接领人拒不提供身份证件、证明材料或拒不签字确认的，不得移交受助人员。受助人员患病的，救助管理机构应当将受助人员病情信息告知接领人。

第五十九条 亲属不能接领特殊困难受助人员返回的，救助管理机构应当在核实情况后安排接送返回。

第六十条 流入地救助管理机构应当向流出地救助管理机构通报特殊困难受助人员人数、健康状况、家庭信息等基本情况，就接送方式、交接时间和地点等具体事项进行协商，并在交接时办理交接手续。

第六十一条 由流入地救助管理机构乘坐公共交通工具护送特殊困难受助人员返回的，流出地救助管理机构应当安排车辆到（火）车站、码头等到达地点接应。

第六十二条 流入地、流出地救助管理机构就接送事项不能达成一致意见的，应当报上级民政部门协调解决。

第六十三条 救助管理机构应当根据接送特殊困难受助人员人数、健康状况、风险隐患等情况合理安排工作人员人数及交通方式，必要时应当安排医护人员随行。接送途中发生意外情况的，工作人员应当及时妥善处置并向救助管理机构报告。

第六十四条 护送特殊困难受助人员返家前，流出地救助管理机构应当告知受助人员亲属做好接收准备，并在交接时办理交接手续。

第六十五条 联系受助人员返家时，其家人明确表示不接收的，流出地救助管理机构应当提前联系当地乡镇政府（街道办事处）、公安机关和居（村）民委员会到场，请其依法维护返家人员权益。

第六十六条 受助人员确已无家可归的，其户籍所在地的救助管理机构应当接收受助人员，并协调当地人民政府予以妥善安置。受助人员因长期流浪被注销户籍的，其户籍注销地的救助管理机构应当接收受助人员，并协调公安机关办理恢复户籍手续。

第六十七条 省级民政部门应当加强对跨省接送返回工作的指导，根据各救助管理机构自身条件、地理位置等情况，确定跨省接送单位，及时更新、发布并上报本省具备跨省接送条件的救助管理机构名单。

第四节 终止救助

第六十八条 受助人员有以下情形之一的，救助管理机构可以终止救助：

（一）无正当理由拒不离站或出院；

（二）拒不提供或拒不如实提供家庭信息；

（三）违法违纪、扰乱救助管理秩序；

（四）其他不符合继续救助的情形。

第六十九条 救助管理机构应当向受助人员解释终止救助的原因，清点交接寄存物品，完成《在站服务及离站登记表》，并向受助人员出具《终止救助通知书》（附件5，一式两份）。

第五节 其他情形

第七十条 经当地人民政府或民政部门批准，受助人员移送至有关机构长期安置的，救助管理机构应当清点交接寄存物品，完成《在站服务及离站登记表》，与相关机构办理交接手续。

第七十一条 受助人员被司法机关带离的，救助管理机构应当查验司法机关工作人员身份证件或执法证件，保留司法机关出具的有关证明材料及工作人员身份证件或执法证件复印件，清点交接寄存物品，完成《在站服务及离站登记表》，办理交接手续。

第七十二条　受助人员在医疗机构内死亡的，救助管理机构应当取得医疗机构出具的死亡证明书。受助人员在救助管理机构内因突发急病等原因经急救机构确认死亡的，救助管理机构应当及时报请公安机关到场处置并出具死亡原因鉴定书。

第七十三条　救助管理机构应当协助死亡受助人员亲属处理好后事，清点交接寄存物品，完成《在站服务及离站登记表》。亲属不能前来的，应当取得其同意火化的书面证明材料或电话录音、视频录像等资料。亲属明确拒绝前来的，应当留存其电话录音、视频录像等资料，由救助管理机构妥善处理后事，办理火化手续，骨灰及相关物品留存三年。

第七十四条　无法查明死亡受助人员身份或无法联系到其亲属的，救助管理机构应当在市级以上报刊上刊登公告，公告期30天（当地对无主尸体处置有规定的，依照当地规定处置）。公告期满后仍无人认领的，由救助管理机构妥善处理后事，办理火化手续，骨灰及相关物品留存三年。

第五章　机构管理

第七十五条　救助管理机构应当严格遵守相关法律法规，建立健全内部管理制度，明确岗位职责，规范工作流程，完善绩效评价，实行规范化管理。

第七十六条　救助管理机构应当建立岗位培训制度，工作人员应当经培训合格后上岗。工作人员上岗应当统一着装并佩戴工作标识。

第七十七条　救助管理机构应当建立安全保卫制度，在接待大厅配备安全检查门或金属探测器等安全检查设备，在楼院门外、接待大厅、楼道、食堂等公共区域及观察室等特殊区域安装具有存储功能的视频监控系统。监控录像资料保存期不少于3个月，特殊、重要资料以实物方式交存档案室。

第七十八条　救助管理机构应当建立值班巡查制度，值班人员应当熟知机构内受助人员情况，加强夜班巡查并做好巡查记录。值班人员应当在交接班时对患病、情绪异常等特殊受助人员重点交接。

第七十九条　救助管理机构应当建立信息管理制度，配备必要的工作电脑及相关设备，通过全国救助管理信息系统及时办理入站、离站等手续，信息录入应当真实、完整。

第八十条 救助管理机构应当建立财务管理制度，规范流浪乞讨人员救助资金支出标准、报销凭证及审批程序，健全内部控制流程。

第八十一条 救助管理机构应当建立宣传、引导社会组织、社会公众、志愿者等社会力量参与救助服务的工作制度，委托具有相应从业资质的机构开展心理辅导、教育培训、监护评估、寄养托养等救助服务。

第八十二条 救助管理机构应当建立消防安全制度，配备必要的消防设施，定期开展消防演练。

第八十三条 救助管理机构应当建立突发事件处置制度，制订针对极端天气、自然灾害、群体性事件等突发事件的应急预案，发生突发事件时应当迅速启动预案，采取有效措施予以处置，并及时向上级民政部门报告。

第八十四条 救助管理机构应当建立救助管理工作档案管理制度，做好纸质材料、电子文件的收集、整理和存档保管工作。

第八十五条 救助管理机构应当依法落实工作人员休假制度，每年至少开展一次全面的身体检查，保障工作人员身心健康。

第六章 附则

第八十六条 在极端天气或遭受自然灾害情况下，救助管理机构可以开设临时避寒、避暑或庇护场所，简化救助流程，为求助人员提供饭菜和住宿等基本服务。

第八十七条 求助人员或受助人员扰乱救助管理机构正常工作秩序的，救助管理机构应当报请公安机关到场处置。

第八十八条 没有设立救助管理机构的民政部门，可以参照本规程开展救助管理工作。

第八十九条 本规程由民政部负责解释，自 2014 年 8 月 1 日起实施。《民政部关于印发〈救助管理机构基本规范〉和〈流浪未成年人救助保护机构基本规范〉的通知》（民发〔2006〕118 号）自本规程实施之日起废止。

关于进一步落实受艾滋病影响儿童医疗教育和生活保障
等政策措施的通知

国卫办疾控发〔2014〕72 号

各省、自治区、直辖市卫生计生委、教育厅局、民政厅局，新疆生产建设
兵团卫生局、教育局、民政局：

为进一步贯彻落实《艾滋病防治条例》《国务院关于进一步加强艾滋
病防治工作的通知》（国发〔2010〕48 号）和《中国遏制与防治艾滋病
"十二五"行动计划》（国办发〔2012〕4 号），确保受艾滋病影响儿童医
疗、教育和生活保障等政策措施落实到位，现重申以下要求：

一、努力消除对受艾滋病影响儿童的社会歧视

各地要切实加强艾滋病防治知识的宣传教育，让群众正确认识和科学
防治艾滋病，知晓日常生活接触不会传播艾滋病，排斥和歧视艾滋病患者
无助于防治艾滋病，消除对艾滋病患者的恐惧心理，提高群众防治艾滋病
知识的认知度。加大《艾滋病防治条例》普法宣传，任何单位和个人不得
歧视艾滋病病毒感染者、艾滋病病人及其家属，艾滋病病毒感染者和病人
及其家属享有的就医、入学等合法权益受法律保护。弘扬社会主义核心价
值观，倡导和谐、文明、友善的价值理念，形成全社会共同抗击艾滋病、
关心爱护受艾滋病影响儿童的良好社会氛围。要因地制宜地采取形式多
样、群众喜闻乐见、通俗易懂的方式，进一步加大对农村地区、边远、贫
困和少数民族地区的宣传教育力度，努力做到家喻户晓、妇孺皆知。

二、切实落实受艾滋病影响儿童的各项政策措施

（一）进一步落实受艾滋病影响儿童的医疗服务。各地要切实加强预
防艾滋病母婴传播工作，有效降低感染艾滋病病毒孕产妇母婴传播风险。
对艾滋病病毒感染儿童，要落实定期随访检测、抗病毒治疗和心理关怀等
服务。要做好受艾滋病影响儿童的医疗救治、救助工作，各级医疗卫生机
构应当落实首诊（问）负责制，对诊疗服务中发现的艾滋病病毒感染儿
童，按照有关规定做好接诊和处置工作，不得以任何理由推诿或者拒绝诊
治。加强基本医疗保险、大病保险、医疗救助等制度的有效衔接，切实减
轻其医疗负担。

（二）进一步落实受艾滋病影响儿童接受教育的合法权益。各地教育行政部门和学校要在当地政府的统一领导下，与卫生计生、民政等部门密切配合，保障受艾滋病影响儿童接受教育的合法权益。在学前教育阶段、义务教育阶段、高中阶段和高等教育阶段家庭困难学生的资助体系中统筹解决受艾滋病影响儿童的资助问题，保证不让受艾滋病影响儿童因家庭困难上不起学或辍学。要加强对学校教师的宣传教育，增进教师对艾滋病综合防治知识的了解，引导学生平等对待受艾滋病影响儿童，及时化解受艾滋病影响儿童的心理问题，解决其学习困难。对少数入学困难的受艾滋病影响儿童，各地教育部门要妥善安排。

（三）进一步落实受艾滋病影响儿童的基本生活保障。各地要全面落实艾滋病致孤儿童和艾滋病病毒感染儿童的基本生活保障制度，按照民政部、财政部《关于发放孤儿基本生活费的通知》（民发〔2010〕161号）及《关于发放艾滋病病毒感染儿童基本生活费的通知》（民发〔2012〕179号）要求，及时、足额为艾滋病致孤儿童和艾滋病病毒感染儿童发放基本生活费，并建立基本生活最低养育标准自然增长机制。同时要进一步加强艾滋病病毒感染儿童基本生活费规范管理，建立民政、卫生计生部门联合审核上报机制，防止冒领、侵占现象的发生。要按照《社会救助暂行办法》的规定，确保将所有符合条件的受艾滋病影响儿童及时纳入城乡低保、特困人员供养范围，做到应保尽保；对受艾滋病影响导致基本生活暂时出现严重困难的家庭，给予临时救助。要用足用好社会救助、社会福利、社会保险和慈善捐赠等相关政策和资源，切实保障受艾滋病影响儿童的基本生活。

三、依法保护受艾滋病影响儿童的隐私

各地要依法加强对受艾滋病影响儿童的隐私保护，未经监护人同意，任何单位或者个人不得将儿童的姓名、住址、学校、肖像、病史资料以及其他可能推断出其具体身份的信息公开。对于泄露艾滋病病毒感染儿童信息的，依法进行处理。要教育和引导监护人和其他知情人避免将艾滋病病毒感染儿童的感染状况和其他信息告知无关人员，防止因信息泄露对儿童生活、学习、心理等方面造成不必要的伤害。

四、进一步加强督导检查

各级卫生计生、教育和民政部门要加大受艾滋病影响儿童医疗、教育和生活保障等政策措施落实情况的督导检查力度。对推诿或者拒绝受艾滋病影响儿童入学、就医，以及截留、冒领或不按照规定为艾滋病致孤儿童和艾滋病病毒感染儿童发放基本生活费的单位和个人，要依法依规严肃处理。国家卫生计生委、教育部和民政部将于近期组成联合督导组，对政策落实情况开展抽查。

国家卫生计生委办公厅　教育部办公厅　民政部办公厅
2014 年 12 月 21 日

国家卫生计生委关于加强计划生育基层基础工作的指导意见

国卫指导发〔2014〕37 号

各省、自治区、直辖市卫生计生委（人口计生委），新疆生产建设兵团人口计生委：

为贯彻落实党的十八大和十八届二中、三中全会精神以及《中共中央　国务院关于调整完善生育政策的意见》（中发〔2013〕15 号，以下简称中央《意见》），坚持计划生育基本国策，做好机构改革和调整完善生育政策工作，促进人口长期均衡发展，现就加强计划生育基层基础工作提出以下意见。

一、充分认识加强基层基础工作的重要意义

实行计划生育以来，在党中央、国务院的正确领导下，各地坚持党政一把手亲自抓、负总责，坚持实行计划生育目标管理责任制和"一票否决"制，重视和加强基层基础工作，贯彻宣传教育为主、避孕为主、经常性工作为主的方针，形成了行政管理、技术服务、群众工作"三位一体"的工作网络，建立了顾全大局、扎根基层、求真务实、无私奉献的工作队伍。经过 40 多年的艰苦努力，计划生育工作取得了巨大成就，为促进经济社会持续健康发展、全面建成小康社会创造了有利的人口环境。

进入新世纪，我国人口形势更加复杂，人口众多仍然是长期面临的基

本国情，人口结构性问题日益成为影响经济社会发展的重要因素。党的十八大明确提出，坚持计划生育的基本国策，提高出生人口素质，逐步完善政策，促进人口长期均衡发展。党的十八届二中全会决定整合卫生和计划生育部门，十八届三中全会决定启动实施单独两孩政策，中央《意见》对全面做好新时期计划生育工作进行了部署。落实好中央的重大决策，必须全面加强计划生育基层基础工作。这是实现计划生育工作转型发展、更好地为群众服务、让群众满意的迫切需要；是加快推进机构改革、转变政府职能的客观要求；是稳妥扎实有序落实单独两孩政策、稳定适度低生育水平、促进人口长期均衡发展的根本保障。各地要提高认识，改革创新，切实加强计划生育基层基础工作，努力开创事业发展的新局面。

二、基本原则和工作目标

（一）基本原则。

一是坚持以人为本。尊重群众计划生育主体地位，寓管理于服务之中，切实维护群众实行计划生育的合法权益，提高人民群众的满意度。

二是坚持重心下移。稳定和健全基层工作网络和队伍，完善制度，加大投入，加强培训，提高待遇，保证基层有人管事、有钱办事、照章理事。

三是坚持资源整合。充分发挥基层卫生和计划生育的优势，促进资源整合、信息共享，加强与相关部门沟通协调，形成齐抓共管、综合治理的格局。

四是坚持改革创新。更加注重人文关怀，更加注重利益导向，更加注重宣传引导，全面推进依法行政，改革基层服务管理模式，实现工作思路和工作方法的根本转变。

（二）工作目标。

当前和今后一个时期，以全面深化改革为动力，协调推进计划生育体制机制、政策制度、方式方法的改革，健全管理科学、服务优质、运行规范的计划生育工作网络，建设结构合理、素质优良、保障有力的计划生育基层工作队伍，完善宣传教育、依法管理、群众自治、优质服务、政策推动、综合治理的基层工作长效机制，加快推进计划生育治理体系和治理能力现代化，全面提高基层计划生育服务管理水平，为落实计划生育基本国策、逐步调整完善生育政策、促进人口长期均衡发展奠定坚实的基础，提供有力的保障。

三、切实巩固和加强基层工作网络

（一）稳定行政管理机构和队伍。在卫生计生机构改革中，确保基层计划生育工作只能加强，不能削弱。县级卫生和计划生育部门要合理设置相关机构，充实力量，明确职责，履行好计划生育服务管理职能。健全乡镇（街道）计划生育办公室，按常住人口比例合理配备工作人员，承担宣传计划生育法律法规、落实奖励优待政策、统计婚育和出生信息、指导开展技术服务、查处违法生育等任务，督促辖区内机关、企事业单位、社会团体落实计划生育责任，指导村（居）民委员会做好计划生育工作，履行基层公共卫生、卫生监督等职能。

（二）优化配置服务机构和队伍。认真贯彻国家卫生计生委、中央编办《关于优化整合妇幼保健和计划生育技术服务资源的指导意见》（国卫妇幼发〔2013〕44号），有效整合县、乡妇幼保健和计划生育技术服务资源，优势互补，增强基层计划生育技术服务能力，保障计划生育宣传教育、技术服务、优生指导、药具发放、信息咨询、随访服务、生殖保健、人员培训等职责的落实。

（三）加强村（居）计划生育队伍建设。村（居）党组织、村（居）民委员会要切实承担计划生育工作职责，健全计划生育领导小组或计划生育委员会，配强配齐专职工作人员，合理确定工资、福利待遇。村（居）计划生育专职工作人员经过培训可以兼任新农合监督、疾病防控、卫生监督信息员。机关、企事业单位、社会团体要配备计划生育专（兼）职工作人员。

（四）健全完善基层计划生育协会组织。充分发挥计生协生力军作用，加强领导班子建设，健全基层工作网络。通过政策引导、项目支持等方式，大力支持协会发展，增强协会的活力和能力。在新经济组织、新社会组织和流动人口集聚地普遍建立计划生育协会。

四、扎实做好基层经常性工作

（一）加强宣传引导。通过多种形式和渠道，宣传我国人口国情、计划生育基本国策和计划生育工作取得的巨大成就，增强全社会的国情、国策意识；宣传计划生育法律法规、调整完善生育政策措施，促进人口长期均衡发展；大力推进"婚育新风进万家"活动，宣传避孕节育、优生优育、生殖健康知识，倡导科学、文明、进步的婚育观念。做好信息公开和政策解读，回应社会关切。

（二）加强依法管理。按照合法行政、合理行政、程序正当、高效便民、诚实守信、权责统一的要求，改进执法方式，推进基层依法管理规范化建设。规范社会抚养费征收管理，严格执行"收支两条线"。积极推进生育服务证制度改革，简化再生育审批。加大流动人口计划生育服务管理，推进流动人口卫生和计划生育基本公共服务均等化。深入开展"关爱女孩行动"，依法查处"两非"案件，综合治理出生人口性别比偏高问题。深入开展阳光计生行动，做好信访维稳工作。

（三）加强技术服务。开展计划生育、优生优育、生殖健康服务，推进避孕方法知情选择，引导群众选择安全、适宜、长效为主的避孕措施。严格禁止非医学需要的大月份引产。全面实施免费孕前优生健康检查项目，开展出生缺陷综合防治，提高出生人口素质。落实国家免费计划生育基本技术服务项目，严格服务规程，确保服务质量。

（四）加强利益导向。落实法定奖励政策，实施农村部分计划生育家庭奖励扶助制度、计划生育家庭特别扶助制度和西部地区"少生快富"工程等"三项制度"。做好计划生育特殊困难家庭的经济扶助、养老保障、医疗保障、社会关怀等工作。鼓励社会力量为计划生育家庭提供服务。全面开展创建幸福家庭活动、新家庭计划和生育关怀行动。

（五）加强信息管理。依托村（居）工作网络和队伍，落实定期采集信息制度。协调建立孕期保健、住院分娩、免疫规划、户籍管理、迁移流动、婚姻登记、义务教育、社会保障等信息共享机制，做好出生人口统计与监测工作。深入开发利用全员人口信息资源，运用信息化手段，精简基层台账、报表。提高信息质量，保障信息安全。

（六）加强群众自治。充分发扬民主，依法制订计划生育群众自治章程和计划生育公约，明确村（居）民委员会的计划生育职责、计划生育协会的任务、群众应享有的权利和义务，结合实际制订计划生育奖励、制约措施，引导群众自我管理、自我服务、自我教育、自我监督。加大诚信计生推进力度，实行政府或村（居）民委员会与群众"双向承诺，互为守信"。

五、加强组织领导

（一）落实领导责任。继续坚持计划生育党政一把手亲自抓、负总责，坚持目标管理责任制考核，坚持"一票否决"制。坚持和完善计划生育领导小组制度，着力研究解决制约基层计划生育发展的突出问题，确保责任到位、措施到位、投入到位、落实到位。

（二）加强综合治理。明确各部门计划生育工作职责，加强政策统筹，加强工作协调，加强信息共享，促进相关部门经济社会政策和服务管理措施与计划生育工作有机衔接，形成齐抓共管计划生育工作的政策环境和工作机制。综合治理措施不得与法律法规相抵触。

（三）加大投入力度。落实《财政部　人口计生委关于完善人口和计划生育投入保障机制的意见》（财教〔2011〕558号）精神，健全稳定增长的财政投入保障机制，确保计划生育财政投入增长幅度要高于经常性财政收入增长幅度，确保法律法规规定的各项奖励扶助和优惠政策、免费基本技术服务、基层机构和队伍建设、经常性工作等经费的落实。不得将计划生育财政投入与社会抚养费征收挂钩。

（四）提升队伍能力。研究制订基层计划生育工作队伍建设规划，合理配置人才资源，引进优秀人才，加大教育培训力度，提升学历层次，以能力建设为核心推进队伍职业化建设。强化宗旨意识、法治意识、服务意识，增强做好计划生育工作的责任感和使命感。从政治、经济、生活上关心关爱基层工作者，对先进人物给予表彰和奖励。

（五）实行创建引领。深入开展计划生育优质服务先进单位创建活动，坚持改革创新，完善指标体系，改进评估方式，加强过程管理，实行定期复评，建立激励和退出机制，确保计划生育优质服务先进单位创建活动的示范性和导向性，带动整体服务管理水平的提高。

（六）改进考核评估。科学设定目标管理责任制考核指标，把党政重视、部门协同、群众参与、队伍建设、经费保障、依法行政、利益导向作为目标考核的重要内容。简化考核程序，减少考核频次，探索建立第三方评估机制。加强对考核结果的运用，严格兑现奖惩。

各地要结合实际，认真贯彻落实本意见精神，我委将适时组织督查。

国家卫生计生委

2014 年 7 月 2 日

国家卫生和计划生育委员会 国家发展改革委 教育部 财政部 国家中医药管理局 关于印发《村卫生室管理办法（试行）》的通知

国卫基层发〔2014〕33 号

各省、自治区、直辖市卫生计生委（卫生厅局、人口计生委）、发展改革委、教育厅（教委）、财政厅局、中医药局：

为贯彻落实深化医药卫生体制改革精神，进一步加强村卫生室管理，更好地为农村居民提供基本医疗卫生服务，我们制定了《村卫生室管理办法（试行）》（可从国家卫生和计划生育委员会网站下载）。现印发给你们，请遵照执行。

国家卫生计生委 国家发展改革委 教育部

财政部 国家中医药管理局

2014 年 6 月 3 日

村卫生室管理办法（试行）

第一章 总则

第一条 为加强村卫生室管理，明确村卫生室功能定位和服务范围，保障农村居民获得公共卫生和基本医疗服务，根据《执业医师法》《医疗机构管理条例》《乡村医生从业管理条例》《中医药条例》等有关法律法规，制定本办法。

第二条 本办法适用于经县级卫生计生行政部门设置审批和执业登

记，依法取得《医疗机构执业许可证》，并在行政村设置的卫生室（所、站）。

第三条 本办法所指村卫生室人员，包括在村卫生室执业的执业医师、执业助理医师（含乡镇执业助理医师）、乡村医生和护士等人员。

第四条 村卫生室是农村公共服务体系的重要组成部分，是农村医疗卫生服务体系的基础。各地要采取公建民营、政府补助等方式，支持村卫生室房屋建设、设备购置和正常运转。

第五条 国家卫生计生委会同国家发展改革委、财政部指导各地制订村卫生室的设置规划，并负责全国村卫生室的监督管理等工作。

省、市级卫生计生行政部门会同同级发展改革、财政等部门制订本行政区域内村卫生室的设置规划，并负责本行政区域内村卫生室的监督管理等工作。

县级卫生计生行政部门合理规划村卫生室设置，负责本行政区域内村卫生室的设置审批、执业登记、监督管理等工作。

第六条 稳妥推进乡村卫生服务一体化管理，县级以上地方卫生计生行政部门在机构设置规划与建设、人员准入与执业管理、业务、药械和绩效考核等方面加强对村卫生室的规范管理。

第二章 功能任务

第七条 村卫生室承担与其功能相适应的公共卫生服务、基本医疗服务和上级卫生计生行政部门交办的其他工作。

第八条 村卫生室承担行政村的健康教育、预防保健等公共卫生服务，主要包括：

（一）承担、参与或协助开展基本公共卫生服务；

（二）参与或协助专业公共卫生机构落实重大公共卫生服务；

（三）县级以上卫生计生行政部门布置的其他公共卫生任务。

第九条 村卫生室提供的基本医疗服务主要包括：

（一）疾病的初步诊查和常见病、多发病的基本诊疗以及康复指导、护理服务；

（二）危急重症病人的初步现场急救和转诊服务；

（三）传染病和疑似传染病人的转诊；

（四）县级以上卫生计生行政部门规定的其他基本医疗服务。

除为挽救患者生命而实施的急救性外科止血、小伤口处置外，村卫生室原则上不得提供以下服务：

（一）手术、住院和分娩服务；

（二）与其功能不相适应的医疗服务；

（三）县级以上地方卫生计生行政部门明确规定不得从事的其他医疗服务。

第十条 村卫生室承担卫生计生行政部门交办的卫生计生政策和知识宣传，信息收集上报，协助开展新型农村合作医疗政策宣传和筹资等工作。

第十一条 村卫生室应当提供与其功能相适应的中医药（民族医药）服务及计生药具药品服务。

第三章 机构设置与审批

第十二条 村卫生室设置应当遵循以下基本原则：

（一）符合当地区域卫生规划、医疗机构设置规划和新农村建设规划；

（二）统筹考虑当地经济社会发展水平、农村居民卫生服务需求、服务人口、地理交通条件等因素，方便群众就医；

（三）综合利用农村卫生资源，优化卫生资源配置；

（四）符合《医疗机构管理条例》及实施细则的有关规定，达到《医疗机构基本标准》要求。

第十三条 原则上一个行政村设置一所村卫生室，人口较多或者居住分散的行政村可酌情增设；人口较少或面积较小的行政村，可与相邻行政村联合设置村卫生室。乡镇卫生院所在地的行政村原则上可不设村卫生室。

第十四条 县级卫生计生行政部门依据国家有关法律法规办理村卫生室的设置审批和执业登记等有关事项。

第十五条 村卫生室登记的诊疗科目为预防保健科、全科医疗科和中医科（民族医学科）。村卫生室原则上不得登记其他诊疗科目。

第十六条　村卫生室的命名原则是：乡镇名＋行政村名＋卫生室（所、站）。如一个行政村设立多个村卫生室，可在村卫生室前增加识别名。村卫生室不得使用或加挂其他类别医疗机构的名称。

第十七条　村卫生室房屋建设规模不低于 60 平方米，服务人口多的应当适当调增建筑面积。村卫生室至少设有诊室、治疗室、公共卫生室和药房。经县级卫生计生行政部门核准，开展静脉给药服务项目的增设观察室，根据需要设立值班室，鼓励有条件的设立康复室。

村卫生室不得设置手术室、制剂室、产房和住院病床。

第十八条　村卫生室设备配置要按照满足农村居民基本医疗卫生服务需求的原则，根据省级以上卫生计生行政部门有关规定予以配备。

第十九条　村卫生室应当按照医疗机构校验管理的相关规定定期向登记机关申请校验。

第四章　人员配备与管理

第二十条　根据辖区服务人口、农村居民医疗卫生服务现状和预期需求以及地理条件等因素，原则上按照每千服务人口不低于 1 名的比例配备村卫生室人员。具体标准由省级卫生计生行政部门制订。

第二十一条　在村卫生室从事预防、保健和医疗服务的人员应当依法取得相应的执业资格。

第二十二条　政府举办的村卫生室要按照公开、公平、择优的原则，聘用职业道德好和业务能力强的人员到村卫生室执业。鼓励有条件的地方由乡镇卫生院派驻医师到村卫生室执业。

第二十三条　建立村卫生室人员培训制度。省级卫生计生行政部门组织制订村卫生室人员培训规划。县级卫生计生行政部门采取临床进修、集中培训、远程教育、对口帮扶等多种方式，保证村卫生室人员每年至少接受两次免费岗位技能培训，累计培训时间不低于两周，培训内容应当与村卫生室日常工作相适应。

第二十四条　鼓励在岗村卫生室人员接受医学学历继续教育，促进乡村医生向执业（助理）医师转化。有条件的地方要制定优惠政策，吸引执业（助理）医师和取得相应执业资格的医学类专业毕业生到村卫生室工作，并对其进行业务培训。

第二十五条 探索乡村医生后备人才培养模式。地方卫生计生、教育行政部门要结合实际，从本地选拔综合素质好、具有培养潜质的青年后备人员到医学院校定向培养，也可选拔、招聘符合条件的医学类专业毕业生直接接受毕业后培训，取得相应执业资格后到村卫生室执业。

第二十六条 村卫生室人员要加强医德医风建设，严格遵守医务人员医德规范和医疗机构从业人员行为规范。

第二十七条 村卫生室要有明显禁烟标识，室内禁止吸烟。服务标识规范、醒目，就医环境美化、绿化、整洁、温馨。村卫生室人员着装规范，主动、热情、周到、文明服务。

第二十八条 县级卫生计生行政部门组织或委托乡镇卫生院对村卫生室实行定期绩效考核。考核结果作为相应的财政补助资金发放、人员奖惩和村卫生室人员执业再注册的依据。

第二十九条 结合养老保险制度的建立健全和村卫生室人员考核工作的开展，地方卫生计生行政部门逐步建立村卫生室人员的到龄退出和考核不合格退出机制。

第五章 业务管理

第三十条 村卫生室及其医务人员应当严格遵守国家有关法律、法规、规章，严格执行诊疗规范、操作规程等技术规范，加强医疗质量与安全管理。

第三十一条 县级卫生计生行政部门建立健全村卫生室的医疗质量管理、医疗安全、人员岗位责任、定期在岗培训、门诊登记、法定传染病疫情报告、食源性疾病或疑似病例信息报告、医疗废物管理、医源性感染管理、免疫规划工作管理、严重精神障碍患者服务管理、妇幼保健工作管理以及财务、药品、档案、信息管理等有关规章制度。

第三十二条 村卫生室在许可的执业范围内，使用适宜技术、适宜设备和按规定配备使用的基本药物为农村居民提供基本医疗卫生服务，不得超范围执业。鼓励村卫生室人员学习中医药知识，运用中医药技术和方法防治疾病。

第三十三条 纳入基本药物制度实施范围内的村卫生室按照规定配备和使用基本药物，实施基本药物集中采购和零差率销售。村卫生室建立真实完整的药品购销、验收记录。

第三十四条 村卫生室必须同时具备以下条件，并经县级卫生计生行政部门核准后方可提供静脉给药服务：

（一）具备独立的静脉给药观察室及观察床；

（二）配备常用的抢救药品、设备及供氧设施；

（三）具备静脉药品配置的条件；

（四）开展静脉给药服务的村卫生室人员应当具备预防和处理输液反应的救护措施和急救能力；

（五）开展抗菌药物静脉给药业务的，应当符合抗菌药物临床应用相关规定。

第三十五条 按照预防接种工作规范和国家有关规定，由县级卫生计生行政部门指定为预防接种单位的村卫生室必须具备以下条件：

（一）村卫生室人员经过县级卫生计生行政部门组织的预防接种专业培训并考核合格；

（二）具有符合疫苗储存、运输管理规范的冷藏设施、设备和冷藏保管制度；

（三）自觉接受所在地县级疾病预防控制机构的技术指导，所在地乡镇卫生院的督导、人员培训和对冷链设备使用管理的指导。

第三十六条 建立健全例会制度，乡镇卫生院每月至少组织辖区内村卫生室人员召开一次例会，包括以下内容：

（一）村卫生室人员汇报本村卫生室上月基本医疗和公共卫生工作情况，报送相关信息报表，提出工作中遇到的问题和合理化建议；

（二）乡镇卫生院汇总各村卫生室工作情况，对村卫生室人员反映的问题予以协调解决，必要时向县级卫生计生行政部门报告；

（三）乡镇卫生院对村卫生室人员开展业务和卫生政策等方面的培训；

（四）乡镇卫生院传达有关卫生政策，并部署当月工作。

第三十七条 村卫生室医疗废物、污水处理设施应当符合《医疗废物管理条例》等有关规定。

第三十八条 加强村卫生室信息化建设，支持村卫生室以信息化技术管理农村居民健康档案、接受远程医学教育、开展远程医疗咨询、进行医院感染暴发信息报告、开展新型农村合作医疗医药费用即时结报、实行乡镇卫生院和村卫生室统一的电子票据和处方笺等工作。

第三十九条 村卫生室与村计生专干、乡镇卫生院、乡镇计生办之间要及时通报人口出生、妊娠、避孕等个案信息。

第六章 财务管理

第四十条 在乡镇卫生院指导下，村卫生室应当做好医疗业务收支记录以及资产登记等工作。

第四十一条 在不增加农村居民个人负担的基础上，省级卫生计生行政部门要会同财政、物价等部门，合理制订村卫生室的一般诊疗费标准以及新型农村合作医疗支付标准和管理办法。

第四十二条 村卫生室要主动公开医疗服务和药品收费项目及价格，并将药品品种和购销价格在村卫生室醒目位置进行公示，做到收费有单据、账目有记录、支出有凭证。

第七章 保障措施

第四十三条 不得挤占、截留或挪用村卫生室补偿经费和建设资金，确保专款专用。严禁任何部门以任何名义向村卫生室收取、摊派国家规定之外的费用。

第四十四条 建立健全村卫生室补偿机制和绩效考核制度，保证村卫生室人员的合理待遇：

（一）县级卫生计生行政部门要明确应当由村卫生室提供的基本公共卫生服务具体内容，并合理核定其任务量，考核后按其实际工作量，通过政府购买服务的方式将相应的基本公共卫生服务经费拨付给村卫生室；

（二）将符合条件的村卫生室纳入新型农村合作医疗定点医疗机构管理，并将村卫生室收取的一般诊疗费和使用的基本药物纳入新型农村合作医疗支付范围；

（三）村卫生室实行基本药物制度后，各地要采取专项补助的方式对村卫生室人员给予定额补偿，补助水平与对当地村干部的补助水平相衔接，具体补偿政策由各省（区、市）结合实际制定；

（四）鼓励各地提高对服务年限长和在偏远、条件艰苦地区执业的村卫生室人员的补助水平。

上述经费应当在每年年初预拨一定比例，绩效考核合格后结算。

第四十五条 各地应当在房屋建设、设备购置、配套设施等方面对村卫生室建设给予支持。由政府或集体建设的村卫生室，建设用地应当由当地政府无偿划拨，村卫生室建成后由村委会或政府举办的乡镇卫生院管理。

第四十六条 支持村卫生室人员按规定参加城乡居民社会养老保险，按规定领取养老金。鼓励有条件的地方采取多种方式适当提高村卫生室人员养老待遇。

第四十七条 各地要将完善村卫生室基础设施建设、公共卫生服务经费和村卫生室人员实施国家基本药物制度补助等方面所需资金纳入财政年度预算，并确保及时足额拨付到位。

第八章 附则

第四十八条 村卫生室及其医务人员在执业活动中作出突出贡献的，县级及以上卫生计生行政部门应当给予奖励。

第四十九条 村卫生室及其医务人员违反国家法律法规及本办法的，卫生计生行政部门应当依据有关法律法规予以处理。

第五十条 各省、自治区、直辖市卫生计生行政部门根据本办法，制订实施细则。

第五十一条 本办法由国家卫生计生委会同国家发展改革委、教育部、财政部、国家中医药局负责解释。

第五十二条 本办法自印发之日起施行。

国家卫生计生委 国家发展改革委

教育部 财政部 国家中医药管理局

2014 年 6 月 3 日

国务院办公厅转发民政部等部门关于进一步完善医疗救助制度全面开展重特大疾病医疗救助工作意见的通知

国办发〔2015〕30号

各省、自治区、直辖市人民政府，国务院各部委、各直属机构：

民政部、财政部、人力资源和社会保障部、国家卫生计生委、保监会《关于进一步完善医疗救助制度全面开展重特大疾病医疗救助工作的意见》已经国务院同意，现转发给你们，请认真贯彻执行。

国务院办公厅

2015年4月21日

关于进一步完善医疗救助制度全面开展重特大疾病医疗救助工作的意见

为全面落实《社会救助暂行办法》有关规定，编密织牢保障基本民生安全网，根据国务院决策部署和有关工作安排，现就进一步完善医疗救助制度、全面开展重特大疾病医疗救助工作提出以下意见：

一、总体要求

（一）指导思想。

深入贯彻党的十八大和十八届二中、三中、四中全会精神，以健全社会救助体系、保障困难群众基本医疗权益为目标，进一步健全工作机制，完善政策措施，强化规范管理，加强统筹衔接，不断提高医疗救助管理服务水平，最大限度减轻困难群众医疗支出负担。

（二）基本原则。

托住底线。按照救助对象医疗费用、家庭困难程度和负担能力等因素，科学合理制订救助方案，确保其获得必需的基本医疗卫生服务；救助水平与经济社会发展水平相适应。

统筹衔接。推进医疗救助制度城乡统筹发展，加强与基本医疗保险、城乡居民大病保险、疾病应急救助及各类补充医疗保险、商业保险等制度的有效衔接，形成制度合力。加强与慈善事业有序衔接，实现政府救助与社会力量参与的高效联动和良性互动。

公开公正。公开救助政策、工作程序、救助对象以及实施情况，主动接受群众和社会监督，确保过程公开透明、结果公平公正。

高效便捷。优化救助流程，简化结算程序，加快信息化建设，增强救助时效，发挥救急难功能，使困难群众及时得到有效救助。

（三）目标任务。

城市医疗救助制度和农村医疗救助制度于2015年底前合并实施，全面开展重特大疾病医疗救助工作，进一步细化实化政策措施，实现医疗救助制度科学规范、运行有效，与相关社会救助、医疗保障政策相配套，保障城乡居民基本医疗权益。

二、完善医疗救助制度

（一）整合城乡医疗救助制度。各地要在2015年底前，将城市医疗救助制度和农村医疗救助制度整合为城乡医疗救助制度。要按照《城乡医疗救助基金管理办法》（财社〔2013〕217号）的要求，合并原来在社会保障基金财政专户中分设的"城市医疗救助基金专账"和"农村医疗救助基金专账"，在政策目标、资金筹集、对象范围、救助标准、救助程序等方面加快推进城乡统筹，确保城乡困难群众获取医疗救助的权利公平、机会公平、规则公平、待遇公平。

（二）合理界定医疗救助对象。最低生活保障家庭成员和特困供养人员是医疗救助的重点救助对象。要逐步将低收入家庭的老年人、未成年人、重度残疾人和重病患者等困难群众（以下统称低收入救助对象），以及县级以上人民政府规定的其他特殊困难人员纳入救助范围。适当拓展重特大疾病医疗救助对象范围，积极探索对发生高额医疗费用、超过家庭承受能力、基本生活出现严重困难家庭中的重病患者（以下称因病致贫家庭重病患者）实施救助。在各类医疗救助对象中，要重点加大对重病、重残儿童的救助力度。

（三）资助参保参合。对重点救助对象参加城镇居民基本医疗保险或新型农村合作医疗的个人缴费部分进行补贴，特困供养人员给予全额资助，最低生活保障家庭成员给予定额资助，保障其获得基本医疗保险服务。具体资助办法由县级以上地方人民政府根据本地经济社会发展水平和医疗救助资金筹集情况等因素研究制定。

（四）规范门诊救助。门诊救助的重点是因患慢性病需要长期服药或者患重特大疾病需要长期门诊治疗，导致自负费用较高的医疗救助对象。卫生计生部门已经明确诊疗路径、能够通过门诊治疗的病种，可采取单病种付费等方式开展门诊救助。门诊救助的最高救助限额由县级以上地方人民政府根据当地救助对象需求和医疗救助资金筹集等情况研究确定。

（五）完善住院救助。重点救助对象在定点医疗机构发生的政策范围内住院费用中，对经基本医疗保险、城乡居民大病保险及各类补充医疗保险、商业保险报销后的个人负担费用，在年度救助限额内按不低于70%的比例给予救助。住院救助的年度最高救助限额由县级以上地方人民政府根据当地救助对象需求和医疗救助资金筹集等情况确定。定点医疗机构应当减免救助对象住院押金，及时给予救治；医疗救助经办机构要及时确认救助对象，并可向定点医疗机构提供一定额度的预付资金，方便救助对象看病就医。

三、全面开展重特大疾病医疗救助

（一）科学制订实施方案。各地要在评估、总结试点经验基础上，进一步完善实施方案，扩大政策覆盖地区，全面开展重特大疾病医疗救助工作。对重点救助对象和低收入救助对象经基本医疗保险、城乡居民大病保险及各类补充医疗保险、商业保险等报销后个人负担的合规医疗费用，直接予以救助；因病致贫家庭重病患者等其他救助对象负担的合规医疗费用，先由其个人支付，对超过家庭负担能力的部分予以救助。合规医疗费用主要参照当地基本医疗保险的有关规定确定，已经开展城乡居民大病保险的地区，也可以参照城乡居民大病保险的有关规定确定。

（二）合理确定救助标准。综合考虑患病家庭负担能力、个人自负费用、当地筹资情况等因素，分类分段设置重特大疾病医疗救助比例和最高救助限额。原则上重点救助对象的救助比例高于低收入救助对象，低收入救助对象高于其他救助对象；同一类救助对象，个人自负费用数额越大，救助比例越高。对重点救助对象应当全面取消救助门槛；对因病致贫家庭重病患者可设置起付线，对起付线以上的自负费用给予救助。

（三）明确就医用药范围。重特大疾病医疗救助的用药范围、诊疗项目等，原则上参照基本医疗保险和城乡居民大病保险的相关规定执行。对确需到上级医疗机构或跨县域异地医院就诊的医疗救助对象，应按规定履行转诊或备案手续。对已明确临床诊疗路径的重特大疾病病种，可采取按病种付费等方式给予救助。

（四）加强与相关医疗保障制度的衔接。民政、财政、人力资源和社会保障、卫生计生、保险监管等部门要加强协作配合，共同做好重特大疾病医疗救助与基本医疗保险、城乡居民大病保险、疾病应急救助、商业保险的有效衔接，确保城乡居民大病保险覆盖所有贫困重特大疾病患者，帮助所有符合条件的困难群众获得保险补偿和医疗救助。加强重特大疾病医疗救助与疾病应急救助制度的高效联动，将救助关口前移，主动对符合条件的疾病应急救助对象进行救助。民政部门要会同有关部门以及城乡居民大病保险承办服务机构，进一步完善信息共享和业务协作机制，共同做好重特大疾病医疗救助相关基础工作。

四、健全工作机制

（一）健全筹资机制。各地要根据救助对象数量、患病率、救助标准、医药费用增长情况，以及基本医疗保险、城乡居民大病保险、商业保险报销水平等，科学测算医疗救助资金需求，加大财政投入，鼓励和引导社会捐赠，健全多渠道筹资机制。县级财政要根据测算的资金需求和上级财政补助资金情况，合理安排本级财政医疗救助资金，并纳入年度预算。省级和地市级财政应加大对本行政区域内经济困难地区的资金补助力度。中央财政在分配医疗救助补助资金时，将进一步加大对地方各级财政筹资情况的考核力度。各地应根据年度筹资情况及时调整救助方案，提高资金使用效益。

（二）健全"一站式"即时结算机制。做到医疗救助与基本医疗保险、城乡居民大病保险、疾病应急救助、商业保险等信息管理平台互联互享、公开透明，实现"一站式"信息交换和即时结算，救助对象所发生的医疗费用可先由定点医疗机构垫付医疗救助基金支付的部分，救助对象只支付自负部分。结合医保异地就医工作的推进，积极探索重特大疾病医疗救助异地就医管理机制。

（三）健全救助服务监管机制。要在基本医疗保险定点医疗机构范围内，按照公开平等、竞争择优的原则确定医疗救助定点医疗机构。民政部门要与医疗救助定点医疗机构签订委托合作协议，明确服务内容、服务质量、费用结算以及双方的责任义务，制定服务规范，并会同财政、人力资源和社会保障、卫生计生等部门及商业保险机构做好对医疗服务行为质量的监督管理，防控不合理医疗行为和费用。对不按规定用药、诊疗以及提供医疗服务所发生的费用，医疗救助基金不予结算。对违反合作协议，不按规定提供医疗救助服务，造成医疗救助资金流失或浪费的，要终止定点合作协议，取消医疗救助定点医疗机构资格，并依法追究责任。

（四）健全社会力量参与的衔接机制。各地要加强医疗救助与社会力量参与的衔接机制建设，落实国家有关财税优惠、费用减免等政策规定，支持、引导社会力量通过捐赠资金、物资积极参与医疗救助特别是重特大疾病医疗救助，形成对政府救助的有效补充。要搭建信息共享平台，及时提供救助需求信息，为社会力量参与医疗救助创造条件、提供便利，形成工作合力。要从困难群众医疗保障需求出发，帮助他们寻求慈善帮扶。要注重发挥社会力量的专业优势，提供医疗费用补助、心理疏导、亲情陪护等形式多样的慈善医疗服务，帮助困难群众减轻医疗经济负担、缓解身心压力。

五、加强组织领导

完善医疗救助制度、全面开展重特大疾病医疗救助工作，缓解因病陷入困境群众的"不能承受之重"，是政府的重要职责。县级以上地方各级人民政府要加强组织领导，细化政策措施，明确进度安排，落实管理责任，加大资金投入，强化督促检查，务求取得实效。要切实加强基层经办机构和能力建设，做到事有人管、责有人负，不断提高工作水平。

各级民政部门要主动加强与财政、人力资源和社会保障、卫生计生、保险监管等部门的协调配合，做好医疗救助方案设计、政策调整等工作，更好地发挥医疗救助救急难作用。对于医疗救助政策难以解决的个案问题，要充分利用当地社会救助协调工作机制，专题研究解决措施，避免冲击社会道德和心理底线的事件发生。

民政部　财政部　人力资源和社会保障部

国家卫生计生委　保监会

四 儿童保护

民政部关于开展第二批全国未成年人社会保护试点工作的通知

民函〔2014〕240号

各省、自治区、直辖市民政厅（局），各计划单列市民政局，新疆生产建设兵团民政局：

为进一步推进未成年人社会保护试点工作，探索建立新型未成年人社会保护制度，切实保障未成年人合法权益，在第一批未成年人社会保护试点工作取得良好成效的基础上，经自主申报和择优确定，民政部决定在78个地区开展第二批全国未成年人社会保护试点工作。现将有关事项通知如下：

一、总体思路

深入贯彻落实党的十八大和十八届二中、三中全会精神，按照党中央关于全面深化改革、创新社会治理方式的总体部署，探索建立未成年人社会保护"监测预防、发现报告、帮扶干预"联动反应机制，构建覆盖城乡的未成年人社会保护网络，推动建立"以家庭监护为基础、社会监督为保障、国家监护为补充"的监护制度，形成"家庭、社会、政府"三位一体的未成年人社会保护工作格局，为全面建立未成年人社会保护制度提供实践基础和政策依据，为维护未成年人合法权益、促进社会和谐稳定做出积极努力。

二、基本原则

（一）未成年人权益优先和利益最大化。把实现和维护好未成年人合法权益作为首要任务，预防和减少侵害未成年人合法权益事件的发生，为面临生存困难、监护困境和成长障碍的未成年人提供支持和服务，帮助困境未成年人解决生活、监护、教育、发展等问题，促进其健康成长。

（二）预防为主和标本兼治。坚持从源头抓起，筑牢基础防线，完善未成年人社会保护网络，加强对困境未成年人家庭的监督指导和救助帮扶，引导监护人改善监护方式，提升监护能力，促进未成年人与家庭的融合，依法干预处置监护人侵害未成年人合法权益的行为。

（三）政府主导和社会参与。切实履行政府保护未成年人合法权益的职责，充分整合政策资源、部门资源、层级资源和社会资源，建立权责清晰、衔接有序、紧密配合、协同推进的工作机制。充分发挥基层组织作用，调动社会各方面积极性，形成未成年人社会保护工作合力。

（四）因地制宜和创新方法。学习借鉴第一批试点工作经验，根据当地实际，明确工作思路，制定切实可行的措施，坚持多措并举，注重工作实效，建立完善配套政策措施，不断创新工作理念和工作方法，切实解决未成年人社会保护重点和难点问题。

三、主要内容

（一）拓展救助保护工作对象。以流浪未成年人救助保护制度为基础，将救助保护对象延伸至困境未成年人，包括因监护人服刑、吸毒、重病重残等原因事实上无人抚养的未成年人，遭受家庭暴力、虐待、遗弃等侵害的未成年人，缺乏有效关爱的留守流动未成年人，因家庭贫困难以顺利成长的未成年人，以及自身遭遇重病重残等特殊困难的未成年人。积极延伸流浪未成年人救助保护中心职能，充分发挥其工作载体、协调平台和衔接转介、资源配置等功能。

（二）加强监测预防基础工作。指导基层政府、自治组织开展摸底排查，建立本区域困境未成年人基础台账。推动各地通过政府购买服务等方式，在村（居）委会指定未成年人社会保护工作专干，承担信息收集等维护未成年人权益的相关事宜。推动有条件的地方建立社区儿童服务中心，为有需求的未成年人及其家庭提供临时照料、咨询辅导等服务。加强宣传引导和源头预防，形成全社会关心、保护未成年人的良好氛围。

（三）建立困境未成年人发现报告机制。建立多渠道发现机制，强化教师、医生、社区工作者等特殊职责人员及亲友的发现报告义务，建立民政、公安、教育、医疗、司法、法院、检察院、妇联等部门信息通报制度，增强邻里及社会公众对侵害未成年人权益事件的报告意识。依托、整合现有资源，设立未成年人社会保护热线，提升热线知晓率，及时受理公众举报信息。明确报告受理主体，建立流程清晰、职责分明、快速有效的反应机制。

（四）健全困境未成年人及其家庭帮扶干预措施。建立困境未成年人风险评估标准，对重点未成年人及其家庭进行走访和调查评估。实施分类帮扶，通过转介至相关部门或协调社会力量等方式提供针对性帮扶服务。

对贫困家庭帮助落实社会救助、社会福利、扶贫开发、法律援助等政策，对监护失当或监护缺失未成年人及其家庭提供心理关爱、教育辅导、监护随访等服务，对事实上无人抚养的未成年人开展委托监护、替代照料等服务。对严重侵害未成年人权益、屡教不改的监护人，依法采取行政和司法干预措施，转移监护权，落实国家监护责任。

（五）构建未成年人社会保护服务网络。横向建立"政府主导、民政牵头、部门配合、社会参与"的领导和协调机制，避免职能交叉和帮扶盲区，形成密切配合、齐抓共管的工作格局。纵向建立"市、县、乡镇（街道）、村（居）"四级联动、覆盖城乡的服务体系，明确层层职责，做到上下衔接。推动社会保护与家庭保护、学校保护、司法保护的有效衔接，织牢未成年人保护网络。

四、试点工作要求

（一）加强组织领导。省级民政部门要高度重视未成年人社会保护试点工作，切实加强对第二批试点地区的督查指导，帮助协调解决工作中的难点问题，同时要认真研究制订本省（自治区、直辖市）试点工作方案，推动省级试点工作的开展。试点地区要积极争取领导重视，建立试点工作领导机制，以党委、政府名义印发试点工作方案，明确工作内容，细化部门职责、工作流程、进度安排、组织保障等措施，加强工作考核。

（二）创新工作机制。各地要按照"政府主导、社会承办"的原则，通过政府购买服务等方式，培育、引导社会工作机构、社会组织、法律工作机构、爱心家庭、志愿者团队等社会各方面力量参与试点工作，构建政府部门负责政策制定、资金保障、技术支持、监管评估，社会力量开展监测预防、调查评估、心理关爱、教育辅导、法律服务等具体工作。

（三）加强资金保障。各地要科学合理利用中央财政流浪乞讨人员救助补助专项资金，开展"救助保护线索收集、监护情况调查评估、跟踪回访、监护教育指导、监护支持、监护资格转移诉讼等工作"。各级民政部门要推动福利彩票公益金对试点工作的支持和倾斜，同时要积极争取地方财政安排未成年人社会保护工作资金。

（四）加强机构建设。各地要推动流浪未成年人救助保护中心向未成年人保护中心转型升级或依托救助管理站成立未成年人保护中心，拓展工作职能，切实承担未成年人社会保护规划拟定、宣传引导、统筹协调、资源整合、临时监护等职责。要切实加强机构人才队伍建设，配备专业工作人员，开展专业知识培训，提高未成年人社会保护工作水平。

（五）加强宣传引导。各地要主动借助新兴媒体，切实运用各类传播阵地，宣传未成年人社会保护的理念和方法，公布未成年人社会保护热线，引导社会公众主动参与未成年人社会保护工作。要面向教师、医生、社区工作者等特殊职责群体，开展生动形象的宣传教育活动，增强其责任意识。要通过公布典型案例，宣传未成年人社会保护工作的意义和成效，激发公众参与热情。

省级民政部门应及时将全国试点工作和省级试点工作推进情况报民政部社会事务司。

附：第二批全国未成年人社会保护试点地区名单（略）

民政部

2014 年 7 月 31 日

关于 2014 年北京市进一步规范教育收费工作的意见

京教办〔2014〕11 号

各区县教委、燕山教委，各区县发展改革委、财政局、审计局、文委，各高等学校，各有关单位：

根据教育部等五部门《关于 2014 年规范教育收费治理教育乱收费工作的实施意见》（教办〔2014〕6 号），经北京市治理教育乱收费局际联席会议研究，现就 2014 年北京市进一步规范教育收费工作提出如下意见：

一、主要任务

进一步巩固多年来取得的治理成果，继续严格落实各项收费政策和管理措施。重点抓好以下任务：

（一）严格治理义务教育阶段择校乱收费

严格执行市教委《关于 2014 年义务教育阶段入学工作的意见》（京教基二〔2014〕10 号），坚持义务教育阶段免试就近入学，全面启用小学入学服务系统和初中入学服务系统，严格信息采集和学籍管理。教育行政部门、有关单位和学校不得以任何名义收取与学生入学挂钩的款（物），坚决查处以捐资助学、借读等任何名义变相择校乱收费行为，切实解决"以钱择校"问题。坚决禁止学校私自招生，坚决禁止初中校违规在小学非毕业年级提前招生。教育行政部门和公办学校均不得采取或者变相采取考试、测试、面试等形式选拔学生，不得将各种竞赛成绩、奥数考试成绩、奖励、证书等作为学生入学的依据，不得单独或和社会培训机构联合举办以选拔生源为目的的奥数班、"占坑班"等各类培训班，坚决杜绝"以分择生"的行为。抵制招生过程中打招呼、递条子等不正之风，坚决拒绝说情请托、权学交易等"以权入学"不良行为。逐步减少特长生招生学校和招生比例，除市教委批准的可招收体育、艺术和科技特长生的学校原则上面向本区县招收特长生以外，其他学校一律不得以特长生的名义招收学生并收取费用；招生学校要向社会公布特长生招生计划。

（二）坚决治理中小学补课乱收费

严格执行国家课程计划和课程标准，切实减轻学生课业负担，坚决治理"课堂内容课外补"、学校组织参与有偿补课、教师在社会培训机构对学生有偿补课、学校通过社会培训机构变相开展有偿补课、以家长委员会等形式组织有偿补课等问题。学校、教研机构、校外培训机构等不得在课余时间、双休日、寒暑假和其他法定节假日组织在校中小学生集体补课或上新课并收取费用；严禁公办中小学教职工在校外教育机构兼职、组织或参与有偿补课；严禁公办中小学通过家长委员会组织学生补课收费；公办中小学不得违反国有资产出租出借管理规定，向校外培训机构提供补课场所和设施等。

（三）坚决治理公办高中违规招生及乱收费行为

严格执行《市教委关于做好 2014 年高级中等学校考试招生工作的意见》（京教计〔2014〕2 号），从 2014 年起，我市全面取消普通高中招收择校生，同时停止公办高中择校生收费（收费编码 173005004），有关学校应按照规定到价格主管部门办理《收费许可证》变更手续。

加强对普通高中中外合作办学项目、体育、艺术、科技特长生招生项目、特色高中改革试验项目的管理，不得随意增加项目招生规模和变更项目招生方式；严禁各区县和招生学校擅自调整招生计划和变更招生方式；

严禁以借读生的名义高收费。

加强普通高中涉外办学收费行为监管。经批准的普通高中举办中外合作办学项目，其收费项目和标准按照《中外合作办学条例》及其实施办法有关规定执行。公办普通高中单方面引进国际课程，以课程改革实验班等名义办学的，所需费用纳入学校办学经费，不得向学生收取本市统一规定的高中学费以外的任何费用。

（四）进一步规范高校招生及收费行为

继续巩固高校"点招"问题治理成果。市（区、县）、各高校招生考试部门负责人要签署承诺书，向社会公开承诺"零点招"。高校预留招生计划的使用原则、办法、标准和录取结果要向社会公开。

加强自主招生及其他特殊类型招生监管。要加强对高校招生管理制度的完备性、廉洁性、合法性及其执行情况检查，重点检查招生考试收费、考务安全保密、集体决策以及信息公开等方面制度建设及执行情况。严厉打击泄露试题、考前辅导、面试请托、违规录取等暗箱操作、徇私舞弊、以权谋私以及乱收费等违法违纪行为，确保考试招生公平公正。

加强招生执法监察，市教委监察处会同招生考试部门对高校招生工作进行专项检查，把高校向社会公开的录取分数线作为新生学籍电子注册的重要依据。对于违规录取的学生，一律不予电子学籍注册；已经注册学籍的，要坚决予以取消。对于违规高校，给予核减招生计划、暂停或取消招生资格等处理，并严肃追究相关责任人的责任。加大对硕士学位研究生招生考试执法监察工作力度。

2014年秋季学期起，高等学校向所有纳入全国研究生招生计划的新入学研究生收取学费，收费标准按市发展改革委、市财政局、市教委《关于北京地区研究生教育学费标准等有关问题的通知》（京发改〔2013〕2587号）执行。

（五）加强对幼儿园收费行为的监管

幼儿园除可按规定向幼儿家长收取保育教育费、住宿费和代办服务性收费外，不得向幼儿家长收取其他任何费用。在正常工作时间内，幼儿园不得以开办实验班、特色班、兴趣班、课后培训班和亲子班等特色教育为名乱收费，不得以任何名义向幼儿家长收取与入园挂钩的赞助费、捐资助学费、建校费、教育成本补偿费等费用。幼儿园不得收取书本费。

二、主要措施和要求

（一）强化责任机制，形成治理工作合力

各有关部门要高度重视规范教育收费工作，坚持"谁主管、谁负责"和"管行业必须管行风"的原则。完善治理工作责任制，健全责任落实和倒查追责的有效机制，把治理工作责任层层落实到行政部门和各级各类学校。业务主管部门要承担起治理工作的主体责任，加强职责范围内工作的监管。教育纪检监察部门要负起监督责任，加强监督检查和组织协调，督促业务主管部门及时纠正教育领域存在的突出问题。各级各类学校校长是规范教育收费第一责任人，要依法办学，规范收费。继续发挥市区两级治理教育乱收费局际联席会议和高校相应治理机构的作用，定期研究、会商、解决治理工作中遇到的突出问题，进一步形成治理工作的合力。

（二）加强财务管理，严格财经纪律

任何部门和学校不得自行设立收费项目，制定或调整收费标准，扩大收费范围。进一步规范服务性收费和代收费的管理，严格执行市教委等三部门印发的《北京市公办学校代收费、服务性收费管理办法》（京教财〔2010〕29号）。

对未纳入中小学和高等学校代收费项目目录、幼儿园代办服务性收费项目的费用，学校或幼儿园一律不得代收。义务教育阶段不得收取军训服装费、伙食费，高中学校不得收取军训服装费和伙食费之外与军训有关的任何费用；代收学生儿童大病医疗保险费必须按代收费管理要求及时入学校财务账，不得私自存放或直接交社保中心；学校、幼儿园不得代办学生、幼儿商业保险，也不得为商业机构入校、入园办理商业保险、"校讯通"等提供便利条件。学校、幼儿园及保健所不得将社会机构引进学校、幼儿园对学生、幼儿进行有偿检查和治疗。

禁止将教育教学活动、教学管理范围内的事项纳入服务性收费和代收费。不得将图书馆查询和电子阅览费、午休管理服务费、课后看护费、自行车看管费等作为服务性收费和代收费事项。加强学校食堂的财务管理，严禁与学生伙食无关的费用从伙食费中列支。

（三）加强监督检查，加大案件查办和责任追究力度

通过经常性检查、专项检查、重点督查、直接查办等多种形式，加大督促检查和指导力度。以中小学学籍信息管理系统为手段，逐区县、逐校开展择校乱收费问题的排查。继续开展全市性的春秋两季规范教育收费的专项检查，对教育部、市纪委的督办件进行重点督查，对群众关注、反映强烈、媒体曝光的乱收费问题进行直接查办。

对于违规收费行为，由价格主管部门依据相关法规处理，能退还学生的，要全额退还，确实无法退还的，收缴财政，并予以罚款。对相关责任人，由纪检监察部门根据《中国共产党纪律处分条例》《行政机关公务员处分条例》有关规定，给予党政纪处分，对典型案件要通过新闻媒体实名曝光。

对于中小学校、教师补课乱收费行为，依据《教师法》《中小学教师违反职业道德行为处理办法》等法律法规，严肃追究相关教师、学校以及教育行政部门领导的责任，并一律进行公开实名曝光。对出现"点招"问题，要严肃追究高校校长、市级招生考试部门负责人的直接责任，以及市级教育行政部门负责人的主要领导责任。

（四）严明工作纪律，加强治理工作队伍建设

市、区（县）、高校治理工作部门要自觉维护国家政策的严肃性和权威性，敢于动真碰硬、真抓严管，克服地方和部门保护主义、本位主义，对于妥协通融、避重就轻、包庇隐瞒，导致教育乱收费问题易发多发、屡禁不止的，要进行严肃问责。各级要加强对治理工作人员的专项培训，着力提高履职尽责能力，不断提升规范教育收费治理教育乱收费工作科学化、专业化水平。

各区县、各单位、各学校要认真贯彻执行上述意见和教育部等五部门《关于2014年规范教育收费治理教育乱收费工作的实施意见》，并切实抓好各项治理任务和措施的落实。

本意见自发布之日起施行。

市教委　市发展改革委　市财政局

市审计局　市新闻出版广电局

2014年6月6日

天津市民政局关于开展未成年人社会保护试点工作的通知

津民发〔2014〕48 号

河东区、西青区、武清区民政局：

为贯彻落实《民政部关于开展未成年人社会保护试点工作的通知》（民函〔2013〕143 号）精神，推动建立未成年人社会保护体系，决定在你区开展未成年人社会保护试点工作，现将有关事项通知如下：

一、指导思想

以《民政部关于开展未成年人社会保护试点工作的通知》精神为依据，以保护未成年人权益为根本，丰富拓展救助保护内容和方式，积极探索具有天津特色的新型未成年人社会保护制度，进一步促进未成年人健康成长和全面发展。

二、工作目标

明确政府、家庭、社会在未成年人社会保护方面的责任和义务，建立健全以属地化管理为基础、政府与社会共同参与、救助保护与源头预防相结合的困境未成年人救助保护体制机制；构建以社区为基础，社区儿童服务中心为平台，社会参与的未成年人社会保护网络，搭建一个集预防、发现、干预、回归安置、持续跟踪等服务为一体的服务和转介平台，构建具有我市特色困境未成年人社会保护体系。

三、保护对象

未成年人社会保护工作的主要对象为以下五类未成年人，兼顾一般未成年人：

（一）因法定监护人服刑、重病、遗弃等原因实际无人监护的未成年人；

（二）因法定监护人监护缺失、家庭暴力、家庭矛盾等原因得不到适当监护的未成年人；

（三）因家庭困境面临辍学和失去基本生活保障的未成年人；

（四）有外出流浪、工读教育、特训学校教育、违法犯罪经历及严重偏差行为的未成年人；

（五）其他因被拐卖、非法雇用、传销及故意伤害等原因陷入困境的未成年人。

四、工作内容

（一）救助保护

1. 建立受侵害未成年人早期预防、及时发现、报告和响应机制。依托家庭、社区（村），开展辖区内未成年人评估摸底工作，确定未成年人困境底数和类型，建立社区未成年人基本信息档案和随访、定期回访制度。对发现未成年人合法权益可能遭受侵害或外出流浪的因素和迹象，采取积极干预的措施，预防侵害行为和外出流浪行为的发生。

2. 建立家庭监护指导服务和监督机制。强化家庭保护责任意识，发动全社会监督家长依法履行第一保护人职责和义务，并对问题家庭进行监督干预。对父母或者其他监护人不依法履行监护职责，或侵害未成年人合法权益屡教不改的，按照监护人顺序完成监护权转移。

3. 建立失依未成年人的家庭、学校、社会回归机制。对确实无法寻找到亲属的流浪未成年人，视情况由流出地或流入地政府妥善安置。对因父母服刑或失踪、患大病、重度残疾等其他原因无力抚养而失去生活依靠的未成年人，以及找不到父母或其他监护人的婴幼儿，由民政部门协调相关监护责任人或监护责任单位妥善安置。

4. 完善困境未成年人及其家庭生活救助机制。对符合低保条件的困境未成年人及其家庭及时纳入低保保障范围，对因突发意外事故或因重大疾病导致家庭生活陷入临时困难，且又不符合低保保障条件的家庭，按规定给予临时生活救助，保障基本生活权益。

（二）教育保护

1. 建立适龄未成年人辍学、失学、逃学信息通报制度。学校要将未成年人的辍学、失学、逃学信息及时通报其家长或监护人，由学校和父母或监护人共同做好辍学、失学的劝学、返学工作。

2. 建立困难家庭子女教育全程资助制度。对孤儿学前教育、九年义务教育阶段，免收学杂费、食宿费和其他服务性费用。对低保家庭子女接受中小学义务教育实行免费入学。

3. 落实农民工随迁子女入学制度。保障外来务工人员随迁子女入学，提高就近入读公办学校的比例，确保每位未成年人平等地享有受教育的权利。

4. 实行残疾儿童就学制度。采取社区教育、送教上门等多种形式对无法进入校园的重度残疾适龄儿童实施义务教育。

5. 建立农村留守儿童"爱心妈妈"制度。针对留守儿童监管缺失的问题，实行"一对一"结对教育保护和帮助扶持。

（三）司法保护

1. 加大针对未成年人的违法犯罪行为的打击力度。综合运用救助管理信息系统、人口管理信息系统、全国打拐 DNA 信息库，及时查找流浪未成年人、弃婴、被拐卖未成年人父母或其他监护人。严厉打击操纵、胁迫、诱骗、唆使、利用未成年人以乞讨、偷盗等违法犯罪行为，为未成年人提供及时保护、心理疏导、法律援助等服务，落实国家监护责任。

2. 完善未成年人正常入籍、就学等政策。对在打拐过程中被解救且查找不到父母或其他监护人的婴幼儿和安置到社会福利机构抚育的未成年人，公安机关要按规定为其办理户口登记手续；对救助保护机构安排在儿童福利院等服务机构代养、家庭寄养的流浪未成年人，经过 2 年以上仍查找不到其父母或其他监护人的，公安机关要按户籍管理有关法规政策规定为其办理户口登记手续，以便其就学、就业等正常生活。

3. 落实和完善涉罪未成年人权益保护制度。落实未成年人刑事案件诉讼程序特殊保护制度，积极实施管护帮教和社区矫正，帮助实施轻微犯罪、有悔改之意的未成年人重新融入社会。

4. 完善社区矫正教育帮扶制度。在对违法犯罪未成年人应进行针对性教育矫正，在生活救助、就学就业、社会保障等方面给予社会同等待遇，帮助其解决生活、心理及维权等方面的问题和困难。

（四）就业扶持

1. 实施困境未成年人家庭成员免费就业培训、援助制度。对困境未成年人家庭中符合条件的家庭成员参加职业技能培训的，给予职业培训补贴或通过公益性岗位安置等援助措施，尽快帮扶就业。

2. 健全困境未成年人家庭就业创业优待制度。鼓励和扶持困境未成年人家庭自主创业，按规定落实创业优惠政策；对符合小额担保贷款条件的自主创业人员，要按规定给予小额担保贷款以及贴息补助，并逐步加大创业贷款帮扶力度，增长创业税收减免幅度。

（五）医疗保护

1. 落实流浪乞讨未成年人疾病定点治疗制度。设立流浪乞讨未成年人急、危重、精神病患者和传染病患者定点医院，对流浪乞讨未成年病人医疗救治，实行首诊负责制和先救治后结算。任何医疗机构不得拒绝接收或延误救治流浪乞讨未成年危重病人，并不得收取押金。任何单位或公民在发现流浪乞讨未成年病人时，有责任通知120急救中心或将其就近送至医疗机构进行救治。

2. 健全对困境未成年人及其家庭的医疗救助制度。及时将困境未成年人及其家庭成员纳入相关基本医疗保险。

（六）精神关爱

1. 开展未成年人心理咨询服务。加大对包括留守儿童、低保家庭子女、残障儿童、服刑在教人员未成年子女在内的未成年人精神关爱，提供专业社工心理咨询服务。在医疗机构开设心理门诊，在乡镇、社区卫生服务中心开展心理咨询服务，在中小学开展心理健康教育。

2. 建立党群组织和专业社工定期访问制度。各级党群组织、社区（村）、广大志愿者和义工组织要对困境未成年人及其家庭定期开展入户走访和志愿服务，有针对性地对失学辍学、留守流动、监护缺失等困境未成年人进行心理抚慰、精神慰藉。

五、实施步骤

（一）准备阶段（2014年8~10月）。试点区（县）成立未成年人社会保护工作领导小组，负责督导开展试点工作，领导小组日常工作由民政部门承担。各试点单位依托街道、社区等基层组织力量，通过对辖区内居民的全面摸底筛查，获得未成年人及困难家庭的详细情况和实际诉求，建立困境未成年人及其家庭的专项档案和信息数据库。

（二）实施阶段（2014年11月~2015年11月）。各级未成年人社会保护工作领导小组统筹指导本级试点工作，召开专题会议，明确各部门职责，落实目标责任。

（三）总结评估阶段（2015年12月）。通过自评、专家评估和第三方评估方式，定期对试点工作进行评估，查找问题，及时修正，总结经验。

六、保障措施

（一）加强组织领导。试点区（县）民政局要高度重视未成年人社会保护试点工作，未成年人社会保护工作领导小组要制定明确相关职责，指导和协调相关部门开展未成年人社会保护工作。

（二）构建保护网络。整合资源，形成"区（县）、街（乡镇）、居（村）"三级联动的工作网络。

（三）健全工作机制。以现行流浪未成年人救助保护机制为基础，整合家庭保护、学校保护、社会保护、司法保护等制度资源，构建无缝衔接的运行机制；建立监测、预防、报告、转介、处置"五位一体"的联动反应机制。

（四）加大资金保障。通过政策倾斜、资金扶持、项目合作等多种方式，切实保障试点工作顺利开展。

（五）强化教育宣传。借助各类媒体宣传未成年人社会保护工作的理念、方法和作用。

天津市民政局

2014 年 8 月 1 日

海南省人民政府办公厅转发省教育厅等部门关于省中小学校舍安全保障长效机制实施方案的通知

琼府办〔2014〕74 号

各市、县、自治县人民政府，省政府直属各单位：

省教育厅、省发展改革委、省财政厅、省公安厅、省国土环境资源厅、省住房和城乡建设厅、省审计厅、省水务厅、省安全监管局、省地震局、省气象局联合制定的《海南省中小学校舍安全保障长效机制实施方案》已经省政府同意，现转发给你们，请认真贯彻执行。

海南省人民政府办公厅

2014 年 6 月 27 日

（此件主动公开）

海南省中小学校舍安全保障长效机制实施方案

省教育厅　省发展改革委　省财政厅　省公安厅
省国土环境资源厅　省住房和城乡建设厅　省审计厅
省水务厅　省安全监管局　省地震局　省气象局

为贯彻落实《中华人民共和国防震减灾法》《国家中长期教育改革和发展规划纲要（2010—2020年)》和《国务院办公厅转发教育部等部门关于建立中小学校舍安全保障长效机制的意见的通知》（国办发〔2013〕103号），切实改善我省校舍安全状况，提高校舍防震减灾能力，消除校舍安全隐患，保障广大师生人身安全，制订本方案。

一、建立长效机制的重要意义

校舍安全直接关系师生生命安全，关系社会和谐稳定。党中央、国务院高度重视校舍安全工作，近年来先后部署实施了一系列校舍建设工程，建立了农村义务教育中小学校舍维修改造长效机制。省委、省政府十分重视发展我省教育事业，把"科教兴琼"作为重要的战略部署，投入大量资金改善办学条件，特别是实施中小学校舍安全工程后，我省各级各类中小学校舍的抗震设防和综合防灾能力有了明显改善，校舍安全隐患大幅减少。但是，我省中小学的校舍建设历史欠账较多，基础条件仍然较差，保障校舍安全仍是一项长期的艰巨任务。建立中小学校舍安全保障长效机制，为提高中小学校舍安全管理水平和防灾减灾能力提供制度保障，是落实国家防灾减灾总体部署的必然要求，是坚持教育优先发展、办好人民满意教育的重要内容，关系广大师生的生命安全，关系社会和谐稳定。

二、覆盖范围和总体要求

（一）覆盖范围。全省城镇和农村、公立和民办、教育系统和非教育系统的所有中小学（含幼儿园）。

（二）总体目标。明确和落实省直有关部门、各市县政府及其相关部门责任，综合考虑城镇化发展、人口变化等因素，紧密结合教育事业发展、防灾减灾、校园建设等规划和各类教育建设专项工程，统筹实施校舍安全保障长效机制。坚持建管并重，通过维修、加固、重建、改扩建等多种形式，逐步使所有校舍满足国家规定的建设标准、重点设防类抗震设防标准和国家综合防灾要求，同时加强对校舍的日常管理和定期维护。加强对中小学校舍规划布局、安全排查、施工建设、使用维护、信息公告、责任追究等各环节的管理，建立健全符合省情的中小学校舍安全保障制度体系。

三、实施内容

（一）建立校舍安全年检制度。市县教育、住房和城乡建设部门对本辖区内各级各类学校现有校舍每半年进行一次安全隐患排查，省教育厅直属的学校校舍由省教育厅、省住房和城乡建设厅负责组织安全隐患排查。校舍经排查后需鉴定的，由教育行政主管部门委托有资质的专业机构及时进行鉴定。对未达到重点设防类抗震设防标准或达到设计使用年限仍需继续使用的校舍，每年进行一次鉴定；达到重点设防类抗震设防标准的，每5年进行一次鉴定。校舍排查鉴定结果要在15个工作日内录入中小学校舍信息管理系统以便查询。

（二）完善校舍安全隐患排除机制。对经鉴定存在安全隐患、影响安全使用的校舍要及时排除隐患，由省教育厅会同有关部门综合考虑行政区域内各市县面临自然灾害的危险程度以及校舍状况等因素，区分轻重缓急制订相应的年度实施计划报省政府；市县政府结合本地实际，分类分步组织实施。优先考虑将部分有条件的中小学建成应急避难场所。

（三）完善校舍安全预警制度。各市县政府要将校舍安全纳入当地防震减灾总体规划，对辖区内中小学校舍灾害风险进行综合评估，指导学校编制相应的防灾减灾应急预案，并组织师生开展应急演练。教育、公安、国土、水务、地震、气象等部门要建立联动机制，及时向学校发出预警信息，妥善做好师生应急避险和转移安置。对存在重大安全隐患、影响安全使用的校舍，要及时发布安全预警。

（四）建立校舍安全信息通报公告制度。省教育厅会同省统计局、省住房和城乡建设厅、省发展改革委、省财政厅、省国土环境资源厅、省公安厅等部门对全省中小学校舍信息数据进行统计分析，向市县政府通报可能存在安全隐患的校舍信息，每年定期向社会发布全省中小学校舍安全信息公告。市县政府也要建立相应的校舍安全信息通报和公告制度。

（五）严格校舍安全项目管理制度。中小学校舍维修、加固、重建、改扩建项目，必须严格执行项目法人责任制、招投标制、工程监理制、合同管理制。项目勘察、设计、施工和工程监理单位必须具有相应资质，严格执行国家质量安全有关法律、法规和工程建设强制性标准。项目竣工后，由建设单位按规定组织勘察、设计、施工、监理等单位及项目学校进行竣工验收、备案。同时，建设工程应同时分别经消防部门、气象部门的消防、防雷审核、验收（或备案抽查）合格后，方能投入使用。竣工验收资料存放于城建档案馆。位于洪泛区、蓄滞洪区、山区、台风多发区等地质灾害易发区的学校，其防险自保设施应通过水务、国土资源、气象等主管部门验收合格，否则不得交付使用。

（六）健全校舍安全责任追究制度。对发生因学校危房倒塌和其他因防范不力造成安全事故导致师生伤亡的市县，要依法追究当地政府及其相关部门主要负责人责任。如因选址不当或建筑质量问题遇灾垮塌致人伤亡，要依法追究校舍改造期间当地政府及其相关部门主要负责人的责任；建设、评估鉴定、勘察、设计、施工与工程监理单位及相关负责人员对项目依法承担责任。对挤占、挪用、克扣、截留、套取长效机制专项资金、违规乱收费或减少本地政府投入以及疏于管理影响校舍安全的，要依法追究相关负责人的责任。

四、工作要求

（一）统筹安排，分步推进。首先消除 D 级危房，解决校舍存在的重大隐患；其次，按需加固维修未达到国家规定相关安全建设标准仍需继续使用的校舍；第三，结合实际，拆除重建无维修使用价值的校舍，使学校校舍坚固适用，符合防灾、抗震、消防、防雷等要求。

（二）防震减灾，预防为主。充分征求国土、水务、地震、气象等部门的专业意见，完善本区域中小学校舍综合防灾目录，对校区及周边存在的地质灾害隐患及台风灾害隐患进行科学合理的防治，明确治理期限和治理目标，难以治理的，要及时迁建。

（三）强化管理，保障质量。各市县政府要加强项目管理，充分发挥专业机构作用，工程建设的每个技术环节都要有具备相应资质的专业机构参与，全程严格把关，确保工程质量。各部门要严格执行基本建设程序和建筑质量标准，健全质量安全监管责任制。有关部门要按照工程实施细则、工程技术指南以及工程质量验收规范，严格进行工程验收；未经验收或验收不合格的项目不得交付使用，验收的项目设立永久性标识牌，实行工程质量责任终身制。

五、保障措施

（一）加强组织领导。市县政府是保障中小学校舍安全的责任主体，要切实加强对中小学校舍安全保障工作的组织领导，主要负责人负总责，分管负责人具体负责。中小学校舍安全保障长效机制由省政府统筹组织、市县政府组织实施。教育部门不定期召集财政、发展改革、公安（消防）、监察、国土资源、住房和城乡建设、水务、审计、安全监管、地震、气象等部门召开会议，通报有关情况，研究解决重大问题。教育部门牵头落实政府的决策部署；财政部门充分保障资金需求；发展改革、住房和城乡建设、公安（消防）、国土、水务、地震、气象等部门要发挥专业指导、监督作用，为中小学校舍安全保障长效机制的实施提供相应的技术支持，督促各责任主体执行相关标准；监察、审计、安全监管等部门在各自职责范围内，依法对中小学校舍安全保障长效机制进行监督。

（二）合理分担资金投入。省和市县政府将中小学校基础设施建设等相关资金统筹用于保障中小学校舍安全，并纳入各级财政预算。市县政府要统筹各类校舍建设项目，加大对偏远地区、贫困地区、少数民族地区的支持力度。建立中小学校舍安全保障长效机制所需资金，除中央资金外，省与市县按3∶7的比例分担。民办、外资、企（事）业办中小学的长效机制资金由投资方和本单位负责落实，当地政府给予指导、支持并实施监管。建立长效机制的资金实行分账核算，专款专用，资金支付按照财政国库管理制度有关规定执行。

（三）落实扶持政策。校舍建设项目涉及的行政事业性收费和政府性基金，应予以免收；涉及的经营服务性收费，在服务双方协商的基础上，适当予以减收或免收。鼓励社会各界捐资捐物支持中小学校舍建设。企业通过公益性社会团体或者县级以上政府及其部门对中小学校舍建设的捐赠支出，按照相关税收政策规定予以税前扣除。

（四）提高管理信息化水平。中小学校舍信息管理系统是提高校舍安全管理水平的重要保障和技术支撑，各地要安排专人负责，及时更新数据，加强维护，完善功能，充分发挥系统在年检、预警、信息发布、隐患排除、责任追究等方面的作用，加快推进校舍安全管理信息化进程。

（五）加强督促检查。各市县要将中小学校舍安全保障长效机制工作纳入教育督导的重要内容，加大监督检查力度。每年要及时向同级人大、政协报告中小学校舍安全保障长效机制工作，接受法律监督和民主监督。要设置监督举报电话和公众意见箱，实行项目公示制度，广泛接受社会监督。

（六）加大宣传力度。各市县政府要高度重视长效机制的宣传工作，充分利用各种媒体，采取多种形式，向全社会准确、深入宣传中小学校舍安全保障政策。要认真总结、宣传推广典型经验，努力营造全社会共同支持、共同监督和共同推进的良好氛围。各级各类学校要加大安全教育和宣传力度，严格落实国家教学计划规定的安全教育时间和课程，向学生普及安全知识；要积极开展应急演练，帮助师生掌握应急避险技能，全面提高师生防灾安全意识和自救互救能力。

海南省教育厅等五部门关于印发《海南省 2014 年规范教育收费治理教育乱收费工作实施方案》的通知

琼教〔2014〕47 号

各市、县、自治县教育（教科）局、物价局、财政局、审计局、文体局，洋浦经济开发区社会发展局、财政局，各高等院校，省属中等职业学校，教育厅直属学校：

为贯彻落实中央和省委省、政府关于继续深化治理教育乱收费工作的部署和要求，深入治理教育收费工作中的突出问题，根据《教育部等五部门关于 2014 年规范教育收费治理教育乱收费工作的实施意见》等文件精神，省教育厅等五厅局结合我省实际，制定了《海南省 2014 年规范教育收费治理教育乱收费工作实施方案》，现印发给你们，请认真贯彻执行。

海南省教育厅　海南省物价局　海南省财政厅

海南省审计厅　海南省文化广电出版体育厅

2014 年 6 月 5 日

（此件主动公开）

抄送：全国治理教育乱收费部际联席会议办公室。

海南省教育厅办公室

2014 年 6 月 6 日印发

海南省 2014 年规范教育收费治理教育乱收费工作实施方案

为认真贯彻落实中纪委第十八届三次全会、省政府廉政工作会议和省纪委六届三次全会以及全国教育系统党风廉政建设工作暨全国治理教育乱收费部际联席会视频会议精神，不断规范办学行为，促进教育公平公正，切实解决教育收费中群众反映强烈的突出问题，保障我省教育领域综合改革顺利进行，根据全国治理教育乱收费部际联席会议《关于 2014 年规范教育收费治理教育乱收费工作的实施意见》要求，结合我省实际，制定本实施方案。

一、总体思路

2014 年，我省规范教育收费治理教育乱收费工作，要以中国特色社会主义理论体系为指导，坚持"围绕中心、服务大局，标本兼治、纠建并举"的原则，把规范教育收费治理教育乱收费作为落实中央"八项规定"和省委、省政府"二十条规定"的重要内容，加强组织领导，落实工作责任，完善工作机制和措施，确保规范教育收费治理教育乱收费工作取得新的成效，为我省教育事业科学发展营造良好环境，提供有力保障。

二、主要任务和责任分工

2014年我省规范教育收费治理教育乱收费工作主要任务及责任分工如下（括号内列在首位的为牵头单位，其他为主要参加单位）：

（一）集中治理中小学补课乱收费

1. 各市县要统一思想、提高认识，把治理中小学补课乱收费与切实减轻学生课业负担、深入实施素质教育、全面实现立德树人根本任务有机结合，将其纳入重要议事日程。中小学要认真落实教学计划，不得挤占学生休息时间组织有偿补课。2014年要把"课堂内容课外补"、学校组织参与有偿补课、教师在社会培训机构对学生有偿补课、学校通过社会培训机构变相开展有偿补课、以家长委员会等形式组织有偿补课等问题作为治理工作重点。［省教育厅（基教处、督导室、纪工委办）］

2. 市县教育行政部门要将治理补课乱收费纳入教育督导的重要内容和责任区督学的工作范围，加强日常监管。要加强调研、摸清底数，结合本地实际，制定有针对性的治理措施。要将治理补课乱收费作为教育收费春季、秋季专项检查重点内容，开展全面清查；要抓住寒暑假等关键节点，集中开展专项整治行动。对于违规补课乱收费的行为，要发现一起、查处一起、通报一起，进行公开实名曝光。参与补课乱收费的教师和学校，一律取消评优资格。［省教育厅（督导室、纪工委办、基教处、师管处）］

3. 要全面加强中小学教师职业道德和职业规范教育，引导广大教师切实履行好个别辅导和答疑等本职工作，自觉抵制有偿家教，不得到社会机构从事补课活动。对于公办中小学在职教师从事有偿补课的，在教师年度考核中给予不合格，考核结果要作为受聘任教、晋升工资、实施奖惩的依据，并进行严肃处理。对于在课堂上故意不完成教育教学任务，"课堂内容课外补"，向所教学生收取补课费的，要依据《教师法》《中小学教师违反职业道德行为处理办法》等法律法规，给予相应处理。［省教育厅（师管处、基教处、纪工委办）］

（二）强化高校违规招生及乱收费治理

1. 深入推进高校招生"阳光工程"，严禁降低标准违规指名录取考生（以下简称"点招"）及乱收费。严肃招生纪律，严禁高校招生办对"点招"考生违规投档。各高校招生考试部门负责人要签署承诺书，向社会公开承诺"零点招"。高校预留招生计划的使用原则、办法、标准和录取结果要向社会公开。凡出现"点招"问题,要严格责任追究,严肃处理责任人并追究相关领导责任。[省教育厅(省考试局、规划处、高教处、纪工委办)]

2. 加强自主招生及其他特殊类型招生监管。要加强对高校招生管理制度的完备性、廉洁性、合法性及其执行情况的检查,重点检查考务安全保密、集体决策以及信息公开等方面制度建设及执行情况。要加强招生过程和招生结果的监督检查,严禁借单独招生机会招收"超前生"等问题发生。严厉打击泄露试题、考前辅导、面试请托、违规录取等暗箱操作、徇私舞弊、以权谋私以及乱收费等违法违纪行为,确保考试招生公平公正。[省教育厅(省考试局、规划处、高教处、纪工委办)]

3. 建立高校招生检查制度。省考试局要会同省教育纪工委组织专家对高校招生工作进行随机抽查。对于违规录取的学生,一律不予电子学籍注册;已经注册学籍的,要坚决予以取消。对于违规高校,给予核减招生计划、暂停或取消招生资格等处理,并严肃追究相关责任人的责任。[省教育厅(省考试局、规划处、高教处、纪工委办)]

(三)深化义务教育阶段择校乱收费和中小学教辅材料散滥问题治理

1. 认真贯彻落实《教育部关于进一步做好小学升入初中免试就近入学工作的实施意见》(教基一〔2014〕1号)、《教育部关于明确义务教育阶段民办学校招生有关问题的意见》(教政法函〔2013〕15号)、《海南省人民政府关于深入推进义务教育均衡发展的实施意见》(琼府〔2013〕11号)和《2014年海南省普通中小学招生工作意见》(琼教中招〔2014〕10号)要求,切实规范学校招生行为,将免试就近划片入学政策执行情况纳入对市县政府义务教育均衡发展督导评估和义务教育学校办学水平督导评估,作为市县政府推进义务教育均衡发展工作评估和学校负责人业绩考核的重要指标。要以中小学生学籍信息管理系统为手段,开展择校乱收费问题排查。[省教育厅(基教处、督导室)]

2. 严禁地方政府、有关单位和学校以任何名义收取与入学挂钩的费用,坚决查处以捐资助学、借读等任何名义变相择校乱收费行为,切实解决"以钱择校"问题。市县教育行政部门和公办、民办学校均不得采取考试方式选拔学生，不得举办或参与举办各种培训班选拔生源，坚决杜绝"以分择生"的行为。逐步减少特长生招生学校和招生比例。抵制招生过程中打招呼、递条子等不正之风，坚决拒绝说情请托、权学交易等"以权入学"不良行为。择校生不得享受优质高中到校指标。对经查实有择校乱收费行为的中小学，不得评定为"规范学校"或"一级学校"；对已经评定的，应取消其称号，并向其主管部门建议追究校长和相关责任人的责任。［省教育厅（基教处、督导室），省物价局，省审计厅，省财政厅（非税处）］

3. 严格按照《教育部 新闻出版总署 国家发展改革委 国务院纠风办关于加强中小学教辅材料使用管理工作的通知》（教基二〔2012〕1号）、《新闻出版总署关于进一步加强中小学教辅材料出版发行管理的通知》（新出政发〔2011〕12号）和我省《关于加强中小学教辅材料使用管理工作的实施方案》（琼教〔2012〕48号）要求，加强对教辅材料出版、印制、发行等环节的监管，突出抓好出版、发行、印刷中小学教辅材料单位的资质管理，加强内容质量、编校质量、印装质量检查，严厉打击非法出版和侵权盗版，进一步规范中小学教辅材料市场。［省文体厅，省教育厅（基教处）］

4. 坚持学生自愿购买和"一教一辅"原则。严禁任何单位和个人以任何形式强制或变相强制学校或学生购买任何教辅材料。若学生自愿购买本市县（单位）推荐的教辅材料并申请学校代购，学校可以统一代购，做好服务，不得从中牟利。其他类教辅材料由学生和家长自行在市场购买，学校不提供代购服务。继续做好免费提供公办学校小学、初中教辅材料的工作，切实减轻家长负担。［省教育厅（基教处、财审处），省文体厅，省财政厅（教科文处）］

5. 认真贯彻落实《国家发展改革委 新闻出版总署 教育部关于加强中小学教辅材料价格监管的通知》（发改价格〔2012〕9号）和我省《关于加强中小学教辅材料价格监管的通知》（发改价格〔2012〕975号）精神，加强对中小学教辅材料价格监管，对于进入评议公告的教辅材料要实行政府指导价，切实落实并完善价格公示制度。［省教育厅（财审处、基教处），省物价局，省文体厅，省财政厅（非税处）］

（四）加强普通高中招生及收费行为监管

1. 我省将出台普通高中生均公用经费财政拨款标准，合理调整普通高中学费标准，为普通高中教育健康发展提供保障。市县教育行政部门要一次性下达并向社会公示每所普通高中学校的招生计划，严格执行公办普通高中招收择校生政策，进一步压缩"三限"招生比例。2014 年，每所学校招收择校生的比例最高不得超过本校当年招收高中学生计划数（不含择校生数）的 10%，为全面取消普通高中择校生打下坚实基础。严禁在择校生外以借读生、自费生、复读生等名义高收费招收学生。[省教育厅（财审处、基教处），省财政厅（教科文处、非税处），省物价局]

2. 加强普通高中涉外办学收费行为监管。普通高中举办中外合作办学项目和机构，由省级教育行政部门批准，并经教育部备案；其收费项目和标准按照《中外合作办学条例》及其实施办法有关规定执行。公办普通高中单方面引进国际课程，以课程改革实验班等名义举办"国际班""国际部"的，所需费用纳入学校办学经费中支出，不得向学生收取额外费用。[省教育厅（审批办、国际合作交流处、基教处、财审处），省财政厅（非税处），省物价局]

（五）规范普通高等学校收费行为

1. 因地制宜建立健全高等学校收费标准动态调整机制，落实和完善家庭经济困难学生资助政策，建立合理的教育培养成本分担机制。在调整高校收费标准时，要综合考虑当地经济发展水平、居民经济承受能力等，认真履行成本监审、听证、公示等程序，严格执行国家有关学费占年生均教育培养成本比例最高不得超过 25% 的规定。规范民办高校的收费标准，民办高校收费严格按照相关规定执行。对于违反国家规定调整收费标准，或因程序不规范、信息不公开等因素造成严重社会影响和后果的，将对有关责任部门进行严肃问责。[省物价局，省财政厅（非税处、教科文处），省教育厅（高教处、财审处、纪工委办）]

2. 根据《国家发展改革委　财政部　教育部关于加强研究生教育学费标准管理及有关问题的通知》（发改价格〔2013〕887 号）要求，我省今年已调整完善研究生教育收费政策，各相关本科高校应严格执行。研究生培养单位必须根据相关政策规定在招生简章中明确全日制或非全日制学习方式和收费标准。切实落实《国务院学位委员会 教育部 国家发展改革委关于进一步加强在职人员攻读硕士专业学位和授予同等学力人员硕士、博士学位管理工作的意见》（学位〔2013〕36号）要求，不得举办课程进修班，经批准在办的课程进修班不得再行招收新学员，待已招收学员完成全部课程学习后即行终止。［省物价局，省教育厅（财审处、高教处、规划处），省财政厅（非税处）］

（六）加强对民生工程资金使用情况的监督检查

1. 认真落实国务院关于加强对民生资金使用情况监督检查的要求，重点加强对义务教育经费保障、中职学生资助、营养改善计划等涉及教育的民生资金使用情况的监管。市县教育、财政等部门要加强财务管理，坚持阳光操作，开展督导评估，确保经费及时、足额拨付到位。［省教育厅（财审处、督导室），省物价局，省财政厅（教科文处、监督处），省审计厅（教科文卫处）］

2. 要运用信息技术加强受助学生信息管理，加快建设涵盖学前至研究生的学生资助信息管理系统，与各级各类学生学籍信息库有效对接。以中小学生学籍管理系统建设为契机，集中开展受助学生信息专项清理核查，把民生资金真正惠及急需资助的困难群体。严肃查处虚报套取、克扣冒领、贪污挪用、延缓发放等行为。［省教育厅（财审处、勤工办、纪工委办），省财政厅（教科文处）］

3. 加强对教育惠民资金落实情况的监督检查与审计，保证专款专用，提高资金使用效益，严禁任何部门和单位截留、平调、挤占、挪用教育经费。［省财政厅（教科文处、监督处），省审计厅（教科文卫处），省教育厅（财审处）］

（七）进一步清理规范教育收费项目和收费标准

严格落实国家对教育收费项目和收费标准的管理规定，严禁越权设立教育收费项目，严禁违规制定收费标准。对现行的收费项目及收费标准进行清理，凡与国家教育收费政策不一致的，一律废止和修订，清理后保留的收费项目、标准及依据要主动向社会公示。要严格各级各类学校服务性收费和代收费项目审批，禁止将教育教学活动、教学管理范围内的事项纳入服务性收费和代收费。不得将图书馆查询和电子阅览费、午休管理服务费、课后看护费、自行车看管费等作为服务性收费和代收费事项。［省物价局，省教育厅（财审处、纪工委办），省财政厅（非税处）］

三、工作要求

（一）加强组织领导，完善治理工作责任。要坚持"谁主管、谁负责"和"管行业必须管行风"的原则，完善治理工作责任制，健全责任落实和倒查追责的有效机制，形成省—市县—学校层层抓落实的责任体系。业务主管部门要承担起治理工作的主体责任，加强职责范围内工作的监管。教育纪检监察部门要负起监督责任，加强监督检查和组织协调，督促业务主管部门及时纠正教育领域存在的突出问题。联席会议各成员单位要进一步完善定期会商、信息发布、督查督办、公开通报及约谈机制，形成责任明晰、协作联动、互相促进的治理工作格局。

（二）加强宣传教育，发挥社会和舆论监督作用。全面开展宣传教育，结合师德师风建设和廉政文化教育，提高师生法制意识，大力宣传各级各类学校收费的政策规定，向学生和家长公开公示收费项目和标准。通过公开栏、简报、信息、新闻媒体等途径及时通报情况，交流经验做法。对群众举报和媒体报道的教育乱收费问题，要高度重视，快速反应，主动及时公布调查结果。积极动员社会各界尤其是学生家长参与到治理教育乱收费工作中来，使之成为监督乱收费行为的重要力量。

（三）加大检查力度，严肃查处教育乱收费行为。要继续保持治理教育乱收费的高压态势，把规范教育收费治理教育乱收费工作作为各级政府教育督导评估的重要内容。要抓住春秋季开学和寒暑假等教育乱收费的"多发期"，采取经常性检查、专项检查、明查暗访等多种形式，增强监督检查的针对性和实效性。对发现的问题要严肃追究责任，督促整改到位。要认真受理群众有关乱收费问题的举报案件，做到凡是有实质性内容的举报，件件有着落，凡是有实名的举报，事事有回音。省治理教育乱收费厅际联席会议办公室将定期对各地群众反映教育收费的情况进行通报，经查实的违规收费要坚决清退给学生，对顶风违纪、情节恶劣和造成严重社会影响的，不仅要严肃追究当事人的责任，还要追究相关领导的责任。

陕西省人民政府办公厅转发省教育厅等部门关于
建立全省中小学校舍安全保障长效机制实施意见的通知

陕政办发〔2014〕118 号

各市、县、区人民政府，省人民政府各工作部门、各直属机构：

省教育厅、省发展改革委、省公安厅、省财政厅、省国土资源厅、省住房和城乡建设厅、省水利厅、省审计厅、省安全监管局、省地震局、省气象局制定的《关于建立全省中小学校舍安全保障长效机制实施意见》已经省政府同意，现转发给你们，请认真贯彻执行。

陕西省人民政府办公厅

2014 年 8 月 9 日

关于建立全省中小学校舍安全保障长效机制实施意见

省教育厅　省发展改革委　省公安厅　省财政厅

省国土资源厅　省住房和城乡建设厅　省水利厅

省审计厅　省安全监管局　省地震局　省气象局

校舍安全直接关系师生生命安全，省委、省政府对此高度重视，近年来部署实施了中小学校舍安全工程，全省中小学校舍安全状况得到明显改善。但我省中小学总量多、基础薄弱，加之受使用年限及自然灾害等影响，保障校舍安全仍是一项长期的艰巨任务。为认真贯彻落实《国务院办公厅转发教育部等部门关于建立中小学校舍安全保障长效机制意见的通知》（国办发〔2013〕103 号）精神，切实建立我省中小学校舍安全保障长效机制，进一步提高中小学校舍安全管理水平和防灾减灾能力，实现城乡中小学校舍安全达标，现就建立全省中小学校舍安全保障长效机制提出如下实施意见。

一、覆盖范围和目标任务

（一）覆盖范围。全省所有城镇和农村、公立和民办、教育系统和非教育系统的所有中小学、幼儿园。

（二）目标任务。按照"明确责任、完善制度、统筹实施、建管并重"的原则，建立健全中小学校舍安全保障体系。明确和落实各级政府及有关部门责任，各司其职，加强协调，密切配合。健全完善校舍安全年检、预警、信息通报、隐患排除、项目管理、责任追究等制度，实现规范化、常态化、精细化管理。综合考虑全省城镇化进程、人口变化、移民搬迁等因素，紧密结合教育事业发展、防灾减灾等规划，统筹组织实施各类教育专项工程。坚持建管并重，加强对校舍的日常管理和定期维护，通过维修、加固、重建、改扩建等多种形式，逐步使所有校舍满足国家规定的建设标准、重点设防类抗震设防标准和国家综合防灾要求。

二、主要内容

（一）建立年检制度。对城乡各级各类中小学现有校舍，县（市、区）教育行政部门要不定期（至少每学期 1 次）组织相关部门、单位进行安全隐患排查。经排查后需要鉴定的，及时委托有资质的专业机构进行鉴定。对未达到重点设防类抗震设防标准或达到设计使用年限仍需继续使用的校舍，每年进行 1 次鉴定；对达到重点设防类抗震设防标准的，每 5 年进行 1 次鉴定。排查鉴定结果要及时录入中小学校舍信息管理系统，对影像数据和纸质档案要做好留存工作。对存在重大安全隐患、影响安全使用的校舍，教育行政部门要及时报告同级政府。

（二）建立安全预警机制。各地要将校舍安全纳入当地防灾减灾总体规划，对本行政区域内中小学校舍灾害风险进行综合评估，指导学校编制相应的应急预案，并组织师生开展应急演练。各部门要建立联动机制，及时向学校发出灾害和安全预警信息，妥善做好师生应急避险和转移安置。

（三）建立信息通报公告制度。省教育厅会同省级有关部门，根据国家发布的中小学校舍安全信息公告，对全省存在安全隐患的校舍进行分析评估，分类提出隐患排除或处置的指导意见，向各地通报。

（四）建立隐患排除制度。对发现存在安全隐患的校舍，各地要结合本地实际和财力状况，制订年度改造计划，区分轻重缓急，分类、分步组织实施。对存在重大安全隐患、影响安全使用的校舍，要优先纳入当年中、省教育投入项目，及时排除隐患，新建、重建、改扩建项目应尽快启动开工，同时加大对教育设施的后续投入和管理，制定和完善校舍后期使用的日常养护管理制度和维修基金制度；对存在的其他安全隐患的校舍，要及时纳入中小学校舍维修改造长效机制，维修、加固改造项目应抓紧实施。优先考虑将部分有条件的中小学建成应急避难场所。

（五）严格项目管理制度。中小学校舍维修、加固、新建、重建、改扩建项目，必须严格执行项目法人责任制、招投标制、工程监理制、合同管理制。项目勘察、设计、施工和工程监理单位，必须符合《陕西省人民政府关于印发省地震灾后学校恢复重建实施方案的通知》（陕政发〔2008〕28 号）规定的资质要求，严格执行国家质量安全有关法律法规和工程建设强制性标准。项目竣工后，应由建设单位按规定组织竣工验收和备案，并及时报送公安机关消防机构进行审核、验收或者备案，公安机关消防机构应及时办理相关事项，指导学校做好项目建设中的消防安全问题。位于洪泛区、蓄滞洪区、山区等地质灾害易发区的学校，其防险自保设施应通过水利、国土资源等主管部门验收合格，否则不得交付使用。

（六）健全责任追究制度。对发生因校舍倒塌或其他因防范不力造成安全事故导致师生伤亡的地区，要依法追究当地政府主要负责人责任。如因校舍选址不当或建筑质量问题导致垮塌的，评估鉴定、勘察设计、施工监理等单位负责人要依法承担责任。对挤占、挪用、克扣、截留、套取长效机制专项资金、违规乱收费、减少本地政府投入或玩忽职守、疏于管理等影响校舍安全的，要依法追究相关负责人的责任。

三、资金保障

（一）保障资金投入。全省各级政府要严格按照"省级统筹，市县负责"的原则，合理分担，落实长效机制资金。省财政厅会同有关部门，整合中省各类校舍建设资金，统筹项目设置，保障中小学校舍安全，重点支持集中连片特困地区、国贫县、革命老区和人口大县。从 2014 年起，省政府将原农村中小学校舍维修改造长效机制资金，逐步全额用于校舍安全保障长效机制，市县要按照既定比例足额落实分担资金。市（县、区）政府要加大资金统筹力度，集中力量保障中小学校舍安全。民办、外资和企（事）业办中小学所需资金由投资方和本单位负责落实，当地政府给予指导、支持并监管。

（二）落实减免扶持政策。校舍建设和改造项目涉及的各项收费继续按照省物价局、省财政厅《关于减免我省中小学校舍安全工程部分收费的通知》（陕价行发〔2009〕119号）规定执行。鼓励社会各界捐资捐物支持学校建设，企业通过公益性社会团体或者县级以上政府及其部门对中小学校舍建设的捐赠支出，按照相关税收政策规定予以税前扣除。

（三）加强资金监管。要合理使用农村中小学校舍维修改造长效机制资金，提高效益，实行专户管理，分账核算，专款专用，资金支付按照财政国库管理制度有关规定执行。凡由政府投资的中小学校舍新建、改扩建、加固、重大维修项目，应由同级审计部门进行项目审计。

四、工作措施

（一）加强组织领导。保障校舍安全是各级政府的责任。建立长效机制由省政府统筹组织、市级政府协调指导、县级政府具体组织实施。县级政府是责任主体和行动主体，主要负责人要亲自抓、负总责，分管负责人具体负责，组织专门工作力量，切实做好校舍安全保障工作。

（二）加强部门协作。教育部门负责校舍排查、改造规划、项目建设和管理等工作。发展改革部门按照基本建设程序审批项目，统筹基本建设投资用于长效机制。物价部门负责落实规费减免政策。财政部门要发挥公共财政职能，统筹资金，加强资金监管。住房和城乡建设部门在校舍鉴定、选址、勘察、设计、改造方案和质量等方面，加强指导和监管。公安（消防）部门定期向在校学生开放消防站和宣传教育基地，指派专业人员深入学校指导开展灭火和疏散演练。国土资源、水利、地震、气象等部门要发挥专业指导、监督作用，及时提供支持。审计、安监等部门要在各自职责范围内，建立完善校舍工程建设监管机制，加强监督。

（三）提高管理信息化水平。中小学校舍信息管理系统是提高校舍安全管理水平的重要保障和技术支撑。市、县、区教育行政部门要及时更新数据，加强维护，充分利用信息管理系统在校舍状况监测、建设项目规划和管理等方面的作用，切实提高校舍安全管理科学化、精细化水平。

（四）加强监督检查。各地要把长效机制的督查作为教育工作的重要内容，省级重点督查、市级定期巡查、县级经常自查。市、县、区政府每年要向同级人大、政协报告、通报工作情况，接受法律监督和民主监督；教育部门要加强校舍建设管理，坚持全程阳光操作，全面公示建设项目，设置监督举报电话和公众意见箱，广泛接受社会监督。

（五）加大安全教育和宣传力度。市、县、区教育部门要积极协调专业部门参与，督促学校严格落实国家教学计划规定的安全教育时间和课程；指导学校开展防灾演练和安全教育，普及安全知识，培养师生良好的安全行为习惯，掌握应急避险技能，提高防灾安全意识和自救互救能力；采取多种形式宣传中小学校舍安全保障政策，推广典型经验；征求社会各界意见和建议，改进工作，努力营造社会支持、监督的良好氛围。

山西省人民政府办公厅
转发省教育厅等部门关于建立中小学幼儿园校舍安全保障
长效机制的实施意见的通知

晋政办发〔2014〕73 号

各市、县人民政府，省人民政府各委、办、厅、局：

省教育厅、省发展改革委、省监察厅、省财政厅、省国土资源厅、省住房城乡建设厅、省水利厅、省审计厅、省安监局、省地震局、省气象局、省公安消防总队《关于建立中小学幼儿园校舍安全保障长效机制的实施意见》已经省人民政府同意，现转发给你们，请认真贯彻执行。

山西省人民政府办公厅

2014 年 9 月 15 日

关于建立中小学幼儿园校舍安全保障长效机制的实施意见

省教育厅　省发展改革委　省监察厅　省财政厅

省国土资源厅　省住房和城乡建设厅　省水利厅　省审计厅

省安监局　省地震局　省气象局　省公安消防总队

为贯彻落实《国务院办公厅转发教育部等部门关于建立中小学校舍安全保障长效机制的意见》（国办发〔2013〕103 号）和《山西省中长期教

育改革和发展规划纲要（2010－2020年）》，进一步提高我省中小学、幼儿园校舍（以下简称中小学校舍）安全保障水平，切实保证广大师生生命财产安全，现就建立我省中小学校舍安全保障长效机制（以下简称长效机制）提出如下实施意见。

一、充分认识建立长效机制的重要意义

省委、省政府历来高度重视校舍安全工作，近年来通过实施农村中小学危房改造、农村寄宿制学校建设和农村初中校舍改造等工程，提高了中小学校舍质量，学校面貌得到很大改善。2010年，我省在全国率先完成中小学校舍安全工程改造任务，基本消除了校舍安全隐患，中小学校舍安全得到显著保障。但由于校舍折旧、自然灾害等原因，每年都有部分新的校舍危房产生，因此保障校舍安全是一项长期的艰巨任务。建立长效机制，为提高中小学校舍安全管理水平和防灾减灾能力提供制度保障，是坚持以人为本、落实国家防灾减灾总体部署的必然要求，是坚持教育优先发展、办好人民满意教育的重要内容。各市、县政府，各有关部门要统一思想，提高认识，按照省政府决策部署，切实把保障中小学校舍安全的各项任务落实到位。

二、覆盖范围和总体要求

（一）覆盖范围。全省城镇和农村、公立和民办、教育系统和非教育系统的所有中小学、幼儿园。

（二）总体要求。明确和落实地方各级政府及其相关部门责任，综合考虑城镇化发展、人口变化等因素，紧密结合教育事业发展、防灾减灾、校园建设等规划和各类教育建设专项工程，统筹实施中小学校舍安全保障长效机制。坚持建管并重，在加强对中小学校舍日常管理和定期维护的同时，通过维修、加固、重建、改扩建等多种形式，使所有中小学校舍达到重点设防类抗震设防标准、抗震设计规范等相关建设标准和综合防灾要求。加强对中小学校舍规划布局、安全排查、施工建设、使用维护、信息通报、责任追究等各环节的管理，建立健全符合我省实际的中小学校舍安全保障制度体系。

三、主要内容

（一）建立中小学校舍安全年检制度。各市、县人民政府要组织力量，对本行政区域内现有中小学校舍每半年进行一次安全隐患排查。经排查后需要鉴定的，由当地教育行政部门委托有资质的专业机构及时进行相关鉴定。对未达到抗震设防要求或达到设计使用年限仍需继续使用的校舍，每年进行一次鉴定；达到抗震设防要求的，每5年进行一次鉴定。省属中等职业学校的排查、鉴定工作，按照上述要求，由其主管部门负责组织实施。各地要在排查鉴定工作完成一个月内，将排查鉴定结果录入中小学校舍信息管理系统。

（二）完善中小学校舍安全预警机制。各市、县人民政府要将中小学校舍安全纳入当地防灾减灾总体规划，对本行政区域内中小学校舍灾害风险进行综合评估，指导学校编制相应的应急预案，并组织师生开展应急演练。各级教育、消防、国土资源、水利、地震、气象等部门要建立联动机制，在技术条件及职责范围内，及时向学校发出相关灾害预警信息，妥善做好师生应急避险和转移安置工作；对存在重大安全隐患、影响安全使用的校舍，要及时发布安全预警。

（三）建立中小学校舍安全信息通报制度。省教育厅会同省住房和城乡建设厅、省发展改革委、省财政厅、省国土资源厅、省公安消防总队等部门对全省中小学校舍信息数据进行统计分析，参考全国中小学校舍安全信息公告的格式和内容，向各设区的市通报中小学校舍整体状况。各市、县人民政府也要建立相应的信息通报制度。

（四）完善中小学校舍安全隐患排除机制。各市、县人民政府对经鉴定存在安全隐患、影响安全使用的中小学校舍，在保证师生生命财产安全和正常教学秩序的前提下，及时科学制订改造计划，由县级人民政府结合本地实际分类分步组织实施。省属中等职业学校的改造由其主管部门负责落实。对未达到抗震设防要求和标准，但通过维修加固可以达到抗震设防要求和标准的校舍，按照建设工程标准并高于当地抗震设防要求改造加固；对不具备维修加固条件的校舍，按照高于当地抗震设防要求进行重建；对严重地质灾害易发地区的校舍进行地质灾害危险性评估并实行避险迁移；对不再使用的危房校舍，要立即拆除；完善校舍防火、防雷等综合防灾标准，并严格执行。新建校舍必须高于当地房屋建筑的抗震设防要求进行建设，新建校舍的选址应该由发展改革、规划、住房和城乡建设、国土资源、水利、地震等部门按照各自职责进行新建校舍的审批选址及安全评估工作，应符合工程建设强制性标准规定，并避开有隐患的病险水库、山洪泥石流沟和崩塌、滑坡等地质灾害隐患点，淤地坝、蓄水池、尾矿库、储灰库等建筑物下游易致灾区和公用电力高压线路、煤气、天然气、石油等管网穿插覆盖区域。优先考虑将部分有条件的中小学建成应急避难场所。

（五）严格中小学校舍安全项目管理制度。中小学校舍维修、加固、重建、改扩建项目，必须严格执行项目法人责任制、招标投标制、工程监理制、合同管理制。项目勘察、设计、施工和工程监理单位必须具有相应资质，严格执行国家质量安全有关法律法规和工程建设强制性标准。项目竣工后，应由建设单位按规定组织勘察、设计、施工、监理等单位及项目学校进行竣工验收并备案，对资金额较大的新建项目必须经国家审计机关进行工程竣工决算审计。所有经过改造的校舍都要在建筑物明显位置设置永久性标识牌，载明建设、勘察、设计、施工、监理等工程质量责任主体的名称和主要责任人姓名，其对所承担的工程项目在设计使用年限内的质量终身负责。把招（议）标、施工监理、资金管理、竣工验收、预决算审计等列入政务或村务公开之中，接受社会监督。位于洪泛区、蓄滞洪区、山区等地质灾害易发区的中小学校舍，其防险自保设施应通过水利、国土资源等主管部门验收合格，否则不得交付使用。

（六）健全中小学校舍安全责任追究制度。对发生因校舍倒塌或其他因防范不力造成安全事故导致师生伤亡的地区，要依法追究当地政府主要负责人的责任。因校舍选址不当或建筑质量问题导致垮塌或出现重大安全隐患的，评估鉴定、勘察设计、施工监理等单位负责人要依法承担责任。对挤占、挪用、克扣、截留、套取长效机制专项资金、违规乱收费或玩忽职守影响校舍安全的，要依法追究相关负责人的责任。

四、工作要求和保障措施

（一）加强组织领导。省政府统筹组织我省建立长效机制各项工作，各设区的市人民政府要加强协调指导，由各县（市、区）人民政府具体组织实施。各市、县人民政府要继续充分发挥中小学校舍安全工程领导小组的作用，统一领导和部署长效机制的实施。县级以上人民政府教育、发展改革、财政、监察、国土资源、住房和城乡建设、消防、水利、审计、安全监管、地震、气象等部门要各司其职、加强协调、密切配合。教育部门要把建立长效机制作为教育工作的重点，会同有关部门做好中小学校舍的鉴定、预警、安全信息通报等工作；加强组织协调，负责长效机制的建立和督促检查。发展改革部门要把中小学校舍维修改造纳入国民经济和社会发展计划，切实加大投入，加强项目监管，制定和完善相关政策。财政部门要充分发挥公共财政职能，落实好财政预算内应承担的建设资金；加强资金监管，提高使用效益。住房和城乡建设部门应当在标准制定、工程勘察、设计、校舍鉴定、改造方案制订和工程质量等方面加强指导和监管，督促各方责任主体执行相关标准。消防、国土资源、水利、地震、气象等部门应当发挥专业指导、监督作用，提供相应的技术支持。监察、审计、安全监管等部门在各自职责范围内依法进行监督。

（二）合理分担资金投入。各市、县人民政府要将保障中小学校舍安全资金纳入财政预算，统筹各类校舍建设项目。公办普通中小学校及幼儿园的校舍排查鉴定以及改造所需资金，由各市、县人民政府纳入财政预算。其中农村义务教育阶段中小学校舍维修改造资金由中央和地方共同负担，地方负担部分由省财政安排。民办、外资和企（事）业办中小学校舍排查鉴定以及改造所需资金由举办方和学校负责落实，所在地政府给予指导并监管。省属中等职业学校排查鉴定以及改造所需资金，由学校和其主管部门统筹落实。中小学校舍安全保障资金由市、县人民政府通过预算安排及教育费附加、地方教育附加、土地出让收益提取的教育资金等渠道予以解决。各市、县人民政府要统筹使用农村初中校舍改造工程、薄弱学校计划建设等各种校舍建设专项资金，加大对经济落后地区以及薄弱学校的支持力度。建立长效机制资金实行单独核算，专款专用，资金支付按照财政国库管理制度有关规定执行。

（三）落实扶持鼓励政策。各市、县人民政府要按照国办发〔2013〕103号文件要求，继续执行《财政部关于免征全国中小学校舍安全工程建设有关政府性基金的通知》（财综〔2010〕54号）、《财政部　国家发展改革委关于免收全国中小学校舍安全工程建设有关收费的通知》（财综〔2010〕57号），积极落实好中小学校舍建设的各项优惠政策。对中小学校舍建设项目涉及的行政事业性收费和政府性基金，均应予以免收；涉及的经营服务性收费，在服务双方协商基础上可适当予以减收或免收。鼓励社会各界捐资捐物支持中小学校舍建设。企业通过公益性社会团体或者县级以上人民政府及其部门对中小学校舍建设的捐赠支出，按照相关税收政策予以税前扣除。

（四）提高中小学校舍安全管理信息化水平。中小学校舍信息管理系统是提高校舍安全管理水平的重要保障和技术支撑，各市、县人民政府要切实加强维护，充分发挥信息管理系统在年检、预警、信息发布、隐患排除、责任追究等方面的作用，切实提高中小学校舍安全管理科学化、精细化水平。各设区的市要在每年 12 月 15 日前完成本行政区域内中小学校舍数据的录入和更新，省有关部门将此数据作为全省中小学校舍安全信息通报的重要参考依据。

（五）提高幼儿园校舍安全保障水平。各市、县人民政府要高度重视幼儿园校舍安全工作，组织对本行政区域内幼儿园现有校舍进行逐栋排查，按照抗震设防和有关防灾要求，形成对每一座建筑的鉴定报告，建立幼儿园校舍安全档案。对于排查鉴定存在安全隐患的，要结合我省正在实施的改扩建村级幼儿园、新建标准化幼儿园等工程，科学制订改造方案，统筹落实资金，做好改造工作，切实保障在园师生生命财产安全。

（六）加强对民办中小学校舍安全的监管。民办中小学校舍的排查、鉴定和改造工作由举办方负责落实。各市、县人民政府要加强监督管理，将民办中小学校校舍安全情况作为年检的首要内容，督促民办学校举办者切实承担校舍改造的主体责任。对于校舍安全不达标的民办学校，年检不予通过，并督促举办方和学校及时将学生撤出，对校舍进行加固改造。对不按规定进行改造或改造后仍不达安全标准的，依法取消举办者的办学资格，妥善分流安置学生到其他学校就读，并依法追究相关责任人的责任。

（七）加强监督检查。建立健全中小学校舍安全检查和责任追究制度。省政府每年定期对各地长效机制落实情况和中小学校舍安全状况进行检查，各市、县人民政府也要开展经常性的自查和巡查工作。地方各级政府要把中小学校舍安全工作作为教育督导的重要内容，每年向同级人大、政协报告工作情况，接受法律监督和民主监督。同时，要公布监督举报电话、公众意见箱和电子邮箱，广泛接受社会监督。

（八）加大安全教育和宣传力度。各级各类学校要严格落实国家教学计划规定的安全教育时间和课程，对学生开展防灾和安全教育，向师生普及安全知识。要培养师生良好的安全行为习惯，掌握应急避险技能，提高师生防灾安全意识和自救互救能力。要采取多种形式向全社会宣传中小学校舍安全保障政策，认真总结、宣传推广典型经验，努力营造全社会支持、监督和推进中小学校舍安全工作的良好氛围。

附表　部分地区特殊教育提升计划出台情况

省份/市	成文日期	文件
北京	2014 年 1 月 8 日	《特殊教育提升计划（2014—2016 年）》（国办发〔2014〕1 号）
天津	2014 年 12 月	《天津市特殊教育提升计划实施方案》（津政办发〔2014〕100 号）
河北	2014 年 2 月	《石家庄市特殊教育提升计划（2014—2016 年）实施方案》（石政办发〔2014〕6 号）
山西	2014 年 8 月	《山西省特殊教育提升计划（2014—2016 年）》（晋政办发〔2014〕55 号）
内蒙古	2014 年 6 月 25 日	《内蒙古自治区特殊教育提升计划（2014—2016 年）实施意见》（内政办发〔2014〕68 号）
呼伦贝尔市	2014 年 9 月	《呼伦贝尔市特殊教育提升计划（2014—2016 年）实施意见》（呼政办发〔2014〕73 号）
高邮市	2014 年 5 月	《高邮市关于特殊教育提升计划（2014—2016）实施方案》（邮政办发〔2014〕79 号）
辽宁	2014 年 10 月 15 日	《辽宁省特殊教育提升计划实施方案（2014—2016 年）》（辽政办发〔2014〕47 号）
吉林	2014 年 6 月	《吉林省特殊教育提升计划实施方案（2014—2016 年）》（吉政办发〔2014〕22 号）
黑龙江	2014 年 5 月	《关于贯彻落实省特殊教育提升计划（2014—2016 年）实施方案》（黑政办发〔2014〕22 号）
黑河市	2014 年 12 月	《黑河市特殊教育提升计划（2014—2016 年）实施方案》（黑市政办发〔2014〕105 号）
上海	2014 年 4 月	《上海市特殊教育三年行动计划（2014—2016 年）》（沪府办发〔2014〕19 号）
浙江	2013 年 12 月	《浙江省特殊教育提升计划（2014—2016 年）》（浙政办发〔2014〕103 号）
安徽	2014 年 7 月 18 日	《特殊教育提升实施计划（2014—2016 年）》（皖政办〔2014〕22 号）
福建	2014 年 5 月	《关于特殊教育提升计划（2014—2016 年）的实施意见》（闽政办〔2014〕67 号）
厦门	2014 年 11 月 14 日	《厦门市特殊教育提升计划（2014—2016）实施方案》（厦府办〔2014〕172 号）

续表

省份/市	成文日期	文件
晋江市	2014 年 8 月	《晋江市特殊教育提升计划（2014—2016 年）》（晋政办〔2014〕110 号）
江西	2014 年 12 月 4 日	《江西省特殊教育提升计划（2014—2016 年）实施方案》（赣府厅发〔2014〕64 号）
山东	2014 年 7 月	《山东省特殊教育提升计划（2014—2016）》（鲁政办发〔2014〕25 号）
日照市	2015 年 1 月	《日照市特殊教育提升计划实施方案》
泰安市	2014 年 10 月	《泰安市特殊教育提升计划（2014—2016 年）实施方案》
威海市	2014 年 12 月 16 日	《威海市特殊教育提升计划实施方案》（威政办字〔2014〕73 号）
青岛市	2014 年 12 月	《青岛市特殊教育提升计划（2014—2016 年）》（青政办字〔2014〕105 号）
淄博市	2014 年 10 月	《淄博市特殊教育提升计划（2014—2016 年）》（淄政办发〔2014〕33 号）
河南	2014 年 12 月 10 日	《河南省特殊教育提升计划（2014—2016 年）》（豫政办〔2014〕181 号）
湖北	2014 年 11 月 13 日	《湖北省特殊教育提升计划（2014—2016 年）》（鄂政办发〔2014〕61 号）
湖南	2014 年 9 月	《湖南省特殊教育提升计划实施方案（2014—2016 年）》（湘政办发〔2014〕76 号）
广东	2014 年 7 月	《广东省特殊教育提升计划（2014—2016 年）》（粤府办〔2014〕36 号）
中山市	2015 年 1 月	《中山市特殊教育提升计划实施方案（2014—2020）》
广西	2014 年 1 月	《特殊教育提升计划（2014—2016 年）实施方案》（桂政办发〔2014〕91 号）
烟台市	2015 年 3 月	《烟台市特殊教育提升计划（2015—2016 年）实施方案》
海南	2014 年 8 月	《海南省特殊教育提升计划（2014—2016 年）实施方案》（琼府办〔2014〕102 号）
重庆	2014 年 11 月	《特殊教育提升计划实施方案》（渝府办发〔2014〕139 号）
四川	2014 年 6 月	《关于特殊教育提升计划（2014—2016 年）的实施意见》（川办发〔2014〕43 号）
雅安	2014 年 8 月	《关于特殊教育提升计划（2014—2016 年）的实施方案》（雅办发〔2014〕24 号）

续表

省份/市	成文日期	文件
贵州	2014 年 6 月	《贵州省特殊教育提升计划实施方案（2014—2016 年）》
云南	2014 年 12 月 10 日	《云南省特殊教育提升计划实施方案（2014—2016 年）》（云政办发〔2014〕78 号）
西藏	2014 年 6 月 17 日	《西藏自治区特殊教育提升计划（2014—2016 年）实施方案》（藏政办发〔2014〕63 号）
陕西	2015 年 1 月	《陕西省特殊教育提升计划（2014—2016 年）实施方案》（陕政办发〔2015〕7 号）
甘肃	2014 年 7 月	《甘肃省特殊教育三年提升计划（2014—2016 年）》（甘教基二函〔2014〕11 号）
青海	2014 年 9 月	《青海省特殊教育提升计划实施方案（2014—2016 年）》（青政办〔2014〕156 号）
宁夏	2014 年 9 月	《贯彻落实特殊教育提升计划（2014—2016 年）实施方案》
新疆	2014 年 6 月	《新疆维吾尔自治区特殊教育提升计划实施方案（2014—2016 年）》（新政办发〔2014〕67 号）

资料来源：根据媒体报道整理。

图书在版编目(CIP)数据

系统建设普惠型儿童福利体系:中国儿童福利政策报告2015 /
王振耀主编 . -- 北京:社会科学文献出版社,2016.5
ISBN 978 - 7 - 5097 - 8981 - 0

Ⅰ.①系⋯ Ⅱ.①王⋯ Ⅲ.①儿童福利 - 福利政策 - 研究
报告 - 中国 - 2015 Ⅳ.①D632.1

中国版本图书馆 CIP 数据核字(2016)第 070313 号

系统建设普惠型儿童福利体系
——中国儿童福利政策报告 2015

主　　编／王振耀
副 主 编／高华俊

出 版 人／谢寿光
项目统筹／吴　超
责任编辑／吴　超　姚　敏

出　　版／社会科学文献出版社・人文分社 (010)59367215
　　　　　地址:北京市北三环中路甲 29 号院华龙大厦　邮编:100029
　　　　　网址:www. ssap. com. cn
发　　行／市场营销中心 (010)59367081　59367018
印　　装／三河市东方印刷有限公司

规　　格／开　本:787mm × 1092mm　1/16
　　　　　印　张:14　字　数:220 千字
版　　次／2016 年 5 月第 1 版　2016 年 5 月第 1 次印刷
书　　号／ISBN 978 - 7 - 5097 - 8981 - 0
定　　价／69.00 元